歼击 伏击

华为思科之战启示录

思科之局
华为之道
您看清了吗？

方兴东　郭开森◎编著

中国经济出版社
CHINA ECONOMIC PUBLISHING HOUSE
·北　京·

图书在版编目（CIP）数据

歼击伏击：华为思科之战启示录/方兴东，郭开森编

北京：中国经济出版社，2013.8

ISBN 978-7-5136-2544-9

Ⅰ.①歼… Ⅱ.①方… ②郭… Ⅲ.①通信-邮电企业-企业管理-研究-深圳市

Ⅳ.①F632.765.3

中国版本图书馆 CIP 数据核字（2013）第 104951 号

责任编辑　夏军城

责任审读　贺　静

责任印制　张江虹

封面设计　任燕飞装帧设计工作室

出版发行　中国经济出版社

印 刷 者　三河市佳星印装有限公司

经 销 者　各地新华书店

开　　本　710mm×1000mm　1/16

印　　张　14.25

字　　数　224 千字

版　　次　2013 年 8 月第 1 版

印　　次　2013 年 8 月第 1 次

书　　号　ISBN 978-7-5136-2544-9/C.409

定　　价　36.00 元

中国经济出版社 **网址** www.economyph.com **社址** 北京市西城区百万庄北街 3 号 **邮编** 100037

本版图书如存在印装质量问题，请与本社发行中心联系调换（联系电话：010-68319116）

自序

2003 年 1 月 23 日，思科以知识产权名义起诉华为；2012 年 10 月 8 日，美国国会发布调查报告，以国家安全名义拒绝华为、中兴进入美国市场。这两次标志性事件，我均有幸深入其中，亲历十年发展历程，对比今昔的真实状况，有一种豁然开朗的感悟。

无论是以知识产权之名，还是国家安全之罪，首先都是利益之争。因为，今天华为、中兴遭遇美国国会重重狙击，与思科十年来系统游说和运作不无关联，这正是十年前思科起诉华为官司的一个延续。

本书将主要回顾，十年间华为与思科的主要竞争经历、不同的国际化发展之路，深度挖掘隐藏在竞争背后的不懈努力以及宝贵经验。华为这个近乎“神秘”的中国企业是如何逐步改变观念，加大研发力度、拓展全球市场，并学习运用知识产权以维护自身权益，而使其在开放创新的道路上越走越坚定。反之，昔日的王者思科是如何在并购中壮大，却又如何令人疑惑地走向了封闭之路，从巅峰时期的市值 5550 亿美元跌破千亿美元大关。

十年斗转星移，十年沧桑巨变。十年间通信行业也同样经历了非同凡响的大起大落，不断有巨头正在“倒下”，而同时又有新势力正在崛起。但在崛起的过程中，他们或许遭受了从未有过的磨难，比如更为激烈的市场竞争，比如不可逾越的政治壁垒等。本书的主角华为，正是这崛起阵营中的一员，也确切正在遭遇一些前所未有的阻碍和磨难，我们希望通过此书的分析和探讨，能给更多中国高科技企业的国际化发展之路提供借鉴。

然而，就在本书截稿之时，震惊全球的“棱镜门”事件爆发。2013 年

6月，美国国家安全局监控全球民众的“棱镜项目”曝光。无论被称为叛徒还是英雄，是爱德华·斯诺登（“棱镜门”事件曝光者）打开了网络时代的“潘多拉之盒”，让我们第一次全面了解了这被称为全球最大的黑客帝国——美国政府监控全球互联网的真相。在不断披露的细节面前，网络空间安全问题第一次生动真切地、触目惊心地放置在每一个国家，甚至是每一个人面前。“棱镜门”事件，堪称是网络时代第一场震惊全球的大洗礼，将开启全球网络战的新纪元。

方兴东

2013 年 6 月

contents 目录

第一章
惊动美国国会的中国企业

2012年9月13日，一场特殊的听证会在美国国会召开，这是中国企业第一次参加类似的听证会。听证会的发起者是美国众议院情报委员会，而接受问询的是两家中国通信企业华为公司和中兴公司。随后，10月8日一份万众瞩目的调查报告（《由中国电信公司华为和中兴通讯带来的美国国家安全问题调查报告》）浮出水面。报告强烈建议美国通信企业以怀疑的目光审察中国两家电信公司，并且提出华为与中兴公司对美国国家安全造成了严重威胁，不管是政府还是私营部门都不应该和华为、中兴合作。报告中频繁出现“可能”、“也许”、“怀疑”等不确定词语，通篇未有任何实质性的证据。报告一出立即引起轩然大波，华为与中兴在美被封杀的消息一时间成为中国新闻媒体乃至全球媒体关注的焦点。中国商务部、外交部也相继对报告进行回应，强烈反对美国的无端指控行为。而英国、加拿大等方面却暗示要跟风美国。

一石激起千层浪，其究竟有何内幕？

歼击伏击

第一节　一场特殊的听证会

亚洲、拉美、非洲、欧洲……当全球五分之四的电信运营商，将信任票投给华为、中兴之时，这两家来自中国的跨国电信设备巨头却始终“徘徊”在美国大门之外。障碍不在于招标、合同、谈判等市场因素，而是来自以网络安全为理由加以干扰的政客。2012 年 9 月 13 日，美国众议院情报委员会举行了一场被外界认为是“罕有”的公开听证会，这只是美国国会对华为和中兴历时近一年的调查的一部分。华为高级副总裁兼北美公司总裁丁少华、中兴公司负责北美和欧洲事务的高级副总裁朱进云代表公司出席了该听证会，并与众议员们展开了一场异常激烈的“辩论”。

持续三小时的质询

9 月 13 日，美国当地时间上午 10 点，两家公司的代表华为高级副总裁丁少华和中兴高级副总裁朱进云，略显拘束地端坐于听证会的焦点位置。这是中国企业高管首次接受美国国会的质询，参与旁听人员并不多，对于来自中国又是技术出身的丁少华和朱进云二人来讲，这样的场景是他们一生中未曾有过的经历，他们的紧张情绪自然无法掩饰。

作为听证会的主持人，美国众议院情报委员会主席迈克·罗杰斯在开场讲话中便攻击华为和中兴公司。他声称，华为和中兴作为世界通信行业的领先企业，世界日益依赖其通信产品和服务，然而大量的报道和信息显示，它们的产品已经威胁到美国的网络安全。华为和中兴公司与中国政府有着特别关联，得到了政府的资金支持，并窃取了其他公司的商业机密。

议员们宣称，美国企业和网络安全专家认为大量复杂的网络攻击来自于中国。在 2009 年至 2011 年期间，美国遭遇的网络袭击增加了 17 倍。而华为和中兴为中国情报机构向美国关键的通信零件与系统植入恶意硬件或软件提供了大量的机会。并且，中兴和华为可能会应中国官方要求，为了恶意目的而使用或进入它们的系统，这将会成为一个重要的国家安全问题。

针对这些“莫须有”的指控，华为公司高级副总裁丁少华明确表示，华为公司的产品绝对不存威胁网络安全的隐患，没有也不会为了任何第三方而损害自身的商业利益和客户网络的安全性，而且华为已采取了大量措施来提高其网络安全性能。

中兴公司高级副总裁朱进云则指出，中兴公司的通信产品均符合国际标准，遵照了美国和欧盟等法律法规的要求，并没有威胁美国的网络安全，也没有为针对美国的网络袭击提供任何支持。他还指出，美国方面所称的威胁其实是软件漏洞，而这是包括微软、谷歌、思科等企业在内整个行业的问题，每个公司都需要研发补丁来弥补漏洞。

听证会持续了约3个小时，大部分时间内，规模、名气更大的华为吸引了该情报委员会成员更多的注意。

“如果中国政府想要通过你们获取客户的私密信息，或者从事影响我们业务或国家安全的间谍活动，华为将会怎么做?”委员会高级成员、民主党资深议员多奇·拉斯伯格（Duth Ruppersberger）抛出了一个自己假想的情况向华为副总裁丁少华发问。

丁少华坦率地回应：“我可以负责任地说，华为公司绝不会受任何第三方、任何政府的指使来危害任何国家和客户的网络安全。他强调，华为是一家独立的私人企业，一直遵循‘在商言商’的准则。华为的成功是建立在创业、创新和奉献的基础上，与中国政府没有任何特别关系，也没得到政府的帮助。实际上，华为公司70%的收入来自海外。”

“如果拒绝政府会坐牢吗?”多奇·拉斯伯格继续追问道。

“华为公司是一个依法经营的企业，没有违反法律，任何政府，包括中国政府，为什么要把我们关到监狱里去呢?”丁少华通过反问回击了多奇·拉斯伯格对华为的猜疑。

此外，委员会成员们都认为两家公司设立党委显示其经营运作受到政府的直接影响，而这可能威胁美国利益。“你们能解释一下党委在公司中的作用及其对公司经营的影响吗?”罗杰斯问道。

丁少华援引中国《公司法》，表示所有在中国设立的企业都要设立党委，这是法律的要求。“主席先生你可能有所不知，沃尔玛的中国公司、通用汽车的中国公司也有党委。”

他强调说明党委不在华为的治理架构之中，也不参与华为的日常决策：“我在华为17年的时间，在总部和全球不同地方的公司都工作过，从来都没见到党委参与公司的一次决策。”随后他向在场的美国议员们正面解释了党委的作用：“在华为公司，党委（的作用）是鼓励员工遵守职业道德，提供员工关怀。”

而中兴公司朱进云则强调，“中兴是一家独立、透明、全球化、公开上市的电信公司，接受深圳交易所和香港交易所的监管。在生产经营中遵守了中国、美国、欧盟等全球各个市场的法律法规。并且在现场提供了独立董事、美国人石义德（Timothy Steinert）的证词，证明党和政府没有直接参与到中兴的日常运作之中”。

尽管如此，在庭审过后的最终审查报告中，委员会仍将党委的存在作为质疑两家公司的借口。并且认为华为没有按要求提供其党委的成员名单，因而无法解释党委在公司中的作用；中兴则只是到了“最后时刻”才提交名单，因而无法消除委员会的担忧。由此可见，情报委员会的有罪推论过于明显。

除了党委问题外，“龙头企业”也是委员们普遍关注的问题，并且在后续报告中成为了委员们断定华为、中兴受到中国政府大力扶植的重要证据之一。众所周知，这一词语在中国是指在某个行业，对同行其他企业具有深远影响和号召力的示范企业，或是对行业、地区、国家做出突出贡献的企业。但“龙头企业”一词对应的英语是“national champion”，在西方语境中是一个政治上的概念，维基百科对它的解释是“处于战略性领域中的大企业，不仅谋求盈利，还寻求提升国家的利益”。国会议员们以为拥有这一称号的企业往往会受到所在国政府政策乃至财政上的支持。这些委员们似乎忽视了美国企业以及其他国家企业几十年间在中国所享受的特殊政策支持。

报告发布——“中华”惨遭封杀

即便华为和中兴在听证会上积极配合、明确应答，但依然无法撼动美国国会对其封杀的“念头”。美国当地时间10月8日，美国国会众议院情报委员会公布了一份关于华为和中兴通讯的调查报告。报告指出美国应该以怀疑的目光审察中国电信公司在美国电信市场的持续渗透，不管是政府还是私营部门，都不应该和华为、中兴合作。

以下是该报告的结论和建议部分：

委员会发起这项调查旨在获得长期以来对于中国电信公司华为、中兴以及他们与中国政府之间关系的部分疑问答案。通过长达数月的调查，华为和中兴都使用了不同的措辞来说明他们为什么不是美国国家安全利益威胁的原因。但不幸的是，华为和中兴均未对调查给予充分配合，两家公司都无法提供文件或其他证据证实他们的观点，或者为他们的说法提供支持。

特别是华为，该公司对核心安全问题提供的是推托、无应答以及不完整答案。两家公司都未能对他们与中国政府的关系以及获得的中国政府支持提供一个应答性答案，这使得（委员会）对他们遵守国际规则的能力提出进一步质疑。

基于本次调查，委员会提供以下建议：

建议1：美国应该以怀疑的目光审察中国电信公司在美国电信市场的持续渗透。

——美国情报机构必须对这一威胁保持警惕和专注，应该积极采取措施，尽可能的让私营部门了解这一威胁。

——考虑到华为和中兴对于美国国家安全利益造成的威胁，美国外国投资委员会必须禁止涉及华为、中兴的并购、收购和兼并交易。旨在扩展美国外国投资委员会在参与采购协议中作用的立法提案需要相关国会委员会的彻底审查。

——美国政府系统，特别是敏感系统，不应该使用华为或中兴的设备以及零部件。同样的，政府承包商，特别是那些涉及美国敏感项目的合同承包商，不应该在他们的系统中使用华为或中兴的设备。

建议2：（委员会）强烈建议美国私营部门实体考虑与华为、中兴进行设备或服务业务往来相关的长期安全隐患，强烈建议美国网络提供商或系统开发商为他们的项目寻求另外合作厂商。基于可用的机密和非机密信息，（委员会）不能相信华为和中兴未受外国政府影响，因此认为他们会对美国和我们的系统构成安全威胁。

建议3：美国国会司法委员会和行政部门的执行机构应该对中国电信部门的不公平贸易行为进行调查，尤其应当关注中国对主要公司的持续财务支持。

建议4：中国公司应该迅速变得更加开放和透明，包括在有高度透明要求的西方股票交易所上市，提供独立第三方评估机构对于他们财务信息和网络安全进程的一致性评估，遵守美国信息和证据的合法标准，遵守所有知识产权法和标准。特别是华为，对于美国法律义务应该更加透明和应答性。

建议5：美国国会司法委员会应该考虑潜在的立法，以更好应对与其他国家政府相关的电信公司所带来的风险，否则就不要充分信任他们来建造关键基础设施。这样的立法应该包含增加私营部门实体的信息共享，提升美国外国投资委员会对于参与采购协议所发挥的作用。

这份毫无证据、缺乏说服力的报告让华为、中兴失望至极，包括美国媒体在内的主流西方媒体也几乎一致认为这份公开的报告中的指控缺乏有力证据。美国《华尔街日报》在当天的文章中称该报告“没有包含显示两家公司的设备用于间谍活动的证据”；英国《路透社》也认为“它（委员会）没有提供任何坚实的证据来支撑其担忧”。而针对这些指责，委员会辩称另在一个保密版本中提供了华为和中兴涉及国家安全不适宜公开的细节。

中国外交部发言人洪磊在当天的例行记者会上，被问及相关问题时回应道：“中国电信企业按照市场经济原则开展国际化经营，其在美投资体现了中美经贸关系互利共赢的性质。”他敦促美国国会“尊重事实，摒弃偏见，多做有利于中美经贸合作的事，而不是相反”。翌日，中国商务部新闻发言人沈丹阳也称该报告仅凭主观猜测和不实依据就对中国企业进行无端指控，中方表示严重关切和强烈反对。有国内媒体指出，华为和中兴公司在美国进行了大规模采购，为美国创造了大量就业岗位，然而却多次遭到无根据、无道理的指责和猜忌，呼吁美国国会与政府为它们在美国市场的发展提供公开、公平的机会。

作为研究贸易、投资问题以及美中关系的专家，Dan Steinbock 对华为这样描述：第一，它不是国有企业；第二，大部分收入来自国际市场；第三，它已经迅速增长成为中国的跨国巨头，但华为却一直被排除在美国市场之外。自从2001年进入美国市场以来，尽管华为不断尝试竞标，但总是与AT&T、Sprint、T-mibile和Verizon等美国运营商失之交臂，其中的障碍不在美国市场，而在美国政府。

近年来，美国政治势力屡屡以“威胁国家安全”为由阻碍中国企业在美国的发展。2011年2月至2012年9月听证会举办，美国国会对华为和中兴两家公司曾进行了长达一年之久的调查，以确定它们是否对美国国家安全构成威胁。有媒体评论，在美国这些冠冕堂皇的“指控”背后，隐藏着美国部分政客与企业不可告人的目的，即将简单的经济问题政治化，打着“威胁国家安全”的旗号，阻碍中国电信企业在美国乃至全球市场的拓展，从而打击中国的战略性产业，遏制中国的崛起。

第二节　一封寄往国会山的公开信

谈及本次调查事件的导火索，还要追溯到2010年。当时华为在全球市场的开拓愈发顺利，尤其在相对封闭的美国电信市场开始有起色，有不少小型的美国电信运营商开始选择华为的解决方案。为了更好地服务客户，2010年5月华为在美国成功将3Leaf Systems（三叶系统，以下简称3Leaf）收购至麾下，拥有了3Leaf的服务器及数个专利，并聘用15名原3Leaf的员工。然而，2011年2月16日华为发布声明称：美国外国投资委员会（CFIUS）已正式通知华为，建议华为撤销2010年5月收购美国小型科技公司3Leaf的交易，但“华为决定拒绝”。由于华为拒绝撤销收购，这一“棘手”问题移交至美国总统，由奥巴马作最终决定。

重压之下，华为最终无奈宣布撤销这笔收购案。在以公平、自由竞争自称的美国市场，这种不公正的举措实在让人气愤。在华为，不仅需要一个公平的说法，更需要公平的对待。华为不会放弃美国市场，这并非蚍蜉撼树般的努力，华为相信以其目前的实力是可以名正言顺赢得美国通信运营商的青睐。但在美国种种质疑之下，要在这个通信市场“肥沃绿洲”站稳脚跟仍是华为当前面临的一个难题。

面对种种不公平对待，2011 年初，华为向美国国会发出了一封公开信，信中澄清了美国政府对华为的误解，并邀请美国当局对华为进行正式调查以消除对华为的疑问。这封长信的执笔人是华为公司副董事长、华为美国董事长胡厚崑，在公开信中他表达了对美国监管调查公平、公正的信心。“美国政府部门在管理上高效以及公平和公正，给华为投资美国 10 年过程中，留下了深刻的印象。我们相信，能够通过美国的公平与正义的调查流程，能证明我们是一家真正的商业公司。”胡厚崑在公开信中做出如上陈述。

以下是华为致美国政府公开信全文：

我们希望能向您介绍一些关于 3Leaf 事件以及关于华为公司基本情况的事实，希望我们提供的信息有助于您了解这个收购案的实际情况和华为对此事的立场，并澄清一些长久以来关于华为的不真实的传闻。

2010 年 5 月和 7 月，3Leaf（位于圣克拉拉的一家破产的新兴技术公司）停止运作并且在没有其他买主收购其知识产权的情况下，华为美国子公司 Futurewei 收购了 3Leaf 的特定资产。华为在 5 月交易完成前向美国商务部工业与安全局递交了申请，并获得了美国商务部批示：出口 3Leaf 这一技术无需许可。但是，了解到 CFIUS 对此交易感兴趣后，2010 年 11 月，华为自愿向 CFIUS 递交了正式申请，请其对此交易进行审查并给予了全力配合。

2011 年 2 月 11 日，美国 CFIUS 正式通知华为，建议华为按照其提出的条件撤回审查申请，我们最初决定拒绝接受 CFIUS 这一建议。我们是希望走完全部的流程，以有机会还原华为的真相。但是，引起如此巨大的反响不是我们所希望的。基于这一考虑，2 月 18 日，我们最终决定接受 CFIUS 的建议，撤回“收购 3Leaf 特定资产交易”的申请。

华为始终尊崇美国是一个伟大的国家，尊重美国的民主、自由、法制和人权的价值观，并努力向美国人民学习。正如奥巴马总统在就职演说中所说：“今天，我们在这里齐聚一堂，因为我们战胜恐惧选择了希望，摒弃冲突和矛盾选择了团结。今天，我们宣布要为无谓的摩擦、不实的承诺和指责画上句号。”正是基于对此的高度认同，我们也以此为目标，促进华为与美国企业的合作。

华为是 1987 年在中国深圳成立，由员工 100% 持股的私营企业，是全球第二大电信设备供应商。

华为立志于在美国市场进行长远投资，今天，华为在美国已拥有1000多名员工。我们一直试图将更多的创新产品和服务带给美国客户，并成为一个模范的投资者、雇主、纳税人和企业公民。2010 年，我们从美国公司购买了价值高达61 亿美元的产品和服务，在美国的研发投资以每年 66%的速度增长，去年达到了6200 万美元。

在华为投资美国的10 年里，我们也遭到了一部分人对华为的误解。这些误解包括，“与 PLA 有密切联系”、“知识产权纠纷”、“中国政府的财务支持”、“威胁美国国家安全” 等。

首先，关于“与 PLA 有密切联系”的质疑，引用的主要根据是华为创始人兼 CEO 任正非先生曾在中国人民解放军服役。任正非先生生于 1944年10 月 25 日，父母是乡村中学教师，中、小学就读于贵州边远山区的少数民族县城，1963 年就读于重庆建筑工程学院，毕业后就业于建筑工程单位。1974 年为建设从法国引进的辽阳化纤总厂，应征入伍加入承担这项工程建设任务的基建工程兵，历任技术员、工程师、副所长（技术副团级），无军衔。在此期间，因作出重大贡献，1978 年出席过全国科学大会，1982年出席中国共产党第十二次全国代表大会。1983 年随国家整建制撤销基建工程兵，而复员转业至深圳南海石油后勤服务基地，工作不顺利，转而在1987 年集资 21000 元人民币（2500 美元）创立华为公司，1988 年任华为公司总裁至今。事实上，有着在军队服役经历的 CEO，无论在中国还是美国，都是一件再正常不过的事情。在全球范围内，华为只向客户提供符合民用标准的通信设备，无任何事实证明华为与军方有关。

其次，关于“知识产权纠纷”的误解。事实上，华为自成立以来，一直尊重他人知识产权，也注重保护自有知识产权。目前，我们在全球累计申请专利 49，040 件，获得专利授权 17，765 件。我们还通过交叉授权许可，使用他人专利，2010 年，我们向西方公司支付的专利许可费为 2. 22亿美元（其中 1. 75 亿美元支付给美国公司）。我们仅支付给美国高通公司的知识产权费用已超过 6 亿美元。2003 年，Cisco 起诉华为侵权，经过大量调查了解，最终 Cisco 撤销了诉讼，这场诉讼反而证明华为在知识产权方面基本没有问题，华为也学会了即使存在一些问题，也可以通过协商和对方达成一致。

第三，关于“中国政府财务支持”。实际上，华为总部在中国深圳经济特区，一直都是在市场经济的环境中发展成长的，公司发展的资金来源于股东和正常的商业贷款。华为和其他在中国的商业公司一样，享受中国政府对高科技企业的税收优惠，以及研发创新方面的支持，2010 年获得中国政府研发创新方面的资金共计 5.93 亿人民币（约合 8975 万美元），但从未享受超过正常商业公司之外的额外资金支持。包括中国的商业银行授予华为的高额的买方信贷，实际上其贷款额度是给华为的客户的，而非华为，通过华为向这些客户推荐，由华为的客户承担贷款利息和还款。在 2010 年，通过买方信贷促成的业务，约占到华为 2010 年收入的 9% 左右，与业内同行相当。例如，2004 年国家开发银行与华为签署了 100 亿美元买方信贷额度，2009 年该额度扩大至 300 亿美元。目前，客户共使用了约 100 亿美元的额度。

第四，关于对“美国国家安全造成威胁”的传言，主要是质疑“窃取美国机密信息”和“特殊时期发动网络攻击”两点。在美国，华为通过独立的第三方安全认证公司如 EWA 等进行安全测试，从产品的源代码级别确保产品的安全可靠。此外，通过建立“可信任的交付”模式，来保障网络交付安全。当然，我们对于安全的理解，是不是还不能达到美国政府的要求，我们想知道，是不是已经掌握了华为有违反美国安全的事例，具体是什么能否告诉我们？美国政府是对华为的过去担忧？还是对华为未来的发展担忧？担忧在哪些方面？具体什么事情？我们能否一起找到解决的办法？我们愿意遵照美国政府在安全方面的任何要求，开放给美国的权威机构进行调查，我们将坦诚地给以配合。事实上，作为民用通信设备供应商，我们在全球率先建立的端到端的网络安全保障体系，通过与各国网络安全监管机构合作，共同面对网络安全带来的挑战。我们也认为信息浪潮越来越大，安全的困难越来越多，我们积极地与各国政府、各种组织机构合作起来，共同担负起防范的责任。

美国前总统林肯曾经说过：“品格像是一棵树，名誉就像是树的影子。”多年来，这些误解和传言如同华为的影子一样，影响了华为的声誉，也影响了美国客户还有政府对华为的判断。我们一直希望美国政府能够全面地公开调查华为，产生明确的结论，无论这个结果最终是否有利于华为。

美国是全球最大的电信市场，华为希望进入这个市场，也一直在努力证明自己。而这些误解，也确实影响了我们的一些商业活动。这里面有商业利益的驱使，我们是理解的，竞争是有困难的。华为在全球领先的无线宽带技术在美国的应用，有益于美国的电信运营商以及美国民众，他们不需要花很多的钱，获得更先进的技术，更快的网络速度。而且无线基站会越来越简单，像手机一样，不是危害安全的重点。对美国运营商所担心的一些领域的一些产品，华为承诺不对美国市场销售，也诚恳地希望美国有关方面给以指出，并明确这些技术进入美国的禁止年限。有一些在当前看来很重要的技术，过一段时间变得落后和简单，全面的防范成本太高。

实际上，我们一直希望：美国政府能够就对华为所有质疑给予正式的调查。正如一开始提到的，美国是一个倡导民主、自由、法制、人权的国家。美国政府部门在管理上高效以及公平和公正，给华为投资美国10年过程中，留下了深刻的印象。我们相信，如果能够通过美国的公平与正义的调查流程，就能证明我们是一家真正的商业公司。

胡厚崑发出公开信后不久，美国众议院情报委员会主席迈克·罗杰斯（Mike Rogers）率领国会议员着手开展针对两家中国电信企业的调查。调查的目的一是关于华为、中兴给美国带来的“安全威胁”，并检讨美国政府是否已正确定位、理解和应对这一“威胁”。调查的另一个目的则是要搞清楚美国国会自身疑问——在一个公开的形式下，企业需要提供什么样的信息来回答这两家企业在美国电信市场是否会构成国家安全威胁。

在谈论美国展开调查之前，我们有必要了解一下美国众议院情报委员会。美国众议院情报委员会是负责美国各项情报工作的部门，监督情报事务的各项活动并确保其合法有效和是否获得了适当的资源，以达到保护美国国家安全利益的目的。具体地说，该委员会不间断地审查各部门单位，各种项目和活动，严格审查和研究情报的来源和方法。学习和了解美国所面临的来自国外的威胁，包括那些直接针对国家关键基础设施的威胁。委员会评估来自外国情报活动的威胁，并确保美国的反间谍机构能聚焦并得到相应的资源，从而打败针对美国的入侵活动。

第三节　11个月的漫长调查

“在美国众议院情报委员会主席迈克·罗杰斯的率领下，调查小组开始分批次开展调查。他们到访两家中国公司的总部、生产基地、产品展厅、培训中心、员工宿舍等进行实地调查，并且要求两家公司向他们提供任何他们所需要的材料。例如，企业的发展历程、企业的组织架构设置、员工的培训资料、美国客户情况，甚至是为公司工作的第三方人员的详细资料。总之，所涉及的问题非常广泛且始终没有聚焦到对于产品的调查。”据华为全球首席安全官约翰·萨福克（John Suffolk）回忆。

长达11个月的漫长调查

早在调查之前，美国众议院情报委员会就已对华为和中兴两家公司进行了初步的评估，他们把更多的焦点放在了在美国有商业活动的中国电信公司的历史背景和运营方式，以及是否与中国政府或军队有着潜在关联等问题上。希望通过这次调查可以为将来如何审查其他来自中国或者别的国家的公司对美国电信设备供应链的风险评估提供参考和依据。

2011年11月7日，美国众议院情报委员会正式启动了对华为、中兴的全面调查。调查项目包括与相应公司和政府官员进行大量交谈、调阅相关文件资料，和华为、中兴的高层管理者举办公开的听证会等。

2012年2月23日，美国众议院常设特别委员会（HPSCI）工作人员到达华为公司位于深圳的总部，会见并访问了数位华为高管。代表团参观了华为公司的总部，审查了华为的产品线，并参观了华为一个较大规模的设备生产工厂。为了表达对特别委员会的重视，华为公司常务副董事长胡厚昆、财务管理办公室副总裁白熠、主管美国的华为公司高级副总裁陈巍、董事会秘书江西生、全球首席安全官约翰·萨福克（John Suffolk）、出口管理部郝艺等多位华为核心人员均参与陪同。华为以正面积极的态度迎接了特别委员会的调查，并对特别委员会的问题一一予以应答。

4月12日，特别委员会在中兴深圳的总部进行调查。除了与中兴高管会面，同时参观了中兴的总部大楼和设备生产工厂。中兴美国与北美市场高级副总裁朱进云，执行副总裁、全球营销和销售副总裁范庆丰，法务总监郭家俊，独立董事石义德（Timothy Steinert），信息发布办公室安全与投资部曹伟和钱宇，英国欧华律师事务所（DLAPiper）律师 John Merrigan 等尽数出席。

2012年5月，美国众议院情报委员会主席迈克·罗杰斯（Mike Rogers）、委员会高级成员多奇·拉斯伯格（Duth Ruppersberger）、委员会成员众议员 Nunes、Bachmann、Schiff 等在香港会见了华为和中兴的高层管理者，三方就委员会提出的问题进行了进一步交流沟通。在这次会见中，除了前述诸多华为、中兴高管之外，向来低调的华为创始人、总裁任正非也出席了本次会面。会议后，美国国会特设情报委员会致函华为和中兴要求澄清一些书面问题及调阅一些文件，以补缺委员会对华为和中兴信息不对称。因其中一些要求超出调查范围，其中涉及客户信息及企业商业机密，如果对美国国会开放，便会让华为、中兴陷入对客户不负责任的泥泽中。

2012年6月13日，美国众议院情报委员会主席迈克·罗杰斯（Mike Rogers）和高级成员多奇·拉斯伯格（Duth Ruppersberger）再次来到深圳，对华为、中兴进行了实地调查。为配合这一次调查，华为为特别委员会提供了大量文档，包括过去10年董事会以及监事会的名单，甚至还包括1987年成立以来每一年的销售数据，持有华为虚拟股的员工名单和持股数量，华为的资金来源及财务运作状况等，积极回应了委员会提出的所有问题。

值得关注的是在调查过程中，中兴公司曾建议“由第三方对软件代码进行更彻底的审查和分析”，但情报委员会拒绝把设备测试作为此次调查的一部分。因此，在持续11个月的调查中，尽管委员会没有对华为或者中兴的任何一件产品进行测试，委员会成员仍然指责这两家公司在其产品上安装了“后门”，以致威胁到美国的国家安全。如果说实地调查让中兴、华为对情报委员会的报告持公正态度抱有希望，这种希望一直持续到9月份，但在美国听证会召开之后，华为、中兴总算看清这只是自己的一厢情愿。

虽然美国国会特设委员会的多次调查参观并未改变最终结果，但其报告中的含糊其辞以及大量“可能”、“大概”等不确定性用词，间接证明了华为、中兴的设备并未出现所谓的安全漏洞，证明两家企业的设备并没有威胁到美国网络安全。

华为在美频频受阻

因为美国政府阻挠，华为等中国企业在美国的发展可谓一波三折，困难重重。

收购 3Com 遭美政府阻拦

2007 年 9 月 28 日，通信设备制造商 3Com 宣布与贝恩资本、华为签署协议，以 22 亿美元价格被两家企业收购。贝恩资本获得 3Com83. 5% 的股权，并获得 8 个董事席位；华为将获得 3Com 剩余 16. 5% 的股权，并 11 个董事席位中剩余的 3 个。

华为此前与 3Com 有一家合资子公司，华为 3Com，华为控股 51%，3Com 控股 49%。这家子公司的主要市场是中国与日本。华为收购港湾网络后，其与港湾存在业务上的冲突，随后华为出售 2% 华为 3Com 的股权将华为 3Com 的控股权交给 3Com，随后剩余的 49% 股权也悉数售出。出于对美国市场的考量，华为欲联合贝恩资本收购 3Com。此次收购的成败关系到华为是否可以曲线进入美国市场。这份收购案受到 3Com 公司 CEO 兼总裁 Edgar Masri 的大力支持，Edgar Masri 说：“3Com 董事会和高层已经彻底评估了我们的战略选择，认为同贝恩资本达成的收购协议为 3Com 股东提供了最好的价值。我们认为该协议将更好地帮助 3Com 把自己打造成全球网络领头羊，这将有益于我们的员工、我们的消费者和我们的合作伙伴。”

3Com 发布公告几天后，美国国会外务委员会（HFAC）委员 IleanaRos - Lehtinen 联合其他议员出台了一项非约束性决议，建议美国政府阻止贝恩资本和华为并购 3Com。Lehtinen 说：“这笔交易将威胁到美国的国家安全，因此不应该批准该交易。”之后，美民主党议员 JonKyl 和其他立法人员致信美国财政部要求财政部对华为并购 3Com 交易进行最严格的审查，审查工作的主要内容则是华为的各种社会关系。

而真正阻止本次交易的是由 9 个政府部门代表组成的 CFIUS（美国外资投资委员会）。贝恩资本在 2007 年 12 月初主动向 CFIUS 提交收购 3Com

的计划。通常情况下CFIUS会对外资收购案进行为期30天的调查，但是对于贝恩资本联手华为的收购调查时间则被延长至45天。随后，CFIUS及其他美国政府部门以国家安全为由，强行要求3Com子公司TippingPoint从3Com整体中剥离。3Com公司发布公告表示将TippingPoint从3Com公司剥离出去，股东手中的股票价值将低于预期，因为3Com出售价将因此而降低。主要收购方贝恩资本已向美国政府作出系列承诺，但CFIUS仍不满意并坚持反对，最终交易失败。

收购失败后贝恩资本发表声明称："我们已经向3Com提出了诸多替代性的建议，我们以为这些建议能够打消美国外国投资委员会的顾虑，但遗憾的是我们最终未能就这些替代性措施达成一致。"随后，华为也发表声明称，"由于收购程序复杂，成本增长，股市环境也与前一年有很大的变化，贝恩、华为宣布撤回申请，3Com理解并同步撤回申请。华为与3Com将继续保持友好合作关系，遵守双方现有的协议。"投资与收购是企业正常的商业行为，在西方国家有着更悠久的历史，华为与贝恩资本联合收购3Com本应是一宗普通平常的收购案，但在美国政府的干涉下，被迫终止。

收购摩托罗拉遭拒

2000年以来，华为和摩托罗拉在无线接入和核心网络业务方面进行了大量的合作，摩托罗拉将华为生产的无线网络设备以自己的品牌出售给客户。2010年初，华为与美国国防和情报部门就收购摩托罗拉移动网络业务进行了谈判。为了消除美国政府的担忧，华为当时曾考虑与美国政府签署一份"缓和协议"。（2006年法国阿尔卡特公司收购朗讯时曾签署过一份类似的协议，以显示阿尔卡特的诚意。）

吸取了两年前收购3Com失败的教训，华为这次聘请了美国网络安全评估公司Electronic Warfare Associates（EWA）协助其游说美国政府，以便解决有关安全性和可信性方面的问题。但是美国国际战略研究中心（Center for Strategic and International Studies）高级研究员詹姆斯·刘易斯（James Lewis）表示，美国政府希望美国公司不要购买华为的设备。业内人士分析，美国政府担心华为一旦收购摩托罗拉会导致敏感信息的泄露。最终，这次交易因遭受美国议员的强烈抵制，收购失败。

2010年7月，诺基亚和西门子通信宣布收购摩托罗拉大部分无线网络资产，华为要求摩托罗拉不得出售包含有华为知识产权的相关部分，但是摩托罗拉并未回应。随后，华为公司在美国起诉摩托罗拉将网络资产出售给诺西将导致华为的商业机密被非法移交给竞争对手，收购被推迟。2011年4月，华为和摩托罗拉联合宣布双方就未决诉讼达成和解，摩托罗拉表示歉意并承诺向华为进行赔偿。此后，华为与摩托罗拉达成了协议，摩托罗拉向华为支付转让费后，华为同意将摩托罗拉与华为之间的商业合同转移给对方。

参与竞标 Sprint Nexte 网络升级遭拒

2010年7月，华为与中兴两家中国企业共同参与美国第三大移动运营商 Sprint Nextel 无线宽带网络设备的竞标，除了华为、中兴，参与竞标的还有爱立信、阿朗以及三星。参与竞标升级 Sprint 移动网络项目设备上的最高报价约85亿美元，华为与中兴的竞标价格远远低于其他三家的报价。

在金融危机冲击之下，电信运营商面临成本支出的巨大压力，低成本进行网络升级是电信运营商所渴求的目标。对 Sprint Nextel 公司来说，这种渴求更加强烈。在美国电信市场，Sprint Nextel 受到另外两家电信运营商 AT&T 和 Verizon Wireless 围困，处境十分困难。在 AT&T 和 Verizon Wireless 双双加快移动网络升级，Sprint Nextel 对新一代移动通信网络建设极其迫切，新技术和新业务的尽快部署有利于 Sprint Nextel 应对激烈市场竞争，挽回不利的局面。

综合来看，华为无疑是 Sprint Nextel 最好的选择，但是美国政府部门的再次出现令 Sprint Nextel 陷入两难境地。当时的美国商务部长骆家辉，曾给 Sprint CEO 丹·赫瑟打电话讨论此次竞标。美国商务部长骆家辉表达了对 Sprint Nextel 允许中国设备厂商华为和中兴参与其移动网络升级合同竞标的担忧。迫于政府压力的 Sprint Nextel 只好宣布拒绝华为和中兴的竞标。

参与 Cellular 4G 网络建设竞标遭拒

2011年初，华为进入美国第六大无线运营商 Cellular 公司4G网络建设合同的最后竞标阶段，但这次完全商业化竞标仍旧没有获得应有的公平竞争机会。美国多位议员强烈反对华为竞标 Cellular，5名共和党参议员和1名共和党众议员联合致信美国总统奥巴马，要求美国政府从立法上寻求“永久性的解决方案”，以阻止华为在美国销售网络基础设施设备，信件起草者之一钱布利斯是美国参议院情报委员会副主席。上诉几位议员还要求有关政府部门披露，美国政府部门是否曾动用任何联邦资金购买华为的产品或服务。对此，华为美国公司负责政府事务的副总裁普拉默说，华为在竞标公共安全网络业务上已与政府充分合作。他表示，几周前华为致信美国国土安全部，告知该部门华为有意竞标公共安全网络业务。此前美国商务部国家标准与技术研究院已经着手与华为合作，测试华为在公共安全网络中的技术实力。此次美国商务部并没有就华为技术的安全性提出异议，而是由参议院情报委员会出面阻止竞标，个中内情不言而喻。

参与竞标公共网络被拒

2011年9月，华为参与竞标美国筹备建立的专供警察、消防队以及急救人员可以在紧急情况下在全美境内使用的无线网络项目，但是被美国商务部以“威胁美国国家安全”为由禁止。美国商务部代理秘书瑞贝卡·布兰科（Rebecca Blank）指出，美国商务部下属的美国国家标准与技术研究局（National Institute of Standards and Technology）向华为宣布了禁止华为参与该项目竞标的决定。有匿名的官员通过一封电子邮件透露：“由于这一公共安全网络的项目涉及美国国家安全政策，因此我们将不会对美国政府特别关注的问题进行再次说明，我们不可以在公开场合对国家安全问题展开分析和讨论。”布兰科则表示该决定是美国商务部与美国其他相关政府机构协商后做出的。

第四节　惊天内幕

美国国会对华为、中兴发起的这场漫长调查以及后续发布的长达52页的调查报告，引发了世界范围内轰动。有媒体指出此次事件的幕后黑手正是思科。美国最大的媒体之一《华盛顿邮报》就此揭露：几家电信公司近日收到了一份不寻常的市场营销报告，报告的目的在于引起他们对中国公司华为的怀疑，这是他们最大的竞争对手思科所为。这份报告的主要内容和美国国会周一发布的报告相差无几——即华为利用技术帮助中国政府扩大间谍活动，提高了美国国家安全的风险。美国对华为的担忧，为思科以及在电信业激烈竞争的其他几家企业提供了商业机会。

其实早在2011年底，华为就频频遭受美国“337”调查（美国“337条款”禁止一切不公平竞争行为或向美国出口产品过程中的任何不公平贸易行为），不仅涉及3G功能手机、无线网络设备以及手提电脑等产品，还包括具有无线功能的消费电子设备及组件（如平板电脑、智能手机、电子阅读器、移动热点、无线宽带调节解调器和掌上游戏机等），华为俨然成为美国“337”调查被告席上的常客。截至2012年底，华为在美雇佣的本地员工已超过1100人，占华为美国公司员工总数的75%，但即便如此华为仍旧被美国人的“有色眼镜”所笼罩，无法得到与思科等美国本土企业公平竞争的机会。这也许是华为主动要求美国进行调查的重要原因之一。

美国政治家、企业家、共和党候选人威拉德·米特·罗姆尼（以下简称罗姆尼）曾抨击美国总统奥巴马在就业、军事、人权等领域对华政策“心太软”，宣称自己入住白宫的第一天就会把中国列为“汇率操纵国”。而作为共和党党员的思科CEO约翰·钱伯斯（以下简称钱伯斯）在2012年9月25日接受路透社采访时公开表示，“企业界非常看好罗姆尼”。钱伯斯是共和党总统候选人罗姆尼的支持者，游走于美国政治界的钱伯斯在“华为问题”上对罗姆尼的影响显而易见。

除了众所周知的选举缘由，思科的政治献金与美国国会议员的投资也驱动了美国会对华为、中兴的调查。思科CEO钱伯斯是一个传奇人物，不仅在通信行业、经济领域有着强大的影响力，钱伯斯在美国政府事务中也扮演着重要的角色，与众多政府官员有着密切的交往。钱伯斯曾担任克林顿总统的贸易政策委员会成员，另曾在布什总统的过渡团队教育委员会中担任重要职位。此外，钱伯斯担任布什总统国家基础设施顾问委员会（NIAC）的副主席，负责提供行业经验和指导。该委员会以保护美国重要的基础设施为已任，而钱伯斯所负责的行业就是思科、华为所在的通信行业。

如果说思科CEO钱伯斯的长袖善舞还不足以推动报告的发布，那么接下来的信息，足以将美国国会议员与思科公司的经济利益纠葛暴露在公众视野之下。根据美国公开政治中心的数据，美国国会535名议员当中有319名是百万富翁，其中千万富翁20余位，亿万富翁也有近10位。这些议员们的投资也都是公开的信息，投资主要集中在能源、科技、地产、金融、制造业等美国引以为豪的大型支柱产业。535 名国会议员之中，有 73 位投资了思科集团（Cisco Systems），例如，马萨诸塞州民主党参议员克里 2011 年在思科投资了 60 万 ~ 130 万美元资金。这意味着美国国会发布的调查报告，除了直接影响华为、思科这两家企业在美国的发展之外，还将直接影响到 73 位国会成员的投资回报。下图为美国相关数据库（opensecrets. org）公布的 61 名持有思科股票的国会议员名单。

MEMBERS WHO OWN CISCO SYSTEMS SHARES: 61

- Barletta, Lou (R-PA)
- Berkley, Shelley (D-NV)
- Berman, Howard L (D-CA)
- Biggert, Judy (R-IL)
- Bingaman, Jeff (D-NM)
- Blunt, Roy (R-MO)
- Boehner, John (R-OH)
- Bonner, Jo (R-AL)
- Bono Mack, Mary (R-CA)
- Buchanan, Vernon (R-FL)
- Burgess, Michael (R-TX)
- Camp, Dave (R-MI)
- Capito, Shelley Moore (R-WV)
- Coble, Howard (R-NC)
- Coburn, Tom (R-OK)
- Conaway, Mike (R-TX)
- Crenshaw, Ander (R-FL)
- Davis, Susan A (D-CA)
- Doggett, Lloyd (D-TX)
- Dold, Robert (R-IL)
- Frelinghuysen, Rodney (R-NJ)
- Guinta, Frank (R-NH)
- Hagan, Kay R (D-NC)
- Hanna, Richard (R-NY)
- Harkin, Tom (D-IA)
- Hayworth, Nan (R-NY)
- Himes, Jim (D-CT)
- Inhofe, James M (R-OK)
- Johnson, Bill (R-OH)
- Kerry, John (D-MA)
- Kingston, Jack (R-GA)
- Kyl, Jon (R-AZ)
- Lowey, Nita M (D-NY)
- Lynch, Stephen F (D-MA)
- Mack, Connie (R-FL)
- McCarthy, Carolyn (D-NY)
- McCaul, Michael (R-TX)
- McDermott, Jim (D-WA)
- McKinley, David (R-WV)
- Pallone, Frank Jr (D-NJ)
- Paulsen, Erik (R-MN)
- Price, David (D-NC)
- Quayle, Ben (R-AZ)
- Reed, Jack (D-RI)
- Renacci, Jim (R-OH)
- Roe, Phil (R-TN)
- Rogers, Hal (R-KY)
- Ryan, Paul (R-WI)
- Sanchez, Linda (D-CA)
- Scalise, Steve (R-LA)
- Schrader, Kurt (D-OR)
- Sensenbrenner, F James Jr (R-WI)
- Speier, Jackie (D-CA)
- Tierney, John F (D-MA)
- Turner, Michael R (R-OH)
- Upton, Fred (R-MI)
- Welch, Peter (D-VT)
- Whitehouse, Sheldon (D-RI)
- Whitfield, Ed (R-KY)
- Woolsey, Lynn (D-CA)
- Wyden, Ron (D-OR)

部分持有思科股票的国会议员名单（来源：Opensecret. org）

另据媒体报道，钱伯斯绝对称得上“自私自利”之人，为了一己之利不择手段。2011 年 10 月 25 日，奥巴马曾邀请美国众多科技公司的老板参与宴会，宴会上奥巴马与这些科技巨头们就美国经济情况以及如何增加美国就业等问题进行磋商。钱伯斯则提出了一个恢复“免税期”的建议，奥巴马一下子被激怒了，就连扎克伯格也被激怒。扎克伯格赶紧求助奥巴马总统的首席顾问瓦勒里·贾内特（Valerie Jarrett），当时贾内特就坐在扎克伯格的身旁。扎克伯格对贾内特低声说道：“我们应当讨论对整个国家都具有重要性的话题，钱伯斯为什么只谈论对他自己有利的话题?”

如果单从市场角度来讲，思科完全有理由做出这样的“防卫”，思科在美国市场的收入占到其总收入的60%。而华为、中兴进入美国市场后，思科受到的冲击不可小觑。作为思科的股东同时拥有美国决策权的国会议员们，绝不会放任华为、中兴等企业进入美国市场。

思科与美国众多议员们有着千丝万缕的“特殊”联系，思科每年游说国会所投入的资金堪称巨额。思科的游说经费在280家计算机和互联网类企业中排名第12名，2012年的游说经费高达121万美元。而在思科回应美国权威媒体《华盛顿邮报》对于思科推动美国国会发布调查报告的声明中，强调思科只是依照该情报委员会要求向其提供了有关资料，却对游说费用的去向以及目的只字不提。虽然思科予以否认，但《华盛顿邮报》指出“思科曾以国家安全为由参与游说国会对华为的审查，并且思科在一份营销文件中收集了全球范围内针对华为的疑虑及观点”。可见，思科善于利用公关游说等各种途径对美国政治施加影响。

据媒体报道，思科打击竞争对手的手段可谓花样百出，从领导人发言，制作攻击性视频到法律诉讼，直至以政治力量狙击对手，令人叹服。美国政治捐献数据库（opensecrets. org）的统计数据更是证实了推断，思科自1998年开始游说美国国会，15年累计金额高达1572. 52万美元。相比，华为和中兴从2005年才开始断断续续投入相关经费。截至2012年，华为相关费用累计为223. 5万美元，中兴累计为46. 2万美元，而同期思科的投入为1202万美元，是华为的5. 3倍、中兴的26倍。

通过图2，我们可以清晰地看出，思科在十年前“华为思科知识产权诉讼”和近期“国会调查”事件前，都曾有巨额投入，不排除其企图影响立法、司法等机构决策的目的。

2010年11月，美国国会、美国国防部因担心华为、中兴与中国政府及军方的关系会威胁到美国国家安全，禁止华为、中兴竞标美国第三大移动运营商之一Sprint Nextle价值数十亿美元的蜂窝网络升级项目。2011年4月，美国国会议员致信总统奥巴马，呼吁联邦政府能够寻求一种“永久性的立法解决方案”，阻止华为在美国销售电信网络基础设施设备，阻止华为参与美国第六大移动运营商Cellular 4G网络建设合同竞标。

而在2002—2004年，思科的公关费用逐年翻番。与之相呼应的是，

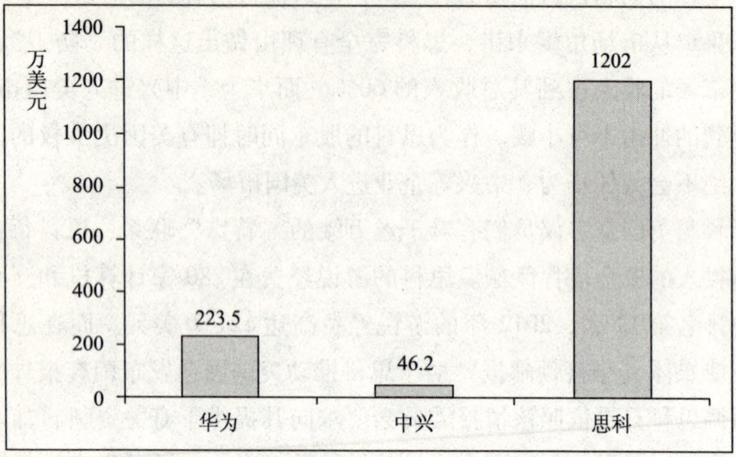

图 1　2005—2012 年华为、中兴、思科公关费用对比

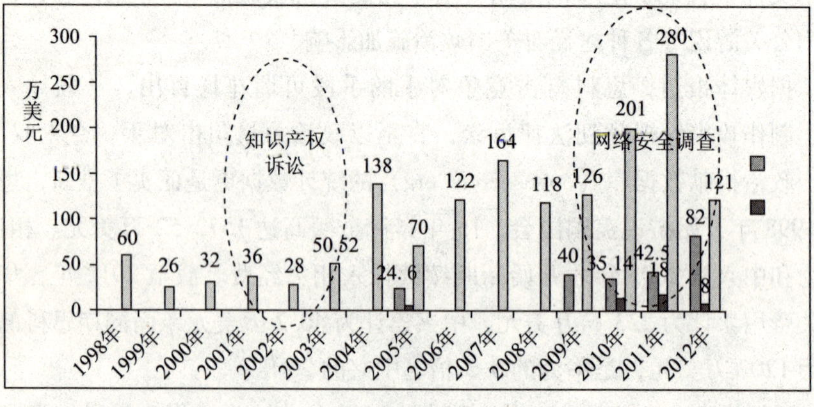

图 2　思科公关费用金额统计（根据 Opensecret. org 报道数据整理）

2003 年 1 月思科正式起诉华为。6 月，美国地方法院判决华为停止使用有争议的代码，但认为思科没有足够的证据证明华为抄袭。2004 年，思科与华为达成了和解，法院终止了思科对华为的诉讼。

通过以上图表可以发现，2010 年、2011 年思科的公关费用增长很快，分别达到 201 万美元和 280 万美元。巧合的是，美国众议院情报委员会对华为、中兴的调查正是从 2011 年 2 月开始的，自然让人感觉其中有思科的作用。

有数据表明，思科在 2011—2012 年美国大选期间捐助了 1037857 美元

（约 104 万美元）。给奥巴马的捐助为 117360 美元，给罗姆尼的捐助为 38247 美元。思科的政治行动委员会（PACs）2012 年给两党的捐助资金为 22.75 万美元。政治行动委员会（PACs）通过各种途径对美国政治施加影响。

思科为何会花费重金用以政治献金，皆因为美国通信市场是全球最大的单一市场，美国市场的电信设备支出约占全球市场的 20%，而设备利润约占全球的 25% ~30%。对思科而言，美国市场是其最后的防线，美国市场平均每年为思科贡献 45% 的利润。

以下为思科近年来财报数据对比：

人民币百万元	2012 年（USD Million）	2011 年	2010 年	2009 年	2008 年	2007 年
销售收入	32396	203929	182548	146607	123080	92155
营业利润	2952	18582	30676	22241	17076	9270
营业利润率	9.1%	9.1%	16.8%	15.2%	13.9%	10.1%
净利润	1850	11647	24716	19001	7891	12641
经营活动现金流	2832	17826	31555	24188	4561	5197

数据来源：思科 2007—2012 年报

截至 2012 年 7 月底的 2012 年财年，思科年收入 460.6 亿美元，毛利 287.1 亿美元（毛利率 62.33%），纯利 80.4 亿美元（利润率 17.46%）。而华为的利润率相当于思科的二分之一。从 2002 年财年到 2012 年财年，思科的毛利率一直维持在 60% 以上，有的年份甚至超过 70%。

钱伯斯深知若无美国政府的政策保护，思科将可能输掉这一切。反之，当思科的利益受到损害时，国会的议员们也将受到相应经济利益的损害。

附　录

思科推动对华为中兴调查（《华盛顿邮报》）

AdiRobertson

2012 年 10 月 11 日

思科的一起市场营销

在电信市场激烈竞争的几家公司近日收到了一份不寻常的市场营销报告，报告的目的在于引起他们对中国公司华为的怀疑，这是他们最大的竞争对手之一。

“对华为的恐惧正在全球蔓延”这份报告提到，“尽管华为否认，努力将自身与中国解放军以及中国政府脱开关系。”

报告的作者是华为主要的美国竞争对手——总部位于加利福尼亚州的思科系统。

这份市场营销报告将本周华为、中兴威胁美国安全的舆论又推向了一个高潮，主要内容和美国国会周一发布的报告相差无几——即华为利用技术帮助中国政府扩大间谍活动，提高了美国国家安全的风险。

美国对华为的担忧，为思科以及在电信业激烈竞争的其他几家企业提供了商业机会。来自三个不同国会办公室的高级议员称，大量美国技术公司游说他们提高对华为的详细审查，游说言辞和思科市场营销报告中所用语言很相似。

难以攻破的美国市场

一些分析师表示，抹黑华为的行动说明美国公司对华为——这家来自中国且发展非常成功、产品价格较低的公司已怀有戒心，华为正在使电信市场竞争局面发生动荡，而这曾经是美国公司主导的行业。

中国政府已经抱怨华为遭遇的障碍相当于贸易壁垒，而美国政府也曾代表本国企业抱怨过全球的贸易壁垒。

国会正式公布的报告没有提供证据，称任何关于华为是否是国家安全威胁的证据已被机密保存，只有政府官员中少数人可以阅览。

这为美国企业创造了一个理想的环境，占尽先机。国会已经警告美国公司停止和华为、中兴做生意，近几年，政府已挫败了两起华为对美国公司的收购意图。

2011 年 4 月，国会议员致信总统奥巴马，批评农业部与华为的合同；2010 年 11 月，时任商务部长的骆家辉（Gary Locke）要求 Sprint 首席执行官丹·何塞（Dan Hesse）拒绝华为投标。

Gartner 副总裁、著名分析师 Mark Fabbi 表示："华为非常成功地打破了整个世界，但有一个市场无法突破，那就是美国，主要障碍就是政治和游说力量，这筑起了很难攻破的壁垒。"

思科不讳言华为威胁

《华盛顿邮报》从一名熟悉思科销售策略的人士手中，获得了 2011 年 9 月由思科发布的长达 7 页的陈述，这名人士因为没有获得授权可以公开发表言论，因此要求匿名。这位匿名人士表示，这份陈述以"华为与国家安全"为标题，用于劝诱客户远离华为。

思科没有对游说及 7 页纸的陈述进行回应，思科发言人约翰·恩哈特（John Earnhardt）表示："过去几年，或者说近 18 个月来，我们采取了更具竞争性的措施来反击惠普、华为以及 Juniper 等竞争对手。"

在公开场合，思科并不讳言与华为的竞争。思科首席执行官钱伯斯在今年早些时候的采访中曾表示："华为是我们最大的长期威胁。"他还说，华为并没有一直都按规则来玩。

由于有时候提供的报价相当于竞争对手产品的一半，华为自 2001 年进入美国市场后，增长非常快速。华为将美国公司总部设在德克萨斯州的普莱诺，截至目前已在美国拥有四个研发中心，员工达到 1700 人。运营商 LeapWireless 和 Clearwire，包括一些小型的乡村运营商已经成为华为的客户。去年，华为美国公司的设备和终端销售额达到 13 亿美元，占总体营收的 4%。

对华为的忧虑源于中国影响力的提升

分析师认为，美国众议院情报委员会已经在本周发布的报告中表达了对华为的顾虑，这使美国的网络设备行业可能偏袒思科、Juniper 以及惠普。这些企业都是美国无线运营商的大型供应商，他们为建设高速网络而竞争。

美国众议院情报委员会委员鲁珀斯伯格（Dutch Ruppersberger）在一次采访中表示："中国每天都在对我们进行网络攻击，我们真的很担心华为所担任的角色，包括它与中国政府的关系。"他说，他没有亲自会见思科的代表。

鲁珀斯伯格表示："这和发生的事实有关，华为希望扩大他们在美国的市场份额，这一点吸引了我的注意。"

一些分析师认为，商业竞争对手对华为的不安，和中国经济影响力不断增长有关。

一名没有经过授权可对外发表评论的国会议员称："现在发生的事情就是，你的竞争对手激起了本来就对中国神经紧张的国会议员们的注意。他们做的只是把绷紧的绳子拉一下，然后看高层打算怎么转。"

也有一些专家表示，这些安全忧虑被夸大了，指出思科自己很多技术产品都放在中国制造。

美国乔治华盛顿大学商学院院长 Doug Guthrie 教授表示，对华为的安全威胁论，又回到了 20 世纪 80 年代对日本企业的忧虑上了。当时日本企业意欲取代美国汽车业，收购房地产，还要购买美国的标志性建筑洛克菲勒大厦。当时美国汽车业的衰落以及海外竞争的兴起，让美国人神经极为紧张。

Guthrie 说："长期以来，我们都认为美国是第一大经济体，中国只是提供廉价的劳动力。而现在，大家已经看到中国在创新、产业政策以及国家投资方面都做了很多工作，于是人们都害怕了。"

封杀华为，国会山的利益图谋（《中国经营报》）

漆异之

2012年10月12日

随着中国海外并购的不断增加，几个越来越值得中国企业重视的课题已经摆在眼前——我们都需要和谁打交道？怎样打交道？这是一个怎样的规则环境？我们的并购策略中应该有哪些组成部分？

10月8日，美国众议院常设情报委员会发布了对于中国企业华为和中兴的报告。长达52页的报告总结说，两家企业都涉及威胁美国国家安全，并且应该予以其在美从事经营活动更加严格的限制。

在报告中，美国用得最多的一个词就是“fail”（未能），例如“华为未能解释其与中国政府的关系”、“华为未能解释其内部党委的功能”、“华为未能提供其与中国军方是否有联系的详细答复”等。然而，报告在论述两家企业存在的问题时，同样“未能”通过充足的证据来以理服人。例如，报告中提到“中国有手段、机会和动机通过电讯公司从事恶意活动”，却未能提供这种判断的事实根据，其大量引述的文件性内容也都来自于美国政府或国会之前发表过的报告。这种用自己撰写的资料论证自己观点的方式，确实难为了报告的作者。

其实，令华为止步美国市场还有另外一个重要的原因。当笔者看完美国所有国会议员的投资账目明细后发现，国会议员中有73位在思科集团（Cisco Systems）中拥有投资。例如马萨诸塞州民主党参议员克里去年在思科的投资在60万美元至130万美元之间。而思科，正是华为在美国最直接的竞争对手。这提醒着我们的企业应该尽早对这些政客有所认识，以便“对症下药”，对于权力个体和制度进行合法攻克。

华为的澳大利亚模式

这份报告体现了美国的心虚，他们力图证明指控华为、中兴的正当性，并强调禁止华为经营并非没有先例。报告中列举了澳大利亚和英国政府对于华为部分设备进行限制，美国试图证明：不只是我们在针对华为。

被引述的主要案例来自于澳大利亚在今年（2012 年）3 月 26 日对华为澳大利亚子公司参与竞标国家宽带网络（NBN）的禁止。理由同样是出于国家安全的考虑。但报告中并没有提及一个背景，那就是美国总统奥巴马 2011 年 11 月 16 日开始的对澳大利亚的正式访问。此次访问旨在加深美澳两国的同盟关系，尤其是在对以中国为首的亚洲地区重新施加影响力。奥巴马在访问前接受电视采访时，甚至公开表态，如果中国人和美国人、澳大利亚人过上了同样的生活，那将是人类的悲剧和灾难。美国显然希望同澳大利亚形成在遏制中国发展上更为广泛的联盟。而根据当时澳大利亚媒体的报道，华为也感受到了这次访问后其与澳大利亚政府之间关系的降温。可以说，在对待中国的战略上，澳大利亚对美国亦步亦趋。当然，最终这笔订单并没有那么爱国地落到澳大利亚本土企业的手中，而是被日本电子设备商 NEC 签走。这更加只能有一个解释：日本是澳大利亚盟友，中国不是。

不过，值得注意的是，在澳大利亚对华为竞标国家宽带网络施行禁令的案例中，总理吉拉德的决定并没有得到一边倒的支持。在澳大利亚政界和经济领域都存在反对的声音。据了解，华为在澳大利亚的子公司已经开展业务多年，其中大多数的公司高层管理人员基本都是澳大利亚人，董事会里更是有澳大利亚政界高层人物。这其中就包括霍华德政府时期的外交部长唐纳和维多利亚州前工党政府的总理。作为利益相关方，唐纳等人的态度就与吉拉德截然相反，他认为华为威胁澳大利亚国家安全的理由过于荒谬，并且强调完全不存在华为参与网络攻击的概念。

当我们不再考虑国家安全、网络间谍、贪污腐败等政治性干扰因素时，明白游戏规则、善用游戏规则便是中国企业未来的主攻方向，尤其是针对美国等在对华企业进驻问题上不甚友好的国家。华为的澳大利亚模式或许可以成为一种借鉴。

必须了解美国议员的投资组合

西方国家的政客与财富并非不能公开发生关系，大多数西方国家的政治人物都拥有可观的产业，并利用自己的议员等身份公开支持对自身利益有益的相关法案通过。

根据美国公开政治中心的数据，美国国会 535 名议员当中有 319 名是百万富翁，其中千万富翁20余位，亿万富翁也有近10位。

这些议员们的投资也都是公开的秘密，主要集中在能源、科技、地产、金融、制造业等美国引以为豪的大型支柱产业。例如来自西弗吉尼亚州的参议员杰伊·洛克菲勒，作为石油巨头洛克菲勒家族的后裔，个人财富2010年已经达到8000万美元，除去在能源领域的投资外，同时拥有洛克菲勒股票基金等投资工具，他的妻子则拥有百事可乐公司超过100万美元的股票（在能源企业领域具有很强的影响力）；新墨西哥州众议员哈里·蒂格拥有自己的石油开采设备制造公司以及油井开采公司（Teaco Energy Services），每年营收超过5000万美元（想在新墨西哥州等地从事能源开采及重工设备的中国企业可以关注）；新泽西州参议员罗德尼·费林海森在美国所有众议员中对能源领域的投资排名第三，在埃克森美孚石油、艾默生电气、美敦力等公司中均有股份（在美投资能源、电力、医疗器械的中国企业需注意此人）；爱荷华州参议员汤姆·哈金的妻子在联合科技中拥有超过100万美元的投资，同时还拥有近100万美元的康菲石油公司股票（对中国能源类企业及建筑设备、空调系统、电梯、航空设备等企业有影响）。这提醒着我们的企业应该尽早对这些政客有所认识，知己知彼。中国向来不缺乏“人术”（与人斗），但当走向国际时，却总是和颜悦色，做两袖清风的好人，嘴上说着“我没有……”少有极具针对性的公关策略。更多的中国企业只注重于保障产品质量，忽略了对于权力个体及制度的攻克。当然，必须强调，我们缺乏的是合法的攻克。

说到这里，就不得不提及令华为止步美国市场的另一重要原因，这也证明了美国众议院情报委员会关于国家安全指控的牵强。笔者发现，国会议员中有73位在华为的美国最直接竞争对手——思科集团（Cisco Systems）中拥有投资。记得今年四月（2012年）当思科全球CEO钱伯斯被媒体问到最担心哪一家企业时，钱伯斯毫不犹豫地回答说：“这个问题很简单，25年前我们就知道，我们的最大竞争对手会来自中国，现在来看，就是华为。”思科已经成为华为在国内的最大境外竞争者，而华为虽然在国际上名声显赫，却还没有在思科的家门口造成过什么威胁。2010年的数据显示，华为40%左右的收入来自中国国内市场，而思科在美国国内市场的收入占到了总收入的60%。此次华为、中兴进军美国市场，思科将受到的冲击不可小觑。也许正因为此，这些思科的股东，同时也拥有着美国立法决策权的国会议员们，不会放任不管。思科也一定会展开游说，强调华为进驻对于股东的不利影响。但倘若换一个角度，我们是否也可以判断，如果有正当方法可以令美国国会议员们拥有中国企业的股份以及相关的合法利益存在，那么在推进中国企业赴美的市场准入上，或许会是另外一番天地。

当我们知道这些议员的投资组合时，或许才会对华为进军美国困难重重有些新的认识。正如华为北美分公司外部事务副总裁普卢默说的那样，华为在全球都备受信赖，产品质量有绝对保证，150 多个国家和地区的 500 家运营商都在使用华为的产品，这其中包括所有的经合组织国家和大多数发展中国家，从来没有出现过威胁国家安全的问题。美国自然也没有那么特殊。但这种威胁却可以轻易地由议员的投资利益转化而来。这些案例不仅在西方发达国家存在，在非洲发展中国家的中国企业，也同样会陷入当地政治环境的迷宫之中。我们唯一能做的，不是远离迷宫，而是尽早摸清迷宫的全图，找到正确的路径。最起码，也要找到一个迷宫的领路人。

歼击伏击

——华为思科之战启示录

第二章 华为思科首度碰撞：一场专利诉讼

思科系统公司成立于1984年，由一对教师夫妇创办。起初思科只做路由器产品，但随着互联网的蔓延和扩散，思科几乎涉足所有与互联网相关的领域。并且乘着互联网行业的热潮，通过资本市场的兼并与收购，思科曾一度登上全世界最高市值公司的宝座。

然而好景不长，来自中国的“挑战者”华为的不断壮大严重威胁到了思科的市场地位，华为也确确实实震撼到了钱伯斯本人。感到危机的思科在2003年一纸诉状将华为告上法庭，控诉华为侵犯其知识产权。彼时，中国刚刚加入WTO，华为也仅算得上是中小规模，被思科所控诉让其成为了全世界的焦点，牵动着无数人的心。二者的首次交锋被业内称为“2003年IT第一案”。华为将如何应诉？虽然最后以和解终结，但专利诉讼却让华为从懵懂的知识产权保护认知中惊醒，更加认识到了自主研发的重要性。

歼击伏击

第一节　硅谷传奇

思科，这家被誉为硅谷传奇，互联网巅峰的化身、新经济的象征的美国公司，从开创到发展一帆风顺、曾一度辉煌。

爱的产物

思科系统公司的创始人是斯坦福大学的一对教师夫妇，计算机系的计算机中心主任莱昂纳德·波萨克（Leonard Bosack）和商学院的计算机中心主任桑蒂·勒纳（Sandy Lerner）。两位创始人在研究生院相爱并步入婚姻的殿堂，毕业之后他们负责管理斯坦福大学校园计算机网络，新婚燕尔的夫妇渴望用电子邮件交流情感，但是他们的校园网络并不兼容。为了解决爱的需求，两位科学家建立连结不同校园网的桥梁，安装了一个管理字节流动的装置，这个装置就是如今大家耳熟能详的路由器。

路由器的发明被视为是互联网时代到来的标志，桑蒂·勒纳和莱昂纳德·波萨克利用路由器联结了斯坦福大学的5000台计算机，把不兼容的网络联结起来。这对夫妇于1984年12月成立了思科系统公司，他们选择金门大桥来象征他们的网络公司——思科就好像连接世界的“金桥”，让世界各地的网络紧密联结、畅通无阻。

网络快速发展以及路由器的产品特性让思科在没有花费推广费用及雇佣销售员工的情况下仍保持了高速增长。虽然思科每年可以获取大量利润，但仍不足以支撑公司的快速发展，他们开始寻求投资。

他们在硅谷成功找到投资，并获取了像飞利浦电子这样的大客户订单。但由于两位是技术出身，没有商业计划，这导致了他们与投资者在公司运营管理上产生了分歧。1990年8月28日，莱昂纳德·波萨克在得知妻子桑蒂·勒纳被要求离开的消息后，立刻将思科系统公司三分之二的股份卖掉，双双离开思科系统公司。

传奇 CEO 钱伯斯

钱伯斯 1949 年 8 月 23 日出生于美国俄亥俄州克利夫兰市一个殷实的中产阶级家庭，父母亲均为医生。幼时的钱伯斯是个漂亮、热情、聪明伶俐的孩子。他的老朋友称赞其是一个令人注目、勤恳工作、有团队意识的伙伴，一个不相信捷径的孩子。钱伯斯非常好强，喜好竞争。他父亲曾回忆说：“钱伯斯玩过各种各样的体育活动。他喜欢组织队伍，总是希望他的队伍赢得比赛，如果他赢不了，他是不会去玩的。”

钱伯斯的父母将教育放到了优先地位，幼时的钱伯斯也尽力去实现父母的期望，但是 8 岁时钱伯斯出现诵读障碍的状况。父母将他送到阅读专家那里接受测试，专家确认了钱伯斯存在诵读障碍的事实，但她也指出钱伯斯是个异常聪明的孩子。在此后的一年半的时间内，钱伯斯积极接受治疗，状况有所好转。但在接下来的学习与工作中，钱伯斯仍旧回避阅读，不过好在他有着强大的记忆能力，可以回忆起课堂或者会议上的所有事情。

1970 年至 1974 年间，钱伯斯在西弗吉尼亚大学攻读法学和商业学，随后又在印第安纳大学获得了 MBA 学位。1976 年，钱伯斯加入 IBM 公司，并在 IBM 营销部工作了 6 年。钱伯斯洞察事态发展，开创了新的 PC era（个人计算机时代）。在一次内部会议上钱伯斯谈到，“我了解到某些不能做的事情。你可以看到管理人员离客户越来越远，他们告诉客户他们知道什么是客户更需要的，而不是让客户这么做。”但是蓝色巨人 IBM 的结构销售体系令钱伯斯感到压抑，钱伯斯称 IBM 行动缓慢和小心翼翼的文化观念只能鼓励“安于现状的人”。因为难以忍受当时 IBM 的企业文化与官僚主义，钱伯斯于 1982 年离开了 IBM。

离开 IBM 的钱伯斯于 1983 年加盟在微型计算机领域很有实力的王安实验室，公司的奠基人王安博士成了钱伯斯良师益友。钱伯斯把来自中国的王安博士描述为他曾碰到过的最聪明的人，他所认识的最杰出的人物。在王安电脑公司工作期间，钱伯斯依旧像在 IBM 公司那样卖劲，取得了“世界搅拌机”的名号。但是 20 世纪 80 年代，老东家 IBM 的 PC 革命突然到来，王安公司的收入急速下滑。当时在亚洲地区负责销售的钱伯斯被紧急召回美国，新的执行副总裁决定解雇5000名员工，而钱伯斯则被安排利用整个周末时间计划这份解雇名单，这件事让钱伯斯感到恶心。1990年12月，在断定王安公司将没有什么前景的情况下，钱伯斯选择了离开，并发誓永远不会再面临那样的解雇事件。

钱伯斯离开王安电脑公司之后，尽管广发求职信，但是一个月都没有获得面试机会。钱伯斯转而寻求自己的老朋友们帮助，其中一个是王安电脑公司的前同事特里伊格，后者向他推荐了思科系统公司。虽然当时的思科销售收入仅为7000万美元，只有300名员工，市场价值仅为6亿多美元。但是这个小型网络公司的未来勾起了钱伯斯的兴趣。

1991年1月，钱伯斯加盟思科，担任美国区高级副总裁。三年后钱伯斯被提升到执行副总裁，负责研发、制造及全世界的销售、营销和支持保障，钱伯斯成为思科的第二号领头人物。从某种意义上来说钱伯斯已经开始掌舵思科了，这种状况一直持续到1995年1月被任命为首席执行官。

从1993年思科首度为进入局域网转换器市场而收购Crescendo公司开始，钱伯斯在全世界范围内掀起了一场长达7年的“并购风暴”。他带领思科斥资400多亿美元，并购了不下百家大大小小的企业，一步步牵引着思科从单一提供路由器产品的小企业走向一家提供“端到端”联网方案的行业巨头。思科的股票在几年内蹿升了80倍，营业额在1997年突破60亿美元，跻身《财富》500强，成为全球最具竞争实力的十大公司之一。由此他也当之无愧地获得了“世界并购第一人”的称号。

并购成就思科

思科的传奇经历不仅仅源于其改变了互联网——发明路由器，在传奇备出的硅谷，思科的发展离不开钱伯斯的收购兼并政策。钱伯斯为思科的收购计划制定五条法则：1. 收购对象必须与思科发展方向相同或角色互补；2. 被收购的公司员工可以接受思科的企业文化；3. 被收购公司的长远战略要与思科吻合；4. 企业文化和气质特征与思科接近；5. 地理位置最好接近思科现有产业所在地。

作为一家新兴的通信设备制造商，钱伯斯并没有像其他传统企业一样耗费巨资建立自己的研发队伍；而是将充满创新精神的硅谷当做思科的实验室，通过收购拥有新技术和开发人员的公司，填补自己新产品框架的空白；从而迅速建立起自己的研究与开发体系、制造体系和销售体系，乃至塑造出自己的品牌，使自身的核心竞争力不断得到增强和拓展。

1993 年至 2002 年十年间，思科成功收购了 80 多家大大小小公司，最繁忙的时候曾在 10 天内收购了 4 家公司。收购策略不仅推动了思科高速成长，使其超越英特尔和微软等成为全球最有价值公司，成为高科技领域中成功实施并购战略的一个样板，被授予“并购发动机”的美誉。

思科的并购战略成功的原因在于他们对被并购企业在并购前考察以及并购后整合。思科公司人力资源部总监巴巴拉·贝克甚至认为除非一家公司的文化、管理做法、工资制度与思科公司类似，否则即使对公司很重要思科也不会考虑收购。因此在“疯狂”的并购中，思科非常注重公司的共同目标和前进方向。诸多案例证明，企业的管理风格与企业文化的差异是并购失败的主要原因，思科在早期也吃过这方面的教训，并积累了宝贵的经验。

1996 年，思科公司收购 StrataCom 公司被视作最失败的收购案。StrataCom 收购之后的几个月间，有三分之一原 StrataCom 公司销售人员提出了辞职，导致了 StrataCom 公司销售的长期瘫痪。思科公司吸取教训，迅速改变了购并战略，始终将人员的整合放在并购战略的首位。在正式并购一家企业之前，思科专门组织一个 SWAT 小组来研究同化工作的每一个细节，尤其针对人员整合做大量准备工作。以 1998 年收购 Cerent 公司为例，在公司接管后的两个月内，每个 Cerent 公司的员工都有工作，有头衔，都知道奖励办法和保健待遇，并能直接与思科公司内部的网站链接。这次并购最终获得巨大成功，Cerent 公司 400 名员工中只有 4 人离开了公司。思科公司利用最少量的投资获得了光纤技术潜在的巨大收益和大量的专业人才，这项并购使得思科公司成为光纤通信网络设备市场中的新贵。依靠 Cerent 公司的产品线和其广泛的客户基础、销售与服务组织，思科成功推出了 7 亿美元的产品线。

自 1993 年到 2002 年底，思科先后收购了 80 家科技企业，并在 2000 年成就传奇。2000 年 3 月 28 日由于美国思科公司的股票价格持续攀升，该公司的市场价值已超过美国微软公司，成为全球市值最高的公司。3 月

27 日纳斯达克股市，思科公司的股票价格上升了 0.86%，达到创纪录的每股 80.06 美元，其股票的总价值达到 5554.4 亿美元；而微软公司当天的股价下跌了 6.8%，股票总价值降到 5416.3 亿美元。

就此，思科加冕，钱伯斯创造出一个属于硅谷的新传奇！

第二节　中外专利诉讼第一案

然而思科此后的发展并不顺利，因为他很快就遇到了一个强劲的中国对手——华为。华为的快速成长不得不让思科提高警惕并采取防卫，2003 年那场“针锋相对”的诉讼案至今令人记忆犹新。

“BEAT 华为”

华为与思科的直接交锋始于 1999 年。彼时，长期专注于电信设备制造的华为第一次在中国推出了自己的数据产品接入服务器。短短一年时间，执行力极强的华为市场团队就抢到了中国新增接入服务器市场的 70% 份额。随后，华为逐渐增加路由器、以太网等主流数据产品。至 2002 年，华为在中国路由器、交换机市场的占有率直逼思科，两者竞争态势加剧。而路由器、交换机等数据产品，是思科长期以来最具优势的领域，在全球数据通信领域市场占有率达 70%；但是随着华为国际化进程的推进，思科感受到华为的威胁从中国蔓延到了全球范围。

2001 年在国际市场屡败屡战的华为终于开始享受到胜利的果实。引用华为副总裁徐直军的话说：“俄罗斯、亚洲、非洲等新兴市场遍地开花，欧洲、美国市场也终于开花结果。”2002 年，信心大增的华为大举进军美国市场，华为创始人任正非的口号是：“雄赳赳、气昂昂，跨过太平洋。”在全球数据产品市场中，美国市场占了 30%，而思科正是这个重镇理所当然的把守者。气势如虹的华为在 2002 年 6 月美国亚特兰大举行的电信设备展上，推出了全系列数据通信产品，并在美国市场首次公开亮相。华为展示的数据产品，其性能与思科产品相当，但价格却比思科低 20% ~50%。

在展会上，两位陌生人造访华为展台，向工作人员详细询问了华为高、中、低端全系列路由器的技术情况，10多分钟后匆匆离开。当时是华为第一次在美国本土展示其全系列数据通信产品，工作人员还以为这两位来客是潜在顾客，介绍时格外卖力。直到两人离开时，华为在场的一位主管才认出来其中一位是思科CEO钱伯斯。

钱伯斯离开华为展台后，立刻回到公司，制定了一个“BEAT华为”的计划，并在内部网上设立了专门主页，供其全球员工讨论如何打击华为。在此之前，思科仅有一个此类小组，而其打击的对象则是大名鼎鼎的美国Juniper公司。据3Com的CEO布鲁斯·克拉夫林（Bruce Claflin）回忆说：“那个时候，思科公司的高层人士已经表示要对华为公司‘下手’，他们曾在多个公开的场合表示有可能在美国起诉华为公司。”

而此时在美国初露锋芒的华为毫不掩饰它对思科份额的觊觎，其在美国媒体上刊登的广告具有强烈针对性和暗示意味：“它们唯一的不同就是价格”。

6月的电信设备展结束之后，华为的数据产品在美国市场也迅速打开了局面，华为美国公司FUTUREWEI也随即成立。2002年，华为美国市场销售比2001年增长了将近70%，虽然思科在全球网络设备市场的霸主地位仍未动摇，但其销售额和市场占有率却出现了首次下滑。2002年秋天，在巴西举行的一次招标会上，华为的数据产品再次脱颖而出，拿下400万美元的订单，第二天，思科负责招标事宜的经理就被公司开除。来自中国的强劲竞争者迫使思科将这个杀上家门的竞争者列入最重要的打压名单中。

随后不久，在一家行业网站上有人将华为与思科产品进行了比较，称华为与思科的产品在外观、产品编号、功能上都极为相似，思科培训过的工程师，不用再培训就可以直接使用华为的产品。一位美国分析人士称，多年以来，即使不留意的观察也能发现华为的Quidway路由器产品与思科的型号及技术特征都有类似。与此同时，思科表示在华为的软件中发现了自己的软件中存在的缺陷。

2002年12月中旬，思科的全球副总裁从美国来到华为，正式提出了华为侵犯思科知识产权的问题。按照思科随后的解释，华为并没有派出主要负责人进行接待，思科提出的要求包括：承认侵权、赔偿、停止销售产品等。据华为一位参与交涉的经理透露，华为提出的方案是主动停止在海外销售涉嫌有争议的路由器产品，但是拒绝承认在软件方面有侵权行为。

时任华为新闻发言人傅军对媒体称："最初，我们抱着'息事宁人'的态度。"但显然，这不是思科的目标。近1个月的谈判，双方未能达成协议，不欢而散。事实上，华为和思科都明白这次交涉不过是即将启动的诉讼的一次预热，交锋绝不可能到此为止。在谈判桌外，华为和思科都开始行动，双方都忙着收集对自己有利的证据和外部资源。

此后，华为负责研发的副总裁费敏带领技术小组，开始对产品进行修改。"这么做只是为了表示我们解决问题的诚意。"与此同时，华为还对自己的其他可能出现类似纠纷的产品进行了全面检查。检查结果显示，华为的产品没问题。

春节还是"春劫"

在此过程中，华为开始撤回了在美国已经销售的十几台涉嫌侵权的路由器产品。但在《华尔街日报》随后的报道中，华为主动从美国撤出产品的举动，被当做认定其侵权的证据。"它认为你全身上下都是黑的，双方差距太大，根本没法继续谈。"费敏说。而思科也开始了诉讼前的最后准备。离开中国之前，思科全球副总裁专门拜会了深圳市政府、信息产业部等相关政府部门，向其表明了思科准备诉讼的决心，并寻求理解与支持。

2003年1月24日，整个中华大地沉浸在春节气氛之中，忙碌了一年的华为员工也不例外。而思科在美国德克萨斯州东区联邦法庭——这个在知识产权诉讼中历来善待原告的地方，对华为的软件和专利侵权提起诉讼。77页的诉讼状指控华为在多款路由器和交换机中盗用了其源代码，使得产品连瑕疵都存在雷同；同时指控华为在包括路由器和交换机命令接口等软件侵犯了思科拥有的至少5项专利。如果思科胜诉，华为非但长时间无法进入美国市场，而且多年开拓的国际市场将全面陷入困境。华为一旦被思科告倒，将很有可能成为华为国际化多米诺骨牌中倒下的第一张。在这样的压力下，参与讨论的华为高层甚至不失疯狂地为这场官司"出招"，将整个源代码公开，供业界共享！

公开源代码当然是一种双输结果。实际上，任正非为华为如何应讼定的指导思想就十个字："敢打才能和，小输就是赢。"华为认为，和解并获取赔偿并不是思科的真正用意，其目的是通过诉讼打击华为在市场上的竞争力：遏止华为的增长势头，使华为的产品全面退出美国市场并阻止华为与3Com的合资谈判。之前华为主动示好、将有嫌疑产品退出美国市场，对手和舆论却认为是华为懦弱与心虚的表现。显然，过度依赖和解将使华为更加被动。

很快，华为成立了由郭平、费敏、洪天峰等华为数位副总裁领导的知识产权、法律、数据产品研发、市场、公关等部门参与的"应讼团队"。对于应诉团队以及华为公司来说，一分一秒都是宝贵的。于是，在春节之前，华为常务副总裁郭平、徐文伟等就抵达美国。华为从三个方面对应诉进行布置：一是法律应对的方法策略；二是按照美国人的方式做事情；三是官司涉及中美两国最知名的两家公司，舆论传媒领域的战斗也是重点。

华为付出的代价

在2003年3月17日第一次开庭前，法庭之外的公众舆论是双方争斗的主战场。一开始，具有主场优势的思科取得压倒性胜利。与思科CEO钱伯斯的张扬截然不同，华为创始人任正非则十分低调，这也分别代表了两家公司的性格。在从前的任正非看来，公司上税、守法、对客户和员工负责就可以了，华为不需要抛头露面，针对外界的各种说法华为通常是不予解释。性格气质并无好坏之分，但是，这起官司令华为不得不为自己长期以来疏离媒体和公众，低调处事付出现实的代价。

与华为不同，思科在媒体端早有准备。在诉讼之前，思科就公布了一项在全球投放1.5亿美元的广告计划，这一举动耐人寻味。与此相对照的是，在郭平等人去美国之前，在美国舆论中根本听不到华为的声音，几乎没有人相信来自中国的华为是清白的。在美国公众眼里，中国公司根本不可能制造出高科技产品，即使有也一定是依靠侵权起家的。这种根深蒂固的观念，使得美国舆论几乎一致认定华为窃取了思科的东西。美国几家最著名的财经媒体在诉讼一开始，就对华为侵权做出了肯定性报道。美国媒体甚至怀疑华为具有军方背景，他们认为一个年收入数十亿美元的公司没有上市，一定有不可告人的股权安排，仅有少数几家媒体保持了中立的观点。

思科 CEO 钱伯斯有着出色的交际才能和能言善辩的本领，使得这家占据美国 70% 网络设备市场的公司，从未受到政府对其垄断的指控。思科不仅在美国得到了强大的舆论声援，而且其在中国的公关能力也是一流的。中国不少知名媒体在诉讼初期都明显站在思科一边。而华为几乎是有史以来第一次主动给中国媒体发布声明。

虽然是中国本土最大的电信网络制造商，华为和政府部门的关系也一直很低调。尽管华为也曾就诉讼案向相关政府部门及高层进行了汇报，但未能像人们所希望的那样，得到中国政府的介入和支持。中国官员的沉默不仅因为美国媒体一开始就将此诉讼上升到“考验中国政府保护知识产权的决心”的高度，还因为思科在中国具有强大的政府资源。思科 CEO 钱伯斯来华，经常得到中国最高领导人的接见；而长期以来，任正非奉行远离政治的处世原则。思科诉讼前与中国政府沟通获得了支持。结果是，中国政府倾向于华为进行自我保护，信息产业部一位官员表示：“政府不会给予华为任何政治帮助。”

而双方在市场上的战斗同样激烈。每当媒体或者法庭有对华为不利的消息发布，思科在全球的近百位新闻发言人会在第一时间公布于媒体。客户经理们也会以最快的速度告知全球客户，并危言耸听叫他们不要采购华为的产品，否则可能会带来连带赔偿的麻烦。2003 年是华为思科专利诉讼之年，也是华为拓展欧美市场的关键时刻。很多欧美客户因为诉讼案暂停了与华为的项目，被推向全球媒体的聚光灯下的华为，不得不抛弃过去低调行事的做法，主动展示自我。

虽然华为有自己的公关公司，但思科是这家公关公司的广告客户。华为副总裁郭平决定更换公关公司，他找到擅长危机公关的爱德曼。令人沮丧的是，爱德曼也对华为存在偏见，怀疑华为的确侵犯了思科的知识产权。更不幸的是，两家代理华为诉讼的律师事务所也持有同样的态度，郭平只得亲自去公关公司，告诉他们真实情况。他把律师请到中国，让他们参观华为的研发基地，展示华为的技术实力，从而打消了公关公司与律师事务所的疑虑。

与此同时，华为努力和美国政府保持沟通。他们通过一家由美国退休高官成立的 Lobby 公司，努力消除美国政府和业界对华为所谓“军方背景”的误解，让他们了解思科是在通过诉讼阻止竞争。

在公关公司的帮助下，华为与《财富》、《华尔街日报》等媒体记者主动沟通。当对方听到从1998年开始，华为就请国际一流咨询公司为自己做财务、研发流程、审计等服务时，这些记者才对华为有了不同的认识。“他们采访了普华永道、摩托罗拉、IBM等公司，才开始了解华为。”华为负责海外宣传的李杰如是形容。

当然，华为并不是完全孤立无援的。2003年1月，当思科给经销华为产品的一家英国代理商发函，要求其停止代理华为产品时，遭到了对方的强硬回应：“思科对我们和华为的所作所为是毫无根据的，华为从未窃取思科的技术，思科的表现只能说明其对竞争的恐惧。”这位经销商甚至称要向欧盟及英国政府投诉思科。但是这些零星的支持在思科的强大攻势面前显得相当软弱无力。华为近两年的国际化战略曾被人总结为“将主流产品卖到主流市场”，然而此刻出师未捷，华为就遭受了“主流市场上主流舆论”的冷遇。在法庭之外的第一轮较量中，思科赢得了支持，华为被打了个猝不及防。

开辟“第二战场”华为反守为攻

这是场全方位考验两家公司资源与能力的战斗，在媒体、客户、合作伙伴、政府资源、技术实力、法律武器组成的数条链条上，战斗全面打响。在取得了初期阶段舆论的支持后，思科发现：它挑战的是一个有着坚强战斗意志、并能快速“以毒攻毒”的对手，它挑起的诉讼也许并不能给自己带来胜利，反而是麻烦。因为华为找到以Heller Ehrman（美国海陆律师事务所）为首的两家律师事务所，其中代理华为诉讼的Rober Haslam是美国知识产权诉讼领域的顶级律师，曾代理过微软垄断案的诉讼。

律师全面检查了华为的研发过程和技术实力，建议华为在“私有协议”上下工夫，以攻击思科利用“私有协议”搞垄断。“私有协议”是指在国际标准组织为实现网络互联互通而制定标准和规范之前，由于某家公司产品先进入市场而形成的标准。私有协议一旦成为事实标准，将会导致拥有协议的企业出现垄断行为。

此次思科诉讼华为侵权的焦点，一是源代码侵权；二是技术文件及命令接口的相似性。思科认为华为在开发这些接口的过程中采用了思科申请私有协议保护的技术。思科产品的高市场占有率，使其凭借私有协议，阻止了竞争对手的进入，使其在垄断地位巩固的同时又保证了高达70%的毛利率。思科仅在美国和澳洲申请了私有协议，思科在路由器的产品上的私有协议不公开，也不接受其他人付费授权使用。在美国，思科正是凭借不公开的私有协议，不断巩固其市场垄断地位。一位美国的电信专家分析说，无论美国还是海外，很多公司都认为，逼近思科的最好方式就是开发类似于思科的命令接口。

美国时间2003年3月17日，法庭第一次听证会，华为的答辩紧紧围绕私有协议。华为律师说："作为全球电信网络设备制造业的领先者，思科害怕与华为竞争，因此发动了'一场散播错误信息的运动'"。华为通过法庭和传媒，将重心聚焦于思科利用私有协议垄断市场并阻止竞争的做法。华为与公关公司制定了媒体计划，争取让公众了解思科诉讼的本质。华为在随后的声明中称："思科的行为除了遏制竞争之外别无他图。"

除了在美国本土与思科对抗，华为在诉讼开始后不久，就紧锣密鼓地准备开辟第二战场，准备在中国国内提起对思科的诉讼，控告思科不正当竞争的垄断行为。早在当年微软垄断案的辩论中，就有人对思科在网络设备领域的垄断提出质疑。举例来说，思科案开始前后，国内有媒体报道，在2002年12月河北某政府部门的一次网络设备招标中，思科的产品技术指标就被当做招标的技术要求。

在第二次答辩前，发生了一件对华为极为有利、堪称此次诉讼一大转折点的事件，那就是华为和3Com的合资公司宣告成立。这家合资公司主要开展数据通信产品的研究开发、生产和销售业务。当然，外界很容易认为华为刻意加快合资3Com的步伐以"联吴抗曹"，甚至不惜向3Com多有让步。华为方面对"加快合资"的说法没有完全否定，但是费敏否认了"合资是为了打官司"的说法。他称，和3Com合资的谈判早在2002年就开始了，"恰恰相反，华为和3Com合资的消息可能是思科起诉华为的原因。"对于和思科无法对抗的3Com来说，此时和华为走到一起联手抗击强大的思科而不是抛弃这桩合同，应该是对它利益最大化的选择。事实上，在成立合资公司之前，3Com对华为技术、管理等各个方面都进行了考察，华为到底是一家什么样的公司，3Com心里是有底、有判断的。当局者之一的思科也很明白，华为和3Com成功合资意味着什么。据某媒体报道，在听到该合资公司成立的消息后，思科的执行副总裁查尔斯·吉安卡罗（Charles. H. Giancarlo）表示，他非常恼火，以至于三天不想说话。

2003年3月24日华为第二次提交答辩，这一次3Com公司CEO克拉夫林出庭作证表示，华为的技术和实力是值得信赖的。在法庭之外，克拉夫林还告诉美国传媒："华为的工程师都具有相当天赋，他们在宽大的办公室里操纵着最新的设备和软件，他们拥有我所见到过的最先进的机器人设备。"

正式开庭后，华为前期的工作和策略开始奏效。经过双方反复举证，两次听证会过后，6月7日法庭驳回了思科申请下令禁售华为产品等请求，拒绝了思科提出的禁止华为使用与思科操作软件类似的命令程序。但又颁布了有限禁令：即华为停止使用有争议的路由器软件源代码、操作界面及在线帮助文件等。这样一个看似折中的方案使双方都认为自己获得了胜利。在思科副总裁兼法律总顾问Mark Chandler看来，这样的裁决认定了华为对思科专利公然抄袭的特殊性；而华为公司表示，相对于思科诉状提出的8大类涉及21项侵权指控，有限禁止令无疑意味着胜利。

早在2003年3月份，华为的产品小组已经拿出了全新的产品修改方案，新产品的设计已经完全消除与思科软件的相似之处。3Com公司随后向法庭申请对合资公司的产品不涉及侵权的法令。不过，整个官司仍没有结束，排除了私有协议争议之后，双方产品源代码是否雷同，是判定华为是否侵权的关键。对此Mark Chandler信心十足："我们期待着首次审查华为的源代码。"但是整个战局在微妙地发生变化。"当你一个一个地赢得胜利的时候，整个战役就会发生转变。"在公关公司的帮助下，华为与媒体的积极沟通取得了进展。随着双方举证的不断深入，越来越多的媒体开始重新认识华为，对诉讼的报道也越来越客观。

"基本上从5月份开始，媒体对华为及官司的正负报道就出现了平衡，改变了最初一边倒的状况。"李杰说。英国经销商的强硬反击，私有协议的讨论，华为开辟"第二战场"的传言，3Com公司CEO的证词，斯坦福大学教授的结论以及法庭驳回思科禁售请求等，都开始影响着思科对华为的认识及对诉讼的态度。

双方接触开始越来越多。在华为聘请的两个美国律师事务所中，有一组专门负责和解谈判。2003 年 10 月 1 日，双方律师对源代码的比对工作结束。那是诉讼真正的转折。“结果证明我们是‘健康’的，大家的心全部落了下来，因为在此之前，我们谁也没有看过对方的源代码。”费敏说。

2003 年 10 月 2 日，思科与华为达成初步和解协议。2004 年 7 月末，双方达成最终和解协议。在华为看来，这是一个值得放焰火庆祝的胜利。不过，2004 年 7 月底，赴京与媒体见面、作总结的不是参与程度更深的郭平、费敏，而是徐直军；华为迄今仍没有安排华为在这场诉讼中的一线指挥员郭平接受媒体专访。据华为有关人士说，这符合任正非的“英雄观”：“管理层要淡化英雄色彩，实现职业化的流程管理。即使需要一个人去接受鲜花，他也仅仅是代表，而不是真正的英雄。”

对思科来说，这个结果看起来也是一场胜利。不过他们显得更急于庆祝，2003 年 6 月法庭公布对华为有限禁令时，思科副总裁兼法律总顾问 Mark Chandler 就宣告：“这对思科来说是一个重大的胜利。”美国几大媒体也以《思科在对华为的知识产权诉讼中获胜》等标题，庆祝思科的胜利。

虽然思科单方面宣布胜利的行为被华为所不屑，但思科对“胜利”的宣扬，却使得华为在美国人心中成了“抄袭者”，时至今日仍有一些美国人对华为有误解，其中就包含美国国会众议员。

第三节　惊醒者

2003 年一役无论从规模还是影响上讲，都称得上为“IT 界一案”。这一次知识产权的诉讼案，让华为付出了惨重的代价，也让华为猛然惊醒。

德州一役惊醒华为

虽然华为 1987 年就已成立，并且早在 1995 年就成立了独立知识产权部，但是多年顺风顺水的发展并没有让华为意识到知识产权的重要性。随着国内外形势的发展变化，科技创新和经济全球化已将知识产权推向国际市场竞争的前沿。知识产权与企业的竞争发展联系愈发密切，在企业发展全局中的地位和作用得到了历史性提升。中国企业要想成功进军国际市场，尤其需要充分发挥知识产权制度的作用。2003 年的华为思科案件让华为猛然惊醒，只有主动保护运用自有知识产权，尊重他人知识产权，才能提高企业核心竞争力，才能支撑起华为的全球发展战略。

至此华为真正认识到必须把知识产权作为企业发展战略来推行，主动建立知识产权体系，这其中包括重视知识产权开发，重视知识产权积累，重视知识产权转化，重视保护知识产权。

华为创始人曾表示，没有严格的知识产权保护，不能使原创发明人享受应得的利益，就不会有人前仆后继、奋不顾身地去探索，去奋斗，去研发，就不会有原创发明；而没有大量的原创发明，公司就永远进不了“高地俱乐部”，就将永远受制于人。

长此以往，企业将丧失核心竞争力，很难在残酷的市场竞争中占据一席之地，甚至活下去都将变得无比困难。华为常务副总裁徐直军接受记者采访时曾表示，拥有自主知识产权的重要意义在于能够为企业开拓市场扫清障碍，保驾护航，让企业获取更高的效益，进军国际市场更是如此。因此华为在 2003 年后逐渐将知识产权战略纳入公司战略体系。时至今日，知识产权战略已俨然成为华为的核心战略。

大力研发擎起知识产权大旗

华为在保护知识产权方面起步比较晚，要想追上甚至超过西方企业需要一个长期的、持续不断的积累过程。尤其是在基础专利方面，华为作为新兴通信公司，与思科等行业龙头企业还存在较大差距。华为决策者清醒地认识到基本专利的成长过程是十分漫长而艰难的，要耐得寂寞，甘于平淡，急躁反而会误事。

2003 年以来，华为一方面加大研发投入，过去 10 年，为确保企业的持续性创新，华为每年将不少于 10% 的销售收入投入研发，并将研发经费的 10% 投入新技术研究。2012 年华为研发费用支出达到 300.9 亿元，占销售收入的 13.7%，近十年投入的研发费用超过 1300 亿元。另一方面，华为与众多西方公司按照国际惯例达成知识产权交叉许可协议。截止目前华为与业界主要厂商和专利权持有人高通、阿朗（阿尔卡特朗讯公司）、诺基亚、爱立信、北电、西门子等公司签署了数十份知识产权交叉许可协议，包括一些需要支付合理许可费的专利交叉许可协议。华为每年要支付3亿美元左右的专利许可费，以获得业界其他公司专利技术的合法使用权。

保持开放式创新

华为知识产权战略的核心是开放式创新，因此华为一直将开放式创新放在首要位置。华为常务副总裁徐直军曾把华为创新战略分成两个层面：一种是原创的发明，另一种则是实现中的创新，即让现有的产品和技术发挥更高的效应，同时拥有更低的成本。以市场为导向的自主创新对企业来说更有价值，这才是华为大步迈进的创新之路。

在通信领域，与欧美企业相比华为乃至中国企业普遍起步较晚，当华为进入电信行业时，一些欧美企业已经在这个领域里成长了数十年，已经积累了大量的智力成果。作为后来者，华为坚持不懈地学习和继承业界领先的技术，用最小的研发成本、最短的时间推出业界领先的产品，满足客户的需求，取得了较好的市场收益。经过多年的实践，华为公司形成了其独特的创新理念，首先就是肯定和承认他人的优秀智力成果，避免闭门造车，在继承他人优秀成果基础上进行开放式创新。同时在独立研发的基础上，华为积极与全球领先厂商进行合作。与诺基亚、西门子、赛门铁克、Global Marine 等公司分别在 TD - SCDMA 解决方案、安全存储设备及海底光缆等领域成立了合资公司。

而在企业管理方面，华为从 1997 年起，同 IBM、HayGroup、PWC 和 FHG 等世界一流管理咨询公司合作，引进了集成产品开发、集成供应链等流程，在人力资源管理、财务管理和质量控制等方面进行了深刻变革，引进业界最佳实践方法，建立了基于 IT 的管理体系。

此外，华为还与英特尔、高通、微软及英飞凌等世界一流公司建有联合实验室。同时华为公司还确立了以客户需求为导向的基本战略，在选择技术和标准方向时，采取搭大船、出大海策略，跟着行业主流方向走。通过对客户需求的分析提出解决方案，以这些解决方案引导开发出低成本、高质量的产品。为此，华为一再强调产品的发展路标是客户需求导向，用新的技术手段去实现客户的需求。

为完善创新管理体系，华为建立了强大的知识产权队伍。华为目前拥有300多名专门从事知识产权相关工作的技术专家、专利工程师和负责版权、商标、许可等业务的律师。华为知识产权部在1995年就已经成立，部门专业人员超过1000名。

同时，华为制定了全面、严格的知识产权、版权保护制度和流程，以及管理公司知识产权的操作指导书及手册，其中包括有关专利开发及申请、版权及软件管理的流程。为激发企业员工技术创新的积极性，华为出台了多阶段奖励政策等系列专利创新鼓励办法，不仅保证了发明人能够全流程地关注其专利申请，而且每项有重大贡献的专利可获得特别奖励。

十年华为收获硕果累累

华为为开放式创新，也即是为其知识产权战略所投入的巨大精力没有让华为失望，最终华为凭此收获累累硕果。截至2012年，华为已经在全球成立16个研发中心，28个联合创新中心，累计申请中国专利41948件，国际PCT专利申请12453件，外国专利申请14494件，累计共获得专利授权30240件。华为对知识产权的保护不仅体现在其三大业务上——运营商业务、企业业务、终端业务，而且一直延续到了下一代无线通信标准LTE领域。根据华为2012年年报，华为在LTE领域持续投入，贡献了最多的LTE及LTE－Advanced标准专利，其中在3GPPLTE核心标准中贡献了全球通过提案总数的20%。截止2012年12月底，华为累计向3GPP提交超过10884篇LTE/EPC提案，并且在150多个各种标准组织中担任主席、副主席、董事、各子工作组组长等核心职务。

置身于科技领域的前沿，华为全面参与国际电信技术的标准组织，截至目前为止，华为共加入123个国际标准组织。有300多名华为员工活跃在这些组织机构中，用他们的影响力为华为乃至中国通信企业争取更有力的话语权。

业务层面，2012年华为年报显示，华为2012年全球销售收入2202亿元，净利润153.8亿元。营业收入规模已经追平长期居于全球第一的爱立信，净利润更是爱立信两倍多。截至2012年年底，全球前50大运营商中，华为已与其中45家合作，27家为华为带来70%的年度营业收入。华为产品和解决方案应用于140多个国家，服务全球1/3人口。在最新最前沿的4G领域，截至2012年底，华为共获得139个LTE（4G）商用合同，其中73个LTE网络已经商用发布，进入了全球68个首都城市，位居业界第一。同时，华为还和全球33个国家的客户开展云计算合作，并建设了7万人规模的全球最大的桌面云。

华为的知识产权战略

华为经过多年的努力已经形成其独特的知识产权体系。用一句话形容就是，“保护运用自有知识产权，尊重他人知识产权，提高公司核心竞争力，有力支撑产品的全球发展战略。”华为的知识产权战略表述虽然只有短短的4句话，但字字千金，值得深究。

首先是保护和运用自有知识产权。一般而言，知识产权意识的萌发，自然而然的结果是要对这种权益加以保护。但保护是需要成本的，构建知识产权需要投入，对于短视者而言，往往会采取消极的办法，不加以保护或者根本不予理睬，使得刚刚萌发的知识产权意识永远停留在只是一种想法的阶段。

华为通过合理运用知识产权来消解保护成本的同时，使得蕴含了知识产权的产品大幅度增值。华为核心竞争力之所以提高的这么迅速与坚定，正是由于其高附加值的产品占据了市场制高点。

其次尊重他人知识产权，这是对知识产权认识程度最高的一种境界。这种观念的转变实为不易。尊重知识，尊重人才，将知识具体到产权的形态，让尊重知识有了行动的可能。对内，可以将知识化为有形的资产对人才给予激励；对外，则可以通过购买知识产权、互换知识产权来表达对竞争对手的尊重。

一旦形成一种敬畏知识产权的氛围，“提高公司核心竞争力，有力支撑产品的全球发展战略”就是水到渠成的事了。

带头树立榜样作用

华为的知识产权战略可归结为三个方面：一是在核心领域不断积累自

主知识产权，并进行全球专利布局，以保持参与市场竞争所必需的知识产权能力；二是积极参与国际标准的制定，推动自有技术方案纳入标准，积累基本专利；三是始终以开放的态度学习、遵守和运用国际知识产权规则，按照国际通行的规则来处理知识产权事务。同时，以积极友好的态度，通过协商谈判、产品合作等多种途径解决知识产权问题。

经过这些年的坚持与努力，华为已成为中国保护知识产权的领军企业，其面对知识产权诉讼时积极沉稳的态度与娴熟多变的应对策略，让人们看到了华为已经具备了和国际巨头掰手腕的实力。

这不禁令人想起2011年华为与摩托罗拉之间的专利诉讼纠纷。华为与摩托罗拉的合作始于2000年，摩托罗拉从华为采购了价值8.8亿美元的先进的核心网和无线接入技术。2010年7月，摩托罗拉与诺西达成协议，以12亿美元的价格将其无线电信网络业务出售给诺西。此后，摩托罗拉以窃取商业机密为由起诉华为。面对摩托罗拉的诉讼，华为并没有示弱，而是展现出了一家国际通信企业应有的维权勇气和坚定立场。华为坚决应诉，并选择向美国法院提起诉讼来维权。华为公司应对纠纷的态度，足以让人们记住这家中国IT企业。

在IT界，外国巨头高筑起专利城墙保护自身利益，经常利用专利侵权诉讼阻碍中国IT企业的国际化发展。面对外国巨头的诉讼，中国IT企业大多选择回避。但是经历了2003年思科的诉讼并彻底惊醒后，华为积极应对。这场诉讼最终以华为胜诉告终，摩托罗拉与华为就双方所有未决诉讼达成和解，并向华为支付转让费。这场酣畅淋漓的胜利不仅让华为维权决心更加坚定，也给我国IT企业应对国际侵权纠纷树立了好榜样。

附　录

2003 年专利诉讼案时间表

2002 年 6 月，华为美国公司 FutureWei 成立，正式进军美国市场。

思科成立“打击华为”小组，酝酿如何“打击华为”。

12 月中旬，思科副总裁来到华为提出侵权问题，双方开始协商。随后，费敏领导技术小组，开始对产品部分软件进行修改。

2003 年

1 月初，华为将已卖出的涉嫌侵权的路由器产品从美国市场撤回。

1 月 24 日，思科在美国德克萨斯州东区法院对华为正式提出侵权诉讼。

1 月 30 日，华为常务副总裁郭平等人抵达美国。

2 月 7 日，华为公司宣布停止部分被指侵权产品在美国市场上的销售。

同时，华为计划开辟第二战场，准备在中国及美国反诉思科不正当竞争。

3 月 17 日，法庭第一次开庭，华为指出思科利用私有协议垄断市场，其对华为起诉是畏惧竞争。

3 月 20 日，华为与 3Com 宣布成立华为－3Com 合资公司。

3 月 24 日，华为第一次全面答辩，称其已经在新版软件中删除了与思科相似的代码。

3 月 25 日，3Com 公司 CEO 为华为作证，称华为没有侵权行为。

3 月 26 日，思科要求法庭判决下令禁售华为产品。

6 月 7 日，法庭驳回了思科申请下令禁售华为产品等请求，同时判华为停止使用有争议的路由器软件源代码、操作界面及在线帮助文件等。

6 月 11 日，3Com 要求法官裁决与华为合资公司生产产品没有侵权。

10月1日，双方律师结束对源代码的比对，达成初步协议。等待独立第三方专家对源代码的比对结果。

2004年7月28日，法庭中止思科对华为诉讼，双方达成最终和解协议。

思科之诉（《财经》）

王以超

2003年2月20日

相对于大多数中国企业而言，华为技术有限公司（以下简称华为）今年安排的传统春假要更长一些。2003年2月13日，是这个庞大的电信制造企业22000多名员工重返工作岗位的时间，这比大多数单位晚了整整五天。

但是，与往年不同，并不是所有的华为人都有机会享受今年这个悠长的假期，原因在于——“我们终于与‘霸中之霸’交火了，”华为的一位员工对《财经》戏言。

所谓的“霸中之霸”，指的是全球路由器和交换机等互联网设备的霸主美国思科系统公司（Cisco Systems，Inc. 纳斯达克代码为CSCO，以下简称思科）。思科于美国当地时间2003年1月22日，向德克萨斯州东区联邦地方法院提出针对华为的软件和专利侵权诉讼。

在这份被华为认为“长度有些夸张”的77页起诉书中，思科指控华为在多款路由器和交换机中盗用了其IOS（互联网操作系统）源代码，使得源代码中的文字符、文件名以及程序瑕疵（BUG）都存在雷同现象。这份文件中罗列出的指控，还包括华为QUIDWAY系列路由器和交换机的技术文件、路由器的命令行接口等软件侵权，以及对思科拥有的至少五项与路由器协议相关的专利侵权。

这起临近春节突然上演的诉讼大案，引起的震荡已经远远不限于这两家公司本身了。

2月10日，北京上地开发区信息路3号的华为北京研究所大楼相去不远，一家电子企业的老总面对《财经》不无担忧：“如果以华为每年30亿元的研发投入都无法冲破国外企业的专利壁垒的话，那么还有几家中国高科技企业能够爬升到整个产业链的高端?”

为什么是华为

2月9日，在接受《财经》杂志采访时，思科中国公司的新闻发言人商容对于这起诉讼案件的最新进展出言谨慎。“我们更希望人们把这起诉讼看成两个公司之间正常的商业纠纷，而不是别的。”

显然，国内几乎一边倒的舆论甚至一些激烈的指责，使得思科中国公司的员工感受到了无形的压力。自1994年进入中国之后，思科在中国的年营业额目前已经达到了10亿美元，虽然在整个公司营业额中所占比重只有5%多一些，但正在勃勃兴起的中国电信市场表现出来的重要性已经超越了份额本身。

思科的主打产品路由器和交换机，都是未来的数据通信的核心产品，它们在整个网络运营中起着关键性的支撑作用。就全球而言，思科在上述两个领域的霸主地位已经相当稳固，截至2002年7月27日的上一个财政年度中，公司路由器的营业额超过了56亿美元，以销售额计，占据了全球路由器市场的八成以上；在交换机领域，公司的营业额也达到了75.6亿美元，远远领先于其他竞争对手。

但是，在中国，思科却碰到了麻烦，这个麻烦的制造者就是比思科晚了四年才诞生的华为。

“在中国，几乎有一半的上网用户都在使用华为的网络产品。”华为技术有限公司北京研究所的副所长李山林告诉《财经》。而在他看来，这一切还只是开始。

知情人士指出，几乎在思科进入中国市场的同期，华为公司就已经瞄准以路由器和交换机为核心的数据通信系列产品，并投入了大量的人力物力进行研发，每年投入的资金超过10亿元，仅在路由器领域，华为投入的研发经费就超过了6亿元。作为其主要研发基地的北京研究所，目前员工数超过1300人。

就绝对数额而言，这与思科2002年超过34亿美元的研发投入相比，还有相当的差距，但由于中国的科研技术人员的薪资成本远低于美国，加上华为研发人员在业内众所周知的高强度工作量，华为近年来已峥嵘初露。华为公关部门的一位负责人甚至激烈地声称，华为与思科在研发上的投入差距并没有表面看上去的那么大，因为，“在中国1元人民币的研发投入所取得的效果与在美国1美元研发投入所取得的效果相当。”

尽管技术上仍有差距，但是凭借其价格优势，华为已经在高中低端的各个市场对于领头羊思科构成了现实的威胁。

据业内人士介绍，目前同等技术的路由器和交换机产品，华为的价格一般只是思科的50%左右。华为公司相关负责人虽然拒绝披露具体数字，但承认“这种说法与实际情况差距不大”。

在1997年底开始推出商用路由器产品之后，到了2002年第二季度，根据赛迪顾问的统计，华为在中国整个路由器市场的份额已经达到了25.4%，仅次于思科的51.8%；其中在中低端市场华为的份额更是达到35.1%，而思科的份额则为46.4%。

根据赛迪顾问的统计，在以太网交换机领域，华为的整体份额超过了21%，仅次于思科的42%；而在中低端市场上，华为更是以39.3%的份额，超过思科坐上了头把交椅。华为已经成长为思科在中国内地最大的竞争对手。

不仅仅在中国

华为给思科造成的“中国麻烦”，并没有局限在中国市场。2003年新年第一天，路透社就在一篇文章中警告说：“华为将是思科的全球性的噩梦。”

实际上，早在1994年，华为就开始谋划海外扩张，近年来华为扩张步伐的加快显然加剧了诸如思科这样的竞争对手的危机感。

以2002年为例，华为全年的营业额为223亿元，比上年下降了6亿元，华为2001年营业额为255亿元，但其中26亿元由已出售给埃默生电气的安圣电所贡献。但海外营业额却保持着快速增长势头。

2002年华为的海外营业额为5.52亿美元，增幅为68%。海外业务在整个公司营业额中所占的比重已经从2001年的10%多一下跳升到了2002年的20%。按照这种速度发展，实现1/3的营业额来自海外市场的目标对于华为来说，并不是一个太远的梦想。

华为对于海外市场的耐心，在中国企业中是罕有的。一位知情人士指出，华为在俄罗斯整整坚持了六年多的时间才得以获利，据说当年华为在俄罗斯的第一笔交易只有36美元。但到了2002年，这个数字已经超过了

1亿美元，包括俄罗斯在内的独联体国家，成为华为在海外最主要的市场之一。2001年9月，中国国务院总理朱镕基在访问莫斯科期间，还特地参观了华为的俄罗斯研究所。

虽然包括路由器在内的数据通信产品，在华为的产品系列中算是较晚进军海外市场的，但由于目前全球能够提供从低端到高端的全系列路由器以及交换机解决方案的，只有华为和思科两家，因此华为的扩张，对于思科来说，可谓生死攸关。

华为内部人士透露，以路由器为例，实际上是从2001年才开始大规模进军国际市场，但由于思科在这个领域的垄断性地位，双方在2002年下半年开始，矛盾就迅速激化。2002年秋天，在巴西电信标的为数百万美元的路由器项目中，华为击败思科和朱尼珀网络两家竞争对手最后中标，一举打入被思科视为"后院"的美洲市场。

在南美和东南亚国家打开突破口之后，截至2003年初，华为的路由器以及交换机等数据通信产品，已进入了近20个国家和地区。

思科在2002财年的营业额为189亿美元，与思科的首席执行官钱伯斯在互联网狂热时期雄心勃勃的500亿美元的目标仍然相去甚远。作为利润主要增长点的路由器表现更是难孚众望：截至2002年10月26日最新一个财季，虽然思科路由器的营业额比上个季度略有回升，但13.16亿美元的营业额仍然低于上年同期。

因此，在华为2002年宣布在美国德克萨斯设立全资子公司FutureWei技术有限公司，雄心勃勃地进军美国市场之后，华为和思科的直接冲突已经不可避免了。

德州起诉

"我们知道迟早会遭遇到这场诉讼，但没有想到这么快。"2003年1月30日，中国传统农历春节前的最后一个工作日，一位不愿透露姓名的华为高层人士对《财经》表示。

实际上，将专利诉讼作为阻击竞争对手的手段，对于美国的高科技企业来说，是一种相当熟练的策略。纵观美国的各大高科技公司，诉讼与被诉讼已成为一道最为常见的风景，美国的《法律时报》就把知识产权律师定义为最热门的职业。

思科一度被认为是一个只被别人起诉而不会起诉别人的公司，因为在此之前，对思科提起过诉讼的，既有朗讯科技这样的巨头，也有 PROXIM（纳斯达克代码：PROX）这样不太出名的公司，但思科却从未起诉过任何公司。从被起诉到起诉别的公司，思科在这个过程中已从一家小公司成长为行业霸主。

2002 年 6 月，一家名为通信设计的网站提到华为的路由器产品命名方式与思科极为相似；其后，10 月 28 日出版的《商业周刊》，也指出华为在英国销售的产品无论从外观还是功能上，和思科的产品都有相似性，文中甚至提到，思科培训过的工程师，几乎开箱之后就可以直接使用华为的产品。

美国主流媒体的舆论显然与思科公司的态度有一种微妙的互动。思科中国的内部人士称，思科总部从 2002 年下半年开始为诉讼做准备。

12 月中旬，思科总部正式就软件侵权等问题与华为交涉。思科提出，要求华为承认侵权事实，并且终止销售涉嫌侵权的产品，并由此对思科造成的损失进行赔偿。

参与交涉的内部人士对《财经》透露，华为在思科开始交涉之后，就开始保护性地暂停相关路由器和交换机型号在美国的销售，并且提出了自己的和解方案，包括华为将停止在海外销售涉嫌侵权思科持有的与路由协议相关的五项专利的产品等。

但华为坚持拒绝承认在软件方面存在侵权事实，因为这对于华为的海外品牌推广将造成不可弥补的伤害。业内人士认为，华为最担心的是被彻底驱逐出海外市场。华为已经在这个领域投入了大量筹码，虽然路由器产品在华为总的营业额中所占比重还不足两位数，但却是华为提供多种解决方案时的关键性产品之一，如果在这个领域被迫退出，其可能的损害就不仅仅局限于数据通信业务方面。

由于存在根本性分歧，思科在经过一个多月的协商未果后，向德州东区联邦地方法院同时起诉了位于德州的 FutureWei 技术有限公司、位于加州圣何塞的华为美国公司以及位于深圳的华为技术有限公司。

之所以选择这家法院进行起诉，而不是在思科总部所在地加州圣何塞，舆论认为，一个重要的原因是，根据美国的法律制度，这起性质为专利侵权的民事诉讼案件将采用陪审团制度加以裁决，在华人相对较少的德州提起诉讼，可以避免陪审团受到其他因素的影响。

此外，德州东区联邦地方法院在美国的众多地方法院中，在审理知识产权案件方面享有盛名，以快速审结著称。以2002年10月裁决的美国Intergraph公司起诉英特尔专利侵权案为例，从提起诉讼到做出裁决仅用了不足14个月的时间。

据悉，思科起诉华为的主审法官，恰恰是上述案件的主审法官——在美国知识产权司法界享有盛誉的T. 约翰·沃德。

和战博弈

思科对华为的诉讼案，虽然思科一直希望被当成一起普通的商业诉讼来看待，但从一开始，其影响就已经不止于此了。

2003年1月27日，《华尔街日报》的一篇文章指出，思科对华为的诉讼，将被视作北京政府是否有决心在刚刚萌芽的信息技术领域加强知识产权保护的一块试金石；2月10日，《商业周刊》也撰文称，根据位于华盛顿的国际知识产权联盟的统计，仅2001年一年，中国因为专利侵权给美国企业造成的损失就高达19亿美元。

但华为真的会输掉这场德州诉讼吗？《商业周刊》承认，由于专利以及版权法的复杂性，这点目前还很难断定。华为和思科拒绝就此发表任何评论。如果一切顺利的话，法院将在2月底召开听证会，双方是和是战将在听证会后有一个结论，而如果和解协议未能达成，等待这两个公司的就将是漫长的诉讼和裁决。

被思科作为第一指控的IOS（互联网操作系统）源代码侵权，是思科最早开发的系统之一。这套系统是思科保持用户忠诚度的最重要的工具，同时也是其阻挡后来者的有力武器，目前思科仅从事IOS工作的员工就有1200多人。

但是，业内人士指出，思科还需要获得更多的证据才能证明华为的IOS源代码中存在侵权事实，因为文字符和文件名的相似作为证据说服力并不充分，而且如果双方在源代码中都吸纳了相同的开放式软件或者共享软件的话，也很可能产生相似的程序瑕疵。

至于技术文件以及命令行接口方面的相似性，美国通信设计网站也指出，不管是在美国国内还是在海外，这样的情况都相当普遍，因为许多公司认为，逼近思科最好的方式就是开发类似于思科的命令行接口。思科必须证明，华为公司比这些其他公司的“简单克隆”走得更远，并且华为在开发这些接口的过程中采用了思科的“私有技术”。

据知情人士分析，虽然华为从一开始就希望和解，但是思科的目的却在于通过此次诉讼彻底解决华为在路由器市场给自己带来的麻烦，所以肯定会想方设法避免和解，因为这或许意味着华为可以通过缴纳专利费继续使用这些技术。

但是另一方面，强调这些私有技术，以及思科在对华为的指控中提及的五项私有路由协议（proprietary routing protocols），虽然对此次诉讼有很大帮助，却有可能给思科带来另一种麻烦。因为在围绕着微软垄断案的激辩中，人们就对思科在网络领域的垄断性提出过质疑，当时思科反复强调互联网操作系统的开放性，才避免了进一步的指责。现在一旦思科过分地强调其拥有的非标准化的私有协议，很难说不会再次唤醒人们的担忧。

业内专家认为，华为虽然已经在美国聘请了律师做好迎战的准备，但是由于认识到美国法律对知识产权实行严格得近于苛刻的保护，华为对于此次诉讼的基本策略是以和为贵——宁可缴纳专利权费或者牺牲掉某几种型号产品的美国市场，也要继续生产路由器的系列产品，保住在南美和亚洲的市场份额，并伺机开发新的产品再次杀入美国。

知情人士透露，如果思科坚持将德州官司打到底的话，华为几乎肯定会提起反诉讼，最大的可能就是在中国，以思科涉嫌不正当竞争行为为由提起针锋相对的诉讼。

《华尔街日报》的一句话是相当耐人寻味的：“思科是美国人的苹果派，在中国，华为也是。”2000 年，华为缴纳的增值税、所得税和海关关税累计为 27 亿元，2001 年这个数字增长到了 37. 8 亿元，与华为存在业务关系的上下游关联企业达三四百家，直接涉及的就业人口可能达到数十万人之巨。

不过，在案件裁决之前，双方达成和解的大门是始终敞开的。无论是在美国公司之间的专利诉讼中，还是在美国公司与日本、韩国等外国公司的诉讼中，庭外和解都是相当普遍的。华为在美国暂停销售并且开始召回部分被指存在侵权行为的产品，与其说是思科在裁决之前取得的一次重大胜利，倒不如理解成华为表现出了和解的意愿。

以诉讼推动和解谈判，以和解替代或者对裁决进行补充约定，然后再加上数额大约在数千万美元到数亿美元量级的专利赔偿，这是在美国的知识产权诉讼中带有普遍意义的解决方案，但是否会成为思科对华为诉讼的结局，这仍然是一个需要角力的问题。

强者的游戏

20世纪80年代是日本，90年代是韩国和中国台湾，现在是中国内地企业的“专利时刻”了吗？

在业内人士看来，思科对华为的诉讼，不管结局如何，都将不会是一个孤例。随着中国制造业的兴起，这会是一个漫长的专利纠纷时代的开始。

日本遭遇到美国企业设置的“专利瓶颈”是从20世纪80年代美国总统里根执政时期开始的。在里根执政时期，美国面临制造业空洞化的危险，因此便开始强调和重视知识产权保护，试图通过专利许可来弥补因为制造能力衰退留下的“收入真空”。

从佳能到美能达，从松下到三洋，几乎所有的日本巨头都曾成为美国企业诉讼的目标。或许，美国企业的专利诉讼并不是针对日本企业，因为美国各大企业之间的诉讼也从未停息过。更确切地说，这是领先者对于咄咄逼人的后起之秀通常的防御措施，而从另一种角度看，对于被起诉的企业来说，这或许也是一种致敬。

在日本经济迅速崛起的80年代，日本企业也同时成为了专利纠纷的最大付账者。根据日本经济研究所的统计，仅从1985年到1994年，美国企业通过专利许可和授权，获得的收入就高达1530亿美元，而日本企业在这一期间支付了350亿美元的专利许可费用。

随后崛起的韩国和中国台湾也未能幸免。从三星到威盛电子，与美国企业之间的专利战都是一项重要的商业内容，这个地区的专利战实际上还增加了一个新的主角：从20世纪90年代后期开始，日本也越来越和美国一样成为了专利输出国。

中国企业真正开始重视专利只有数年的时间。华为无疑是其中的佼佼者。截至2002年8月底，华为已累计申请专利1762项，其发明专利拥有量在国内企业中更是遥遥领先。在世界知识产权组织公布的发展中国家申请PCT（专利合作条约）的企业排行榜中，华为在2002年上半年的排名已经从2001年的第10位上升到了第3位，在所有发展中国家的电子类企业中遥遥领先。

但是，这些专利似乎仍然不足以支撑华为的上行路径。其技术突破途径主要包括：一是构建一个涵盖上下游的产业链条，这样可以与处于不同层次的跨国企业共享一些技术，比如华为与英特尔、摩托罗拉以及SUN等公司的合作就是典型的例子；二是广泛参加相关的国际标准化组织，并逐步获得发言权，目前华为加入的国际化组织已经达到了40多个；最后就是，依据自身的研发实力，在软件、硬件、系统以及集成等方面逐步进行积累。

2002年华为每年投入研发的资金占到了其销售额的13%，每年30亿元的投入几乎是中国企业目前能够承受的极限了，而研发资金中又有至少10%的比例用于技术预研。但即使这样，华为仍然遇到了相当激烈的专利挑战，在3G领域是高通，在网络设备领域则是思科。

在美国，对一些基础性专利的定义已经扩展到了计算方法以及概念原理等。由于这些东西往往是新的技术和产品诞生的温床，这使得在电子产业中，完全不依赖其他基础性专利而进行创新，几乎变成了一件不可能的事情。

对于刚刚觉醒起来的中国企业而言，专利战甚至没有多少主场之利。根据国家知识产权局的统计，以2001年为例，在总计16296项发明专利授权中，属于国内企业和个人的仅有5395项，其余2/3均属于国外企业或者个人。

在美国，中国企业的专利差距更加明显。在2001年美国专利商标局的专利授权排名中，中国仅拥有266项，排名第24位，不仅与美国的98663项及日本的34890项差距巨大，就是与中国台湾的6545项以及中国香港的620项相比，也有距离。这种严重滞后状况，将使得中国大陆企业在美国面临专利诉讼时处于相对不利的地位。

谁解中国企业面临的专利“悬河之危”？政府的专利政策和技术创新政策该如何去舒缓可能面临的阵痛？思科对华为的诉讼刚刚开始，对这些问题的拷问也刚刚开始。

华为与思科的商业游戏（《IT经理世界》）

孙丽

2003年3月8日

与美富（MoFo）律师事务所北京办事处首席代表涂文炫握手作别，华为技术有限公司常务副总裁费敏于农历年的前一天匆匆赶回深圳总部。

和刚刚得知华为被起诉的1月23日相比，这位受命负责诉讼事件的华为高管，此时已经不再觉得这场从未遭遇过的诉讼有多么不可思议。从美富那里，他听到不少日韩企业在二三十年前曾经历的大量包括知识产权诉讼在内的贸易争端案例——那时正是日韩企业成长到足以冲击既有国际市场格局的时候。

美富就是一家曾受许多日本企业委托，打过诸多跨国知识产权官司的全球最大的律师机构之一，在知识产权服务方面最负盛名。美富1883年成立于美国旧金山，目前在全球有19家办事处，900多名律师，1998年在北京设立办事处，是目前少数几家获准在中国从事法律服务的美国律师事务所之一。美富北京办事处在与中国的高科技企业打交道方面尤为擅长。

作为征询对象的美富并没有介入这次华为诉讼案，但这个案件又一次印证了这家律师事务所的判断：中国企业的跨国商业游戏开场了。

此时的华为，就像一个刚上牌桌的初学者，冷眼观瞧，座中既有老牌"赌王"，也有历练不久者。牌进牌出拆解之间，互有输赢、互为妥协都是常事。一上桌就接一猛招，初入游戏圈的华为已被视作对手。尽管华为还嫩。

利益之战

最近一个多月来的每天晚上，华为高层人士都要参加与美国律师——华为聘请的律师和思科方面的律师电话会议，接受调查取证。按照在代表亚洲公司打美国知识产权诉讼方面有丰富经验的美富律师事务所北京代表处晁毅军律师的看法，从思科向联邦法院Marshall分院提出诉讼的美国当地时间1月22日起，华为能否成功为自己辩护，接下来的60天到90天将起决定性作用。这段时间内的调查取证是否充分及效果如何，将直接影响未来官司的进展。

思科是先发制人，有备而来，因此在诉讼的前期将处于相对有利的地位。华为就更需要加紧，以弥补自己在时间上的差距。

这种准备上的时间差距可追溯到2002年12月，甚至更早。

2002年6月，华为的北美子公司FutureWei在美国亚特兰大举办的Supercomm2002商展会上登台亮相，宣告正式进军北美市场。美国的很多媒体以“中国的电信设备巨人华为”为题加以报道，并对华为和思科性能极为相似而价格差异巨大的产品，以及华为“唯一的目标就是在北美市场站稳脚跟”大加评论，同时向思科发出预警。美国媒体在预测思科将对华为“动武”时说：“有知情人士认为，思科正在考虑对华为动用法律手段。”

2002年12月，思科就侵权一事与华为正式交涉，双方高层曾有过几次磋商，华为的高层飞过美国，思科的高层也到过深圳。思科方面由此为庭审留下了曾努力争取和谈的事实。至少在2002年年底，华为就应该意识到谈不拢的结果是诉讼。因此华为采取了防御措施：在美国市场暂停含有可能被指为侵权思科专有协议的相关路由器和交换机的销售。但这场官司来得如此之快，还是有点出乎华为的预料。其实华为早该想到，思科不可能再继续容忍这个对手长大了。

思科的第四代对手

华为主管数据通信产品的高级副总裁孙业林记得，1998年，华为与思科头一次正面交手，是在接入服务器产品上。此前，华为一直在做电信级的设备，还未触及到思科在中国独霸的领地——数据通信产品。孙业林表示，仅用了一年时间，华为就占据了接入服务器新增市场的70%。随后，华为沿着接入服务器、路由器、交换机一路前进，逐步进入了主流网络产品领域。

自2000年开始，华为把路由器作为自己的主打产品，推出了Quidway中低端路由器，还发布了Netengine高端路由器。统计数字表明，目前华为已在国内市场的高端路由器上排名第二。

华为的某代理商曾分析说，预计今后几年，除非思科在路由器和交换机以外的新领域取得重大突破，否则思科在中国市场的份额将急剧下降。原因在于，思科卖到中国的是标准化的产品，开发几乎都在国外完成，升级等额外服务依然是美国式思路，刻板且往往收费高昂。同时，华为针对思科产品性能好但价格也高的特点，逐渐引导用户改变价值观，提出“可管理、可增值、可盈利”的网络才是IP网络发展的关键，并迫使行业价格下调。根据华为的市场分析，思科2001年中国市场的整体价格平均降低了15%。于是业内有人把“思科在你身边，世界由此改变”的广告语戏改为“华为在你身边，思科由此改变”。

长期研究华为的中国人民大学商学院杨杜教授分析说，华为与思科的差别不光在价格，还有商业模式。正是这种模式上的差别，使思科倍感不利。

华为所代表的“低成本、低利润、业务适应性开发策略”的商业模式，在全球经济和电信业萎缩下滑之际生正逢时。Crowell Weedon&Co. 经纪公司分析师 Chris Sessing 认为，思科公司约90%的收入来自企业客户，另外10%来自电信运营商，而目前这两类客户的日子都不好过。用户不再需要性能和价格“双高”的产品，美国“高昂的人力成本和高成本、高毛利”的商业模式，已经难以适应这样的需要。

华为内部人士分析说，2002年下半年，华为与思科在中国市场占有率上的差距正在缩小，而国际市场上，思科核心路由器的市场份额已从2002年第三季度的80%降至第四季度的73%。2月20日的《商业周刊》也分析了思科高利润背后隐藏的潜在危机，指出思科的高价策略给了后进竞争者瓜分市场的机会。不仅是在中国市场上对思科产生威胁，华为还打入了东南亚、非洲、南美、东欧等“落后市场”。在南美，华为推行的 HCIE（华为网络专家认证），其影响力已经不亚于思科的 CCIE（思科互联网认证专家）。2002年，华为的数据通信产品出口额增长了200%，预计2003年将增至10亿美元。感受到威胁的思科于一年半以前成立了“BEATHUAWEI”团队，将华为列为阶段性竞争对手，对华为的营销策略和产品进行详细分析。此前，思科已用并购等手段战胜了三代竞争对手：第一代是3Com；第二代是康柏、惠普、DEC；第三代则是电信巨人朗讯、西门子、北电、阿尔卡特等。而在2002年，思科 CEO 钱伯斯称，华为是思科全球范围内的第四代对手。

应对之策

深圳华为坂田基地刚刚度过了一个紧张的春节。一个应对诉讼的团队已经开赴美国一个月，知识产权部、法律部、公关部以及数据通信产品研发团队“7×24”的全天候奋战状况稍有缓解，但他们依然每天晚上都需要和美国方面开电话会议，在翌日清晨还要准备各种文件资料，而这一切的结束看来遥遥无期。因为美国的知识产权诉讼打上几年甚至十几年都很正常。华为对此的策略是，尽可能不让业务部门过多地搅进去，维持正常经营。

思科的诉讼策略设计精巧。作为最早全面分析思科77页诉状的国内律师，北京潮阳律师事务所胡钢的分析颇具代表性：在中国春节放假之前起诉，公众注意力分散，在诉讼时间选择上非常巧妙；起诉地点选在位于Marshall小镇的联邦法院，该地民风保守（思科要求陪审团参与庭审），而位于该镇的法院却十分出名。在该法院打过官司的某知名律师事务所分析说，这个法院有名的原因在于它向来偏向知识产权所有者，对知识产权诉讼的判罚严厉、结案快速，大多数被告侵权的外国公司都在这里输掉了官司。2002年10月裁决的美国Intergraph公司诉Intel专利侵权案，从递交诉讼到最后裁决只用了短短的1年零2个月。据说，思科华为案的主审法官正是这起案例的主审人——T. Johnward。

美富律师事务所晁毅军律师认为，华为所选定的律师事务所除了应当具有丰富的知识产权诉讼经验外，还应有能力帮助华为全面地设计和实施各种不同的法律策略。对于这种跨国的高技术含量的诉讼，语言和文化的差异也将是不可忽视的障碍，对华为来说，甚至可能决定诉讼的成败。其所选定的律师事务所应有能力克服这些障碍，了解华为的技术，掌握有关事实，理解华为的公司文化和管理层的决策风格。晁毅军还介绍说，以美富代表日本公司处理这类诉讼的经验，日本公司通常认为美国是一个重要的市场，它们不会轻易放弃。一旦决定不放弃，不同的日本公司可能会有不同的整体策略，从诉讼角度讲，日本公司会聘请有专业经验的有名气的美国律师事务所，按照美国法律的体系逻辑、美国法律界的行事习惯，认真地为诉讼做准备。

关于华为将要面对的诉讼程序，晁毅军认为，美国知识产权案的诉讼程序与中国相似，首先是送达诉讼状，之后在一定期限内（各案情况不尽相同）送答辩状。华为需要在这段时间完成所有的取证、调查等的准备工作，如有缺陷和漏洞会对今后抗辩非常不利。随后是庭审，庭审前法官会询问双方律师是否愿意和解，不和即战。最后开庭的次数由案件进展决定，由于华为案涉案包括版权、专利、商标以及商业秘密等多项内容，可能需要针对每个项目开庭多次。另外，美国庭审中的证人制度很重要，华为寻找证据的工作量将会很大。各个程序进行完毕，持续二三年很正常。

另外，日韩企业的经验表明，应诉核心是在美国还是在中国差别很大。在进入美国市场的早期，日本公司一般不会把诉讼工作团队都放在美国，因为大量的技术分析和事实取证工作需要在本土公司完成，例如，研发人员的每一项文件和资料是如何产生的等等。日本公司会把工作重心放在本土，这样可以充分利用各种资源。公司高层决策者也能够更好的管理诉讼工作，把握进程，及时作出策略性决定。

美富认为，和解也是解决争议的方法之一，特别是在诉讼费用高昂的美国，但是一般来说，日本公司会先做好诉讼的准备，至少让对方看到自己有能力在美国的法律体系和商业规则中处理一件时间长、费用高昂的诉讼，并且准备认真处理复杂的法律和技术问题。如此自信满满，对对方也是一种压力，对方也会认真考虑费用、时间、日本政府的态度、股东想法和股票价格等诸多因素。这样，被告公司在和解谈判中就不会处于不利位置。所以，美富不建议现在就谈和解，现在结下“城下之盟”就等于输了。从目前反馈的信息看，华为的态度比较强硬。

虽然美国90%的知识产权诉讼案都以庭下和解告终，但这个案件是否能达成和解，美富认为关键在于思科想要什么。有关律师提醒说，思科的起诉书没有标的，也就是说具体赔偿数额不详。他们据此认为，思科志不在赔偿，而在于市场，是想拿到禁销令，把华为赶出美国和其他国际市场。另一层意思是思科想打一场有限战争，弹性很大。据华为透露，他们在诉讼发生几个月前曾和思科有过交涉，希望能得到授权有偿使用思科的某些专利，但是交涉未果。很显然，思科并不希望获得专利费而丧失市场。对于华为来说，输掉官司的后果很严重，可能十几年进不了美国市场，也会极大地挫伤信誉和品牌。其他国家的代理商和客户可能会担心思科将继续在该国起诉而使自己牵涉其中，因而放弃与华为的合作。

最后，华为要对诉讼费用有心理准备。期间发生的费用将包括律师费、证人费、法庭诉讼费等。如果败诉，还有赔偿。美富认为，美国法律最关键的是惩罚性赔偿，知识产权侵权的惩罚性赔偿尤其厉害，很可能是上亿美元。略过赔偿一节，律师费可能是其中最大的项目，美国最好的律师大概每人350~450美元/小时。精于此道的美国律师说："美国诉讼全世界最贵，一旦输了官司，费用就更让国人惊讶了。"

有消息说，华为可能会就"私有协议"等问题反诉思科"垄断"，并可能在中国就类似问题另行起诉思科利用垄断地位和事实标准限制竞争者进入，进行垄断定价，牟取暴利。就此，北京康信律师事务所律师余刚认为，这些可以同步进行，但无法对美国的诉讼产生直接影响。华为需要直接面对的是对版权、专利、商标等内容的抗辩。

美国法律最重证据，并且每一条指控都要答复。思科列举多达21项罪名的原因就是要增加哪怕是1条罪名成立的可能性。华为要做的是证明没有抄袭，或者把思科的专利"无效"掉，即证明其专利权的获取是无效的。对此，很多技术专家认为是有可能的，因为思科和华为产品的很多源代码都来源于一些共享软件。

目前，华为坚决否认有源代码侵权和操作软件抄袭的事实。华为北京研究所总监舒骏针对国外媒体普遍指责的华为"反向工程"表示，任何一个写过程序的人都清楚，小程序可以"反向"，但如果想要把类似Windows这样复杂的操作系统"反向"过来，确保它能安全运行，还要保证能够随时满足用户特殊要求下的更改和反应，这无异于天方夜谭。至于华为采用了和思科相似的命令行接口和屏幕显示，这属于版权范畴。有关人士认为，这只是为了照顾用户已经形成的使用习惯，方便他们很快学习操作新的设备。但在律师看来，这一说法恐怕很难说服法官。在1985年Intel反诉NEC侵犯版权的案件中，美国法官William Gray曾判决，NEC不构成对Intel的侵权，理由是"两家公司微程序之间的相似性是使两种处理器相互兼容必不可少的，不足以认定后者是对前者的侵犯"。但该法官的理由后来引起了美国各方的强烈批评，认为他的结论混淆了法律概念，将"可选择性"的制约作为版权侵权的例外是美国法律所不承认的。

总结以前的众多侵权案，康信律师事务所律师余刚说，一个企业拥有专利的多少，已经成为市场竞争的准入门槛和游戏筹码。你有100个专利，我有60个，你告我3项侵权，我也反诉你1项侵权，最终结果往往就是和解、互相许可或者后者再补贴前者一些专利使用费。这就是知识产权的游戏规则，也是90%的知识产权侵权案以和解告终的主要原因。

正因如此，韩日企业在国际化过程中学到的第一个经验就是拼命在本国和海外注册专利，获取游戏的筹码。日本去年在中国就申请了2万余项专利。在美国专利局的统计表上，日韩企业连续多年排在最前面。2001年美国专利商标局统计的前10位获得私属专利最多的企业中，日韩企业占据了绝对多数。到2002年年底，华为已经累计在境内外申请专利2300多项。在世界知识产权组织公布的发展中国家申请PCT（专利合作条约）的排名中，华为从2001年的第10位上升到了2002年上半年的第3位，在电子类企业中位居第一。华为是中国企业专利申请和知识产权保护最好的企业之一。另外，华为和海尔这样较早走进国际市场的企业，也是少数最先想到要利用知识产权保护自身利益的中国企业。据悉海尔花重金在100多个国家申请了多项商标和外观设计的专利。

但是，在这样一场复杂的商业游戏中，华为仍然没有足够的筹码。

孤军奋战？

有法律人士建议华为联合政府部门对思科施加压力，争取庭外和解。思科则竭力想让业内外认为，这只是两个公司间纯粹的商业纠纷。

美国的过去和现在都证明了，以知识产权为名的商业游戏需要多种博弈工具：司法工具、媒体工具、资本工具、机构工具。而所有这些主体，在中国都还严重不足。华为思科案一出，信息产业部、国家知识产权局、相关通信、IT业协会，甚至参加ITU大会中国标准团的相关负责人，都认为此事敏感，现在不是表态的时候，或者认为应该相信法律，商业纠纷应该由法律去解决。

但反观美国，知识产权绝不是个别企业的商业纠纷问题。1982年的IBM和富士通一案，正值日本计算机业大举进军美国之时，美国政府立即在反垄断和保护美国企业利益间做了取舍，修改了美国著作权法，于1982年将IBM的操作系统程序列为保护对象，IBM随即状告富士通侵犯其软件版权和手册著作权。

思科华为案爆出，《华尔街日报》立即为此案定调。“两个企业间纯粹的商业纠纷”立即成为考验“中国政府是否言行一致，是否执行WTO关于知识产权承诺之决心”的试金石，并纷纷明示思科正在为“是否会影响中国市场而忧心忡忡”。钱伯斯也于1月份在公开场合“适时地”称赞中国政府保护知识产权的决心和功绩。

康信律师事务所余刚说，在美国，无论是行业协会、政府部门，如商务部、美国专利局，与企业的利益从来都是高度一致。比如说，中美知识产权谈判之前，美国商务部就会在报纸上打广告，征集各行各业对这些问题的看法。接着行业协会把各企业希望得到的利益搜集上来，作为政府部门谈判的要求。国际上的大小知识产权会议，美国专利局都会派人参加。而美国硅谷一个普通公司的会议，美国专利局局长也可能亲自到会。

美国为什么会如此重视知识产权?

中国人民大学教授杨杜说，美国大量工厂外移，已经呈现出制造业的“空壳化”趋势。而知识产权贸易是美国的关键经济利益所在。杨杜认为，知识产权的重点并非“知识”而是“产权”。而产权是一种持续获取收益的机制。美国先把这种战略以文化和价值观的方式传导到各国，让人们相信“偷窃”知识比偷窃物质更卑鄙可耻，再把拥有知识的阶层和群体的利益以法律的形式固定下来。

20世纪80年代开始，美国企业开始了“圈知运动”，到各国去申请专利。美国的某著名咨询公司将“知识管理”、“知识空间”也申请了商标；思科把命令行、接口、界面申请了版权；某银行将具体的业务运作方式申请了专利。美国对基础性专利的定义已经扩展到了概念原理和操作方法。知识产权的概念被大大地扩大了。因此，围绕知识产权的纠纷也越来越多，越来越复杂。

随着中国企业的发展，知识产权的纠纷也将越来越多地降临到中国企业头上。而华为之后，很可能就是大唐电信。

2月10日，美国《RCR Wireless New》杂志发表“高通声称他们持有TD—SCDMA的知识产权”的署名文章，称如果大唐电信对TD—SCDMA坚持其有知识产权的结论，就必然要引起一场专利战争。实际上，高通在很久以前就说过，TD—SCDMA无论怎样加限定语，也是CDMA。只是他们没必要现在就去和大唐电信较真，因为产品还没有商用化。此次舆论哗然，高通国际战略与法律事务高级副总裁汪静适时表态：作为一个大公司，如果大唐电信在研发和生产中发现涉及了高通的专利，一定会和我们主动取得联系，当大唐电信获得TD—SCDMA的授权后，就和其他公司一样，也是 CDMA 技术的被许可方。

几乎在同一时间，舆论爆出日本丰田状告吉利集团商标侵权。面对不断爆发的知识产权纷争，仅靠企业的孤军奋战既不符合国际做法，也不符合我国作为发展中国家在知识产权保护中的经济利益。

华为思科一案牵涉广泛，思科是否"利用'私有协议'等事实标准限制后来竞争者进入市场，从而进行垄断定价"；是否在标准上"拒绝许可"，违背了国际标准组织对于"标准必须公开、开放"和电信网络必须互联互通的基本原则，等等，这些问题及利益的协调和平衡，都是行业监管部门义不容辞的责任。

此外，虽然美国法庭的判决完全取决于华为严肃的应诉策略，但是从目前的诉讼环境看，华为处境不利。国内政府和行业监管部门的适时表态和引导，能够促成双方的庭外和解，甚至可能借此机会解决一些深层次的行业问题。

此案还引起了各方对我国《反垄断法》的尽快出台以及发展中国家知识产权保护程度和范围如何确定、通信等特殊行业的知识产权应该如何保护等深层次问题的激烈讨论。国家知识产权局等相关政府部门在山雨已来的知识产权纷争中扮演的角色将非常重要。华为，只是个引子。

解析"私有协议"

围绕华为思科诉讼案，目前舆论讲得最多的是"私有协议"（思科自称为专有协议），并以此指思科利用事实标准形成行业垄断，阻碍新兴厂商发展，从而获取高额利润。

"私有协议"到底是什么？原信息产业部标准处副处长黄尚贤说，"私有协议"实际上就是未经国际标准化组织认可的厂商的事实标准。由于互联网发展迅速，国际标准和中国国内标准一开始都未及制定，思科作为最早的网络产品供应厂商，占据了80%以上的市场份额，其"私有协议"成为事实上的标准。私有协议只受美国法律保护，在中国、日本、韩国及欧洲等多数国家并不受保护。

华为常务副总裁费敏说："华为是国内最早和高通、诺基亚、爱立信签署 3G 专利授权许可的中国企业。"但是出钱换取专利许可这条路在思科这里行不通。思科的"私有协议"与一般专利不同，目前是不公开、不授权使用的。

华为数据通信产品线总工李贺军和路由器产品线总监吴钦明说，虽然在1999年时数据通信产品已经有了国际标准和国内标准，但思科已有的市场已经很大，要和思科的产品兼容，就不得不使用思科的“私有协议”。

黄尚贤介绍说，通信网络投资巨大，运营者一般不愿废弃原有老设备，致使同网运行的设备在购买时间上可能相差十几年，所以要求后来设备必须和先前设备兼容，这就要求电信产品必须严格标准化。国际标准化组织ITU以前的原则是反对将专利放进标准中，就是为了能最大限度地促进竞争和创新。现在，将专利放进标准并付费授权使用已经成为一种趋势，但做了一辈子电信技术和标准工作的黄尚贤认为，既然是标准，就应该和纯粹的专利有所区别，要满足标准先天而来的公开性，至少应允许付费授权使用。日本、韩国和欧洲的一些国家为什么没有能够出现华为这样能威胁到思科的公司？有人分析说，这些国家本土市场很小，不足以支撑企业的发展。同时日本、韩国和欧洲的国家都非常重视在本国的行业中采纳国际标准和国内标准，不允许使用“私有协议”。日本的行业标准组织TTC和韩国标准组织TTA从20世纪50年代开始就在通信行业中执行严格的标准制度，招标书非常严格，制造商一般很难钻到空子。但是中国目前的网络产品采购非常分散，采购者的各地分支机构往往标准意识淡薄，易被制造商左右。

针对“私有协议”如何解决的问题，标准专家认为，首先，国家应宣布和重申国家标准，企业招标必须采用国家标准（现有国家标准与国际标准相同）。其二，采用“私有协议”的老设备限期升级（欧洲各国在采购之初就明智地将日后必须免费升级到国际标准写进了合同里）。其三，严格入网检测，用“私有协议”的不允许进网使用。其四，严格规范招标。通信行业中的知识产权保护应该在遵循ITU等国际标准组织的“标准化”前提下进行，把知识产权的保护纳入国家标准的轨道。

任正非面对第一次诉讼

2003年正月初六上午，任正非忙中偷闲，在即将完工的深圳坂田基地的数据中心绕了一遭。下午他又在深圳一家酒店的咖啡厅与公司几位经营管理人员开了一个小会，并在会议间歇时和碰巧也在咖啡厅的记者聊了起来。

谈到本刊去年的一篇封面文章《华为：土狼向狮子的演进》，任正非说，华为其实既不像土狼，更不像狮子。前有跨国公司，后有中国公司，华为在夹缝中能生存下来，还是多听批评好。其实公司的内部运作比优秀公司还差好远，并不如外面评价的那么好。

任正非说，在IBM的咨询顾问花4年时间帮助华为推行IPD（集成产品开发）、ISC（集成供应链管理）之后，华为建设了新的数据中心。春节后华为将正式从原数据中心切换到这个新的数据中心来，这会使公司运作越来越规范，也是华为为国际化做的重要准备之一。华为高管们像陀螺一样连轴转，过了一个战斗的春节：白天要忙着切换数据中心，晚上与美国的电话会议一开就是几个小时。这两件事对此刻的华为都很重要。

第一次面对国际诉讼，任正非说，此时的情景真像平时华为人自我解嘲时说的那样："我们是武工队，头上包着白头巾，腰里拴着两颗地雷，手里拿着盒子炮，刚从青纱帐钻出来，就走向国际市场，离正规军还差得远。"这一次面对思科的官司，是一堂受益匪浅的课，能使华为逐步成熟起来。任正非平和地说："公司重点还是借此机会整改自己，使自己更加符合国际化要求，同时会认真应诉。"任正非认为，华为是一贯尊重知识产权的，每年也投入了巨资用于研发，所以不会有大的问题。没有永恒的朋友，也没有永恒的敌人，只有永恒的利益。知识产权诉讼是企业利益争夺尤其是既得利益者借以防卫的一种绝佳武器。

既然是利益争夺的武器，什么时候用、以多大代价用，就取决于利益博弈的进程。和解，还是坚持把官司打上十几年，本没有一定之规。美国90%的知识产权诉讼都以庭下和解而告终，从诉讼对象到盟友，也许只在朝夕之间。今天的原告也许就是昨天的被告。本次诉讼的起诉方思科，其实也是在知识产权诉讼的枪林弹雨中走过来的。当思科还是后来者的时候，也曾经认为朗讯诉思科侵权是"一种在过去的年代才会使用的竞争手段"。而如今，当被问及为什么要起诉华为时，思科答复说："思科在科技领域的领先地位是思科在研究和开发上长期大量投资的结果，思科有责任保护自己的知识产权。"

2002年2月德州AUSTIN－Saifun半导体公司起诉AMD和富士通专利侵权就是一个瞬间翻云覆雨的例子。仅5个月后，这场原以为将旷日持久的官司就发生了戏剧性的变化。三家公司宣布，AMD、富士通将使用Saifun的技术，并承诺给Saifun一笔投资。而对于之前的诉讼，三方均表示：只谈未来，不谈过去。法庭成为市场外的第二个战场，就像“战争是政治的最后手段”。围绕知识产权展开的诉讼、反诉、谈判、和解、交叉许可等各种攻守方式，已经成为跨国公司之间的商业游戏中不可或缺的部分。市场上得不到的，可以挪到谈判桌上；诉状上的赔偿标的也许只为了增加谈判的筹码；而反诉恰恰是争取和解、挽回损失的必要一击。法庭上施压，私下里还接着谈判，这也正是此次华为与思科剑拔弩张之际，还不忘为对方留一扇门的原因。

但是大多数中国企业对这个战场还十分陌生。最高人民法院民事审判第三庭庭长蒋志培对记者表示，中国企业将在未来的日子里被迫参加这场游戏。为防患于未然，也为事发时能够据理力争并予以反击，就必须扎扎实实地研究国际条约和他国法律，以纯熟的司法对策应对才是上策。他认为，华为目前低调且未作详尽表态的做法，表现出了一个成熟企业的理性。

日立、富士通、三菱、松下、佳能，几乎所有日本的知名企业都遭遇过侵权诉讼的堵截。但在日本高速发展的六七十年代，美国的企业注册的专利数远没有现在多，当时的知识产权保护环境也没有现在这么完善。因此，中国企业今天面临的挑战比当时的日本企业更为严峻。时至今日，许多日本和韩国公司已经深入美国市场，而且不会因为它是家日本或韩国公司就输掉官司。他们已经拥有了一套可以与美国司法体系对接的强大支撑系统，你来我往已是家常便饭。日本还成了全球注册专利数最多的国家。如今日本企业的知识产权诉讼案与二三十年前一样频繁发生，但早已不会像当年那样成为新闻焦点。而思科对华为的发难，也并非因为它是一家中国公司，仅仅因为它是一个值得重视的竞争对手。

不过，心态上平和，并不等于事事被动。美国专利局的局长可以被一个硅谷公司请去介绍知识产权保护的新趋势，也随时愿意倾听企业在知识产权保护方面的新要求。日本和韩国的政府部门以及行业协会、标准制订机构等，更是紧密配合企业发展的现实，主动寻求应对之策。具体到华为所面对的这次诉讼，国内相关政府部门和行业组织所表现出的对已进入司法程序的诉讼持谨慎评价态度自然无可非议，但这并不意味着大家可以不研究此次诉讼所揭示出的意义；不意味着有了几项法律条款就能以“照法律执行”一言以蔽之；更不意味着政府部门在帮助中国企业掌握规则进而影响规则方面无所作为。参与全球竞争，必须学会尊重规则，但也不能被规则吓倒，被“高帽子”压倒。

知识产权保护存在很大的讨价还价空间，谁在这方面研究得更多，谁就会在竞争的博弈中占据更多的主动。“多算多胜，少算不胜”。因为今天美国的经济越来越多地依赖知识产业，所以，它在这方面的研究必然更加重视。相比之下，中国的经济增长还主要依赖加工制造业，知识产业对经济增长的贡献还比较小，对知识产权方面的研究也必然落后，如果顺其自然，在这些方面我们就必然受制于人。如果中国认为自己发展高科技产业具有战略价值，就必须做出资源和政策的倾斜，让“水往高处流”。在这个意义上讲，这是对一个企业的考验，更是对一个系统的考验。

被诉与诉讼中的钱伯斯

1998 年 6 月 18 日，朗讯向特拉华州美国地方法院提请了对思科公司专利侵权的法律诉讼。讼状指出思科侵犯了朗讯在数据网络方面的 8 项专利。

思科 CEO 钱伯斯就朗讯起诉思科专利侵权一事反击说，朗讯这种举动是一种试图“阻挠业界领袖脚步”的“纯粹的市场策略”，“是绝望公司的绝望举动”。“这是一种在过去的年代才会使用的竞争手段。”他进而强调，迄今为止在数字网络工业中已经谈不上什么侵权和交叉授权的问题了，由于互联网而变得愈加公开的标准，将使朗讯在这场自己挑起的侵权战争中自食其果。钱伯斯还称，朗讯在诉讼中提出的 8 项专利都已申请 10 年以上。“现在的互联网年代就如狗年（狗的寿命约为人的 1/7），所以那些专利就像 70 年前的专利一样。”思科第一副总裁 KevinKennedy 则说：“互联网是一个建立于公开标准与新经济思想上的产业。这个案例不是一个思科对垒朗讯的案例，而是一个朗讯对垒整个产业的案例。我们希望朗讯能够认真考虑由于他所处的地位而可能带给数据产业、芯片供应商、标准化组织以及客户的影响。”在思科发展的 17 年中，曾遭遇几十次各种名目的诉讼，其中不少与知识产权相关。1998 年的朗讯诉思科案于 1999 年 6 月达成和解，双方相互许可对方有关专利技术。朗讯旋即收购 Ascend（思科竞争对手），以增强竞争实力。回顾历史，朗讯在提起该诉讼的 18 个月之前也试图与思科以谈判方式解决，再看今天的思科华为案，不由令人觉得一切都有可能重演……

日韩企业如何应对跨国知识产权诉讼

IBM与富士通。1982年，IBM状告富士通侵犯其操作系统软件以及手册著作权。当时富士通通过与生产IBM兼容机的Amdahl合作，掌握了IBM的核心技术。1979年，富士通在日本市场的销售额首次超过了IBM。面对日本计算机厂商的奋力追赶，1981年，美国政府撤回了1968年以来一直扼住IBM等厂商喉咙的“垄断禁止法”的相关诉讼，对其进行司法援助。1982年，美国政府确认IBM软件受美国《著作权法》保护，IBM遂起诉富士通。在1982年到1988年长达6年的诉讼中，富士通以反诉抗衡，最终仍向IBM支付了8.33亿美元的软件使用费。1985年9月，IBM再次起诉富士通在没有得到IBM授权的情况下，使用了新一代的软件，大量抄袭了IBM的程序。此案很快转入仲裁。日本产业方面认为，这是IBM再一次试图对兼容计算机制造商采取进攻，因为日本厂商的市场已拓展到了海外。IBM想寻求对扩展版本的保护，如果成功，对富士通、日立等公司在国内和国外销售产生影响。仲裁的结果双方都做出妥协，IBM没能达到最希望达到的目的——禁销令。富士通虽然付出了巨额金钱，但是仍可以使用这些技术来占领市场。

IBM与日立、三菱。1982年6月，代表日本电子工业最高水平的日立制作所和三菱电机两家公司的6名雇员因涉嫌“非法获取有关世界头号计算机制造商IBM的基本软件和硬件的最新技术并偷运至美国境外”而在美国被FBI诱捕，两家公司随后被起诉。官司于翌年在被告法人承认有罪的前提下达成和解，日立和三菱分别与原告方缔结了《IBM技术专利使用协议》。从此，IBM操作系统（OS）的著作权在包括日本在内的世界主要工业国家得到了全面的承认，电子计算机生产的“战国时代”落下帷幕，一个以个人兼容机为主流的“PC时代”开始了。

以上两案的背景是20世纪80年代初，如何对抗在半导体、计算机等足以制衡国家前途命运的电子产业领域已明显成为“敌人”的日本，是当时美国朝野上下的政策性课题。美司法部于是撤回《禁止垄断法》的相关诉讼，对IBM等国内厂商大力实行“司法援助”。

日立公司刘柠说，日本厂商虽然被弄得“一脑门子官司”，但很快顺应形势，调整战略。虽然为一纸“和解”付出了屈辱和昂贵的代价（仅和解当年的1983年，日立制作所就向IBM支付了100亿日元的技术使用费），但换来了合理合法、堂堂正正地使用 IBM 操作系统的权利，一举解决了此前的最大难题——兼容性问题，进而又凭借其生产和管理上的优势，不但收复了失地，而且占领了更加广阔的市场。

TI 与富士通、三星。1991 年 7 月，TI（德州仪器）以富士通侵犯“kilby”专利为由，向日本东京地方法院提起诉讼，要求赔偿，富士通立即提起反诉。

TI 在日本注册专利以后，绝大部分日本半导体公司如 NEC、东芝、日立都不得不以交互授权的方式和 TI 签订了授权合约，唯有富士通公司拒绝交纳专利费并愤起反诉。

富士通认为，该专利属于过时的技术，已经不能适合更高级别的内存技术发展。而 TI 却一口咬定富士通正在使用该技术。经过一番激战，1993 年东京地方法院判决富士通公司没有侵犯 TI 的专利技术，驳回 TI 的诉讼请求。

几乎与此同时，TI 还状告韩国三星电子的 DRAM 侵犯其专利权，三星电子也向德州地方法院提起反诉，控告 TI 在美国本土以外制造的 DRAM 侵犯了三星电子的专利。这场诉讼最终庭外和解，双方签署了互相授权协约。

Intel 与 NEC。1982 年，Intel 公司向 NEC 发出警告，指出其销售的微处理器抄袭了 Intel 产品中的微程序。经过谈判，双方于 1983 年达成有偿使用协议。第二年，NEC 推出了自己新一代的微处理器，并通知 Intel 公司，这是自主开发的，没有采用 Intel 的设计，因而不付专利费。Intel 公司却认为该新一代微处理器仍抄袭了其微程序，并再次向 NEC 发出侵权警告。

为了保护自己的市场，NEC 干脆“以攻为守”，于 1984 年 12 月向美国加利福尼亚州北部地方法院提起诉讼，要求法院撤销 Intel 公司的微程序版权登记，或者判定自己的 V 系列产品并没有侵犯 Intel 的版权，理由是微程序不应享有版权，而且 Intel 的大量产品上没有版权标记。Intel 公司随即对 NEC 提出反诉，指控其侵犯了自己的版权。

经过 1 年多的审理，法官 William Ingram 作出了不利于 NEC 的判决。但 NEC 经调查发现，法官 Ingram 通过一个由 15 人组成的投资俱乐部持有 81 美元的 Intel 公司股票，遂要求法官 Ingram 回避。美国法院因此撤销了原中间判决，重新审理此案。经过18天的无陪审团庭审，1989年2月6日，法官William Gray判决NEC获胜。

此案NEC能获胜，很大程度上取决于NEC精细而富有戏剧性的诉讼策略。NEC很典型地利用了美国法律的特点：严谨、重视细节和证据，抓住Intel没有在产品上做版权标记这样的小疏忽，迫使后者丧失了对版权的所有权。

歼击伏击

——华为思科之战启示录

第三章 华为的成长 终成思科头号劲敌

思科 CEO 钱伯斯在接受媒体采访时曾说过“25 年以前我就知道，我们最强劲的竞争对手将会来自中国，现在来说，那就是华为。”钱伯斯为何如此看重华为？然而，一个小小的私营企业又是经历了怎样的蜕变成为世界级公司？本章将讲述国内通信市场的变革，以及华为如何在竞争激烈的通信行业中稳步提升，并连续问鼎世界500 强，成为钱伯斯口中“最强劲竞争对手”。

此外，我们还将针对华为发展史上一些具有代表性的事件进行重点剖析。探究华为如何从白手起家到坐拥14 万员工，业务遍布全球 140 多个国家，服务于全球 1/3 的人口，这背后是研发制胜，还是市场为王？华为从何时开始决定做终端产品，为何要进入此前并不擅长的 B2C 领域？

歼击伏击

第一节 十年沉浮

1986年转业军人任正非乘上了南下深圳的列车。1987年，他和几个人合伙凑了10万元，在一栋居民楼里成立了华为技术有限公司，最初代理香港一家公司的用户交流机产品。

经由两年的积聚，华为在沿海地区建立了自己的销售网络，任正非开始做研发，推出了自己生产的数字程控交换机。凭着已经搭建的销售网络，华为顺利打进电信设备供应商的行列。

"巨大中华"的诞生与崛起

1980年，中国每百人平均拥有的电话不到一部，仅是非洲平均普及率的三分之一，是亚洲电话普及率的七分之一，世界平均普及率的十分之一。装一部固定电话不仅要交初装费还要排好几个月队才装得上。

虽然当时中国在电话线路铺设上已经使用了程控交换机，大大突破了供电交换机的限制。但是这样庞大的交换机市场，竟然全部被国外厂商所占据。

当时，垄断中国交换机市场的产品被称为"七国八制"，即七个国家八种制式的产品。分别是日本的NEC和富士通、美国的朗讯、瑞典的爱立信、德国的西门子、比利时的BTM、法国的阿尔卡特、加拿大的北电网络。这些公司联合起来合力瓜分了中国的程控交换机市场。在"七国八制"的垄断下，程控交换机的价格十分昂贵。人们难免会产生疑问，中国真的研制不出自有的程控交换机吗？国外品牌还要垄断这个市场多久？虽然当时也有国内企业与外商合资谈判，希望"以市场换技术"，但是最终却无疾而终。

直到90年代初，解放军信息工程学院科研人员邬江兴和他的研究团队研发出中国第一台万线程控交换机，从而打破了发达国家通信设备商对中国交换机市场的垄断。

“巨大中华”这一叫法，据说是由时任信息产业部部长吴基传首创。20世纪80年代末至90年代中后期，中国电信市场在国产品牌开始发力的情况下呈喷发之势，本土力量应运而生，最具有代表性的通信制造厂商分别为巨龙通信、大唐电信、中兴通讯和华为技术，吴基传取各家的头一个字串联起来，恰好是读起来朗朗上口的“巨大中华”四个字。

中国电信市场进口垄断高价设备的局面，从90年代中后期逐渐被打破，由“巨大中华”带来的牵制效应被日渐放大：一方面，由于本土厂商介入竞标，长期高起的电信设备价格开始快速下滑，为广大运营商争取到了相对合理的价位；另一方面，由于成本的下降，中国运营商开始步入大规模建网周期，电信基础设施水平也迎来了飞速发展期。“巨大中华”，借机在国内市场站稳了脚跟。

国内市场遭遇天花板

出身各异的四家企业，早年曾经有过相似的辉煌。

1998年是“巨大中华”声名鹊起的一年。此时，华为销售额达到89亿元，中兴为40亿元，巨龙则超过了30亿元，刚成立的大唐亦有9亿元。销售规模最小的大唐，其利润也在亿元之上。在“七国八制”所垄断的市场格局中，中国本土企业的集体崛起第一次给海外巨头们制造了不小的压力。

然而，现实却很残酷。最先被辗为尘埃的是家底最厚的巨龙。2002年，巨龙彻底消失在人们的视线中。充满美好愿景的国内市场却出现了让人猝不及防的挫折。

为什么会出现这样的现象？原因是中国电信市场与国际电信市场的发展并不同步。政策环境也是国内企业生存的另一命脉。

问题是，这样的繁荣能够持续多久？

由于国际气候的影响，很多欲前往国际资本市场圈钱的国内运营企业受阻，使得它们的建设项目无法如期进行。一些盲目乐观的制造企业高估了市场需求而尝到了被迫中途下马的苦楚。

业内人士称，政策环境也是一个因素，没有营造起一个适宜的产业环境，尤其是在运营和制造的协调上。制造业希望运营商能够“拉兄弟一把”，在项目建设和采购上形成互动。就像韩国，运营商和制造业协同发展，造就了一批像三星、LG 这样的著名企业。现在韩国的制造企业在运营商的培育下，已经具备国际市场的竞争能力。但是中国制造业尚且无法进入主干线，只是迂回在低端市场。

国外厂商的打压与入侵

随着中国通信市场逐步转向市场经济，相对于10年前，有了相当大的变化，这些变化带来了中国通信政策和市场的新走向。

中国通信市场逐渐由卖方变为买方市场，由供不应求到供大于求。中国市场的需求发生了很大的变化。

计划经济向市场经济的转变，打破了市场垄断，改变了中国通信市场的竞争格局，广大用户得到了实惠，同时也为中国通信市场注入了极大的活力。但是，市场是不留情的，至2008 年，包括日本 NTT、韩国 SK 等国际电信巨头均和中国企业成立了合资公司，主要从事信息服务、因特网数据中心、互联网接入服务和呼叫中心等业务。在增值电信业务中，目前在中国获得经营许可证的企业达 2 万家，多家外资公司通过并购、合资、参股等，进入中国电信增值运营市场。

随着中国市场逐渐饱和竞争日益激烈，国外厂商大举入侵，中国电信企业不可避免开始遭受冬天，华为也不例外。

于是，以华为为代表的部分国内厂商开始瞄准广阔的国际市场，进而有了一个全新的华为。

走出国门，开拓更大的世界

1995 年，华为启动了拓展国际市场的艰苦漫长旅程，起点是非洲和亚洲的一些国家。经历 6 年的艰难拼搏，直至 2001 年华为在国际市场的努力初见成效。这一年，华为的产品进入了非洲、亚洲等十几个国家，年销售额超过 3 亿美元，华为的品牌开始在一些国家逐步被认知。

从1998年开始，华为尝试把触角伸向欧美市场，开始先从“边缘”做起。首先选定俄罗斯，1998年华为在俄罗斯一无所获；1999年还是一无所获；2000年华为总部就是否继续向俄罗斯市场投钱展开了激烈的辩论，最终决定要坚持下去。功夫不负有心人，同年华为在俄罗斯市场上崭露头角，获得38万美元的订单；2001年，华为与俄罗斯国家电信部门签署了上千万美元的GSM设备供应合同；2002年底，华为又取得了3797公里的超长距离俄罗斯国家光传输干线的订单；2003年，华为在独联体国家的销售额超过3亿美元，位居独联体市场国际大型设备供应商的前列。随后，东欧、南欧、西欧、北美等市场也相继打开，国际化发展初见端倪。

到了2005年，华为海外销售已达22亿美元，产品进入包括德国、法国、英国、葡萄牙、荷兰、美国、加拿大等14个欧美发达国家。华为还在全球建立了8个地区部、55个代表处及技术服务中心，销售及服务网络遍及全球。

但国际化发展一定是心理上及资金上的一场持久战，在起初的几年华为也只见投入，回报很少。“我们没有像朗讯等那样雄厚的基础研究，即使我们的产品暂时先进也是短暂的，我们必须趁着短暂的领先，尽快抢占一些市场，加大投入来巩固和延长我们的先进，否则一点点领先的优势会稍纵即逝，不努力，就会徒伤悲。”华为副总裁邓涛曾经是华为开拓非洲市场的元老，之后转战欧洲。他回忆说，华为刚进入欧洲时只有2个人，连运营商的门都进不去。因为欧洲人认为中国只能生产廉价的鞋子，至于生产高科技产品则闻所未闻。当华为参加法国戛纳的电信展时，法国电视台的报道题目是：“中国居然也有3G技术?”充满了怀疑和不屑。

不过华为坚持了下来。1999年，华为海外收入5000万美元，2000年1.28亿美元，2005年，华为的海外收入首次超过国内，达到58%，这个数字到2008年则进一步提高到了75%，海外员工的本地化率达到57%。

然而就在华为国际化道路走上正轨之后，却遭遇了一个不小的挫折。

在美国市场遭遇瓶颈

华为迄今尚未获得主宰美国市场的四大移动运营商——Verizon、美国电话AT&T、Sprint和T-Mobile的青睐。北美市场，尤其是美国市场，对于华为来说，一直都是一个梦。

尽管美国运营商在电信设备上的营业收入约占全球市场的15%，但他们却依靠45%的利润率把持了全球近25%的利润空间。数据显示，当华为还未进入欧洲市场之前，爱立信和朗讯的利润率也能达到这个比例，但在华为强势进入欧洲市场并强力竞标之后，他们的利润率迅速下降到了30%。

美国可以说是通信市场的一块巨大的蛋糕。但是有了欧洲市场的前车之鉴，美国的传统电信设备商自然对华为提高了警惕。与此同时，经过6年国际市场的开拓，2001年华为迎来了收获季节。按照华为副总裁徐直军的话说："俄罗斯、亚洲、非洲等新兴市场遍地开花，欧洲、美国市场也终于开花结果。"2002年，信心大增的华为大举进攻美国市场，任正非的口号是："雄赳赳、气昂昂，跨过太平洋。"在全球数据产品市场中，美国市场占到了30%，而思科正是这个重镇的"把守者"。

1999年以来，华为给跨国巨头思科留下了太多的伤痕。从企业服务器到高端路由器，华为的"入侵"让思科丢掉了全球的垄断地位，在中国服务器业务市场上的份额甚至跌至10%。随着华为国际化进程的推进，思科感受到的威胁已经从中国蔓延到了全球。

2011年数据显示，华为申请PCT专利数量为1831项，排名第三，思科却不在前100名单内。中国企业管理研究中心副主任吕本富曾在论坛上表示，思科在美国本地的价格高、利润高，美国电信运营商也受不了，而华为和中兴显然更具价格竞争力。如果能拿下美国市场，思科的利润恐怕会缩水1/3。

事实上，华为在海外扩张的野心和快跑明显让跨国大佬们感到了恐惧：华为提供了低于思科产品50%的价格。尤其在中低端市场，华为产品的价格有着强大的竞争力——价格竞争是华为进军北美的首要策略。2002年，华为FutureWei公司携带产品一举进入美国展会时，美国媒体曾评论说："只需600美元就可以买到一台路由器，目前为止只有华为一家可以做得到。"

在美国分析家看来，尽管华为和其他一些低成本的竞争对手目前并没有对思科的地位构成严重的威胁，但是它们最终必将影响到思科最核心的交换机和路由器业务的利润率。华为自进入美国市场开始，就遭遇了思科的巨大阻力。

通信行业的沉浮

20世纪40年代，美国贝尔实验室提出蜂窝移动通信的概念；20世纪60年代，美国贝尔公司研制成功电视电话，成立了以美国通信卫星有限公司为首的“国际通信卫星财团”，确立了卫星通信体制和标准地球站的性能标准，从此卫星通信业务正式成为一种国际间的商用业务。

20世纪70年代，美国通信卫星公司（COMSAT）建立的“海事卫星通信网”开始运营；在美国芝加哥成功试验第一个移动电话通信系统；英特尔（Intel）、基洛格（Zirog）、摩托罗拉（Motorola）等公司生产出第三代微机，即16位微机；日本开放了世界上第一个蜂窝移动电话网；20世纪80年代，欧洲成立了GSM（移动通信特别组），任务是制订泛欧移动通信漫游的标准。后来GSM成为全球移动通信系统的名称；美国苹果计算机公司推出了第一台多媒体计算机；日本首先发射广播卫星“BS-2a”；美国开通第一个公用移动通信系统；20世纪90年代，万维网（WWW）开始在因特网上出现；世界上第一个商用CDMA移动通信系统在我国香港投入使用；全球第一个GPRS（通用分组无线交换）网，在摩托罗拉、思科公司的支持下，首先在英国BTCellnet公司投入商用。

百年以来，通信技术一直由西方国家主导。在移动互联网尚不普及的时候，通信行业就已经迎来了竞争激烈的年代。基于政府与企业应用的线路铺设与设备制造，给了无数通信企业巨大的市场，加上民用线路开始崛起，通信行业，不可避免地经历了无数场大战。

在这个几乎人人都讲网络的时代，我们看到了这种“过头”的导向已经产生了泡沫，这总有一天会破灭。2000年的网络泡沫破灭，就曾让许多网络运营商倒闭，并波及了制造业、金融业，从而拖累了整个世界经济的发展。

3G令运营商营收增长放缓

移动通信是目前通信技术中发展最快的领域之一，对人类的生活和社会的发展产生了重大影响。尤其是近20年来，移动通信在微电子技术基础上与计算机技术密切结合，正在产生革命性飞跃，各种新技术，如CDMA、MIMO及OFDM等层出不穷。我国移动电话用户数每年几乎翻一番，我国移动通信网迅速发展成全球第一大网，通信业取得了举世瞩目的成就。然而，随着3G的慢慢渗入到我们身边，通信又将面临新的发展阶段。

此前，华为来自欧美运营商的营收呈现爆炸式增长，市场份额也不断提升。然而2011年，这一增长放缓，运营商业务营收增长连续第3年出现下降，同比增长率为11%，远低于2010年的近20%，也低于通信设备行业整体的年增长率，以及运营商通信设备公司的平均水平，后者分别为12%和14%。

根据公布的2012年下半年各公司公布的财报，爱立信上半年利润下滑64%，利润率第一次跌到了较低的个位数——5.9%；中兴则明确发布业绩预警，预计上半年净利润同比下降60%~80%；诺西、阿郎（阿尔卡特朗讯公司简称，下同）继续亏损，诺西收入下滑8%，利润下降34%，阿郎发布公告称公司将无法实现既定的营业利润率目标。

电信设备商之所以面临这样的困局，本质上还是限于下游移动运营商的盈利减少与基础设施开支紧缩。首先，在移动互联网高度发达的今天，全体运营商都面临“被管道化”的局面。互联网公司咄咄逼人的竞争，导致运营商盈利不断受制，尽管各国运营商纷纷采取多种方式进行业务创新，意图摆脱“哑管道”定位，但仍不能找到普遍适用的新型业务创新。相比过去十几年的高速发展期，利润增长有着明显的下滑，甚至在3G网络大规模基础设施投入情况下出现亏损。如此，全球移动运营商在网络设施投入方面，也持保守态度。另一方面，目前全球3G网络建设已趋于饱和，而4G牌照由于种种原因尚不能发放。因此，可以预见未来几年时间里全球电信设备市场增速将持续下滑。

不过，在这样的行业背景之下，华为快速完成了逆市增长。2012年华为销售收入2201.98亿元，环比增长8.0%，其中中国市场增长12.2%，为最大拉动；营业利润199.57亿元增长7.4%；净利润153.80亿元增长32.1%；运营商网络业务实现销售收入1601亿元人民币，同比增长6.7%；企业业务在保持中国区稳健增长的同时，拓展海外市场，实现销售收入115亿元人民币，同比增长25.8%；消费者业务实现销售收入484

亿元人民币，增长8.4%。

第二节 150亿……

在华为看来，品牌的基础就是技术，没有核心技术，品牌就会空壳化，变得没有生命力。任正非曾经说过：“科研是赌博！不敢干就注定要失败！干事情就必须赌博，要有胆量！不去干、不敢干就会落后！”华为长期坚持不少于销售收入10%的资金作为研发投入，近十年累计投入研发费用150多亿美元。

迈出研发第一步

1989年，华为第一次开始尝试研发。推出的第一款产品叫BH01，是从国营单位买回散件自行组装而成的。做包装、写说明书，然后打上华为的品牌，全国范围内寻找代理商进行销售。BH01只是一个24口的用户交换机，属于低端机，只能在小型的医院、矿山使用，市场很有限。

出乎意料的是，由于服务好售价低，第一款产品BH01在市场上竟然供不应求。这种自行组装的方式能控制设备备件，不用花钱买代理权，还能收代理费缓解紧张的现金流。不过订购散件组装产品需要向厂家提供更大量的订单，不同于整机可以零散订购，订购散件至少几十件起订，这些也考验华为的资金周转和市场销售渠道能力。

1990年，华为被“逼上梁山”，必须尽快自主研发控制生产和产品，否则因供应不上等客户上门要货、要退款，公司只能关门。华为任命莫军为项目经理，带领6个人的项目组，仿照BH01的电路和软件自行自主研发。为了让客户感受到产品的延续性，新产品起名为BH03。几个工程师一边负责电路板的设计，一边要负责全部软件程序编写和整机调试，虽然从外观看BH03只是换了更好看的“壳”，但里面的每块电路板的设计和话务台软件的研发都是华为自主研发的技术。

对自主研发的迫切之心，催生出对人才的渴求。华为总裁任正非开始邀请华中科技大学、清华大学等高校师生到华为进行参观、访问，寻求技术合作的可能。一次，华中科技大学的教授带研究生郭平来参观，那时郭平刚刚研究生毕业不久，准备留校当老师，但这次到华为参观，彻底转变了他的人生方向。一番激情洋溢的谈话过后，郭平决定以后跟着任正非“混”，随后，郭平成为了华为公司第二款自主产品研发的项目经理，负责HJD48小型模拟空分式用户交换机的研发工作。郭平不仅搞研发，还做猎头，不断把同学朋友介绍进华为研发部，如“技术天才”郑宝。

遭受“当头一棒”

1993年，华为把自主研发的目标定为“电信局用交换机”。年轻的华为研发团队，刚刚在自主研发“单位用小交换机”取得了不小的胜利，却不知简单的三字之差，带来的却是一败涂地。华为之前自主研发的HJD48是单位用小交换机，一个设备最多开通1000个用户，销售分布较广，单次销售数量小。而“电信局用交换机”的客户是各级的电信运营商，客户数少但销量大，如北京海淀区一个地区的电信运营商至少需要开通几十万用户。交换机是按用户数来计算设备价格的，搞定一个地区的电信运营商带来的销售量，就相当于几十家不同行业或地区的单位。最重要的是在“电信局用交换机”领域，华为的竞争对手变成了美国AT&T、日本的NEC、法国的阿尔卡特、瑞典的爱立信、日本的富士通等，这些世界上最知名的通信巨头。此后，种种困难导致华为这次研发失败，新品JK1000推出即没有市场。

面对失败，华为逆流而上继续研发，还是回到原点继续做代理？任正非没有犹豫，下令“继续搞研发”。其实，1992年全球的数字交换机的技术已经成熟，空分的模拟交换技术处于被淘汰的边缘，如果当时华为沿着错误的方向走下去，很快就会被淘汰。但任正非是幸运的，他遇到一位名叫曹贻安的“福将”，曹贻安是华为生产线的一名普通工人，他多次向任正非进言，极力主张开发数字交换机。任正非被他的诚意打动，在做模拟交换机的同时，也开始启动数字交换机项目。曹贻安也因此从一名工人提升为数字机部的项目经理，后来还担任过交换机产品部的副总工。

不研发就是关门大吉

20 世纪 80 年代末一家生产纵横制交换设备的厂家年产量高达 30 万线，电信局也要通过关系才能买到它的设备。一年之后，市场行情突变，销售量不足 1 万线的厂家到了倒闭的边缘。华为公司如果不能立即推出数字程控交换机，也将面临着市场急剧萎缩，甚至面临被清盘关门的命运。

研发是个漫长的过程，华为的销售人员在数字交换机还没开发出来的时候，就已经为第一个交换机找好浙江义乌这块试验田。原计划 1993 年 5 月或 6 月产出的产品，却一拖再拖。1993 年 10 月后，项目组将一台不太稳定的 C&C08 2000 门的交换机搬去义乌，呼声大、断线、死机，经常发生老打不通电话等问题，经常需要开发人员去维护。华为首个里程碑式的产品 C&C08 2000 门数字程控交换机是在一次次建议、维护、优化的过程中，艰难取得了成功。任正非说："交换机的优化工作要持续 8 年，要不断地接收用户的反馈信息，不断地改进我们的交换机，使它长期居于最先进交换设备的行列。"之后，华为的数字程控交换机真的足足优化了 8 年，并成为使用最先进技术的世界级交换机。

C&C08 2000 门交换机优化的同时，万门机方案设计也进入讨论。在万门机硬件设计期间，实验发现各种干扰源都无法引发高速信号的有效再生，研发随即进入瓶颈期。1993 年中期，正是华为公司财务状况非常紧张的时期，许多急需的元器件都因资金短缺而无法马上进货，而此时 C&C08 万门机系统基本试验一直未通过。直到 1994 年万门机才进入到最后的调试阶段，任正非喜悦地说，"10 年后，华为要和 AT&T、阿尔卡特三足鼎立，华为要占 1/3 天下"。如今十年已过，现在的华为已达成他最初的梦想。

领跑通信行业

1995 年是华为全面超越对手巨龙、大唐、中兴的一年，此后华为开始领跑通信行业，逐渐将竞争对手越甩越远。资料显示，自 1993 年起华为就明确提出将年销售额 10%（更多年份是 15%）的资金投入到科研项目上，形成正向循环，而新产品上市又继续帮助华为扩大市场的优势并维持利润。1995 年，华为正式成立中央研究部，会聚各路研发力量，整合研发资源，优化研发部管理，形成了规模化、集中式的研发方向。

此后，中研部还成立了以多媒体业务部、交换机业务部、传输业务部、无线业务部共同参与的跨部门接入网新产品攻关项目组，以求资源共享，发挥产品和技术间的组合优势，增强核心竞争力。1993—1997 年四年间，华为的 C&C08 交换机、SDH 传输、接入网、电源监控系统等都有华为自行设计的 ASIC 芯片，这些芯片的使用降低了整机成本，提高了产品竞争力。

1998—2002 年是中国移动通信市场竞争最激烈的几年。1997 年 11 月，华为有 240 多位科研强兵强将投身于移动通信领域，在 1998 年扩展至 500 位。1997 年底华为对 GSM 系统的研发累计投入 7000 多万元，在 1998 年有上亿元的投入。1999 年华为开始在国际市场上取得突破，2005—2006 年华为公司 GSM 产品线的海外市场反抄本土市场，2008 年华为取得中国市场新增 GSM 设备的 1/3 份额。

任正非并非完人，在研发方向上也有决策失误的时候。1997 年，国家大力发展自主知识产权的手机终端项目，但华为早期曾在终端项目上失败，使任正非感觉华为不适合做终端产品，拒绝了信息产业部的建议；在 3G 手机产品上，由于与日本企业合作失利，导致 3G 研发仅剩象征意义；国内的 GSM 手机厂商通过 OEM 方式赶上了中国 GSM 手机市场爆发，任正非邀请“手机狂人”万明坚谈合作，可惜最终失利；2000—2002 年，华为公司因痛失 PHS 市场、CDMA 市场、手机市场当时的三大通信增长点，以及 IT 泡沫破裂后带来的通信设备投资萎缩，而首次陷入增长停滞期。

2002 年后，任正非开始下放权力，组建华为公司面向重大机会点的集体决策机制 EMT（执行管理团队）。EMT 之下，设有五大产品线，分别是固网、移动、传输、业务与软件、数据通信。华为公司卷土重来，在 PHS 手机、CDMA、手机产品线上加大投入，实现大逆转，变弱势为优势，彻底扭转了前期决策失利的不利影响。

研发接轨国际

为了与国际技术接轨，华为在 1993 年就成立了美国分公司——兰博公司。自1995年，华为每年都要选派骨干开发人员到国外参观一些技术展，学习国外最先进的技术。如今，华为在瑞典斯德哥尔摩、美国达拉斯及硅谷、印度班加罗尔、俄罗斯莫斯科，以及中国的深圳、上海、北京、南京、西安、杭州和武汉等地设立了研发机构，通过跨文化团队合作，实施全球异步研发战略。印度所、南京所、中央软件部和上海研究所等通过CMM5级国际认证，标志着华为的软件过程管理与质量控制已达到业界先进水平。

据统计，华为在德国、瑞典、英国、法国、意大利、俄罗斯、印度及中国等地设立了23个研究所，与运营商们合作成立了34个联合创新中心，把领先技术转化为客户的竞争优势和商业成功。截至2012年华为已经在全球成立16个研发中心，28个联合创新中心，累计申请中国专利41948件，国际PCT专利申请12453件，外国专利申请14494件，累计共获得专利授权30240件。

华为的研发投入还在逐年递增。2009年，在宏观环境不利的情况下，华为提出“适度控制（研发）人员的增长”，但实际上从事研发人员总数、占员工总数比例、研发投入金额、研发密度等指标依然较2008年有所提高。研发人员总数由2008年的约37000人提高到2009年的约43600人，占员工总数比例也由43%提高到46%，华为2009年研发投入133.4亿元，较2008年增加27.4%，超过实际销售收入增长速度。2010年华为研发投入165.6亿元，相当于25亿美元，不仅高居中国企业榜首，在全球所有ICT企业中亦排名前20。

2011年，华为研发费用支出为人民币236.96亿元，这些投入为华为带来了丰厚的创新回报，累计在全球各国专利申请已达47000件，截至2011年底华为在中国已累计获得18000多件授权专利，在美国和欧洲授权和完成注册的专利累计也已达到4500多件，两地每年新增授权专利近千件。2012年，华为研发费用支出为300.9亿元，占销售收入的13.7%，近十年投入的研发费用超过人民币1300亿元。虽然投入研发经费不断增长，但华为对经费的使用也提出了严格的标准。任正非提出在新产品开发中，要尽量引用公司已拥有的成熟技术，以及可向社会采购的技术。利用率低于70%，新开发量高于30%，不仅不叫创新，而是浪费，只会提高开发成本，增加产品的不稳定性。

华为在用属于自己的方式做研发，不断寻找合适的发展道路。从传统的研发模式到管理型的研发、投入型的研发。通过规范化和国际化的手段，达到最好的研发效果。

第三节 “下乡”与“出海”

世界500强，全球第二大通信供应商，服务于全世界1/3的人口……这是华为的现状。但是，所有的辉煌并不是一朝一夕建立的，作为全球信息与通信解决方案供应商，华为从无到有，从有再到领先的过程经历了艰苦卓绝的蜕变。如今华为不仅仅是交换机的代理商，其业务遍及多个通讯领域，而且他的商标也早已扎根海外。

26年的风潮云涌铸就了今天的华为。头十年，华为飞速发展，几乎一年做一件能够载入华为历史的大事。1987年任正非在深圳成立华为时，注册资金为两万元，只是一家香港交换机（PBX）在内地的代理商，员工几乎吃住在公司，租住的就是农民的出租房，条件十分艰苦。不过一位当时在华为工作的研发人员透露，虽然那时压力大，公司财务也不宽裕，但是任总带领员工的拼劲儿和公司不管多艰难也绝不拖欠员工工资的态度使大家工作热情高涨，全身心投入工作。

经过两年的学习和发展，华为于1989年自主开发的交换机面世，这也使其摆脱代理商的身份。随着研发的深入开展，华为在1990年开发面向酒店和中小企业的PBX并投入商用。从1992年起，华为在国内开始走“农村包围城市”的道路，首先拿下农村市场，再发展城市业务。所以华为率先推出了农村数字交换解决方案，然后于1994年发布C&C08数字程控交换机。C&C08交换机结构先进、集成度高、功耗低、组网灵活等优势受到运营商的青睐。从发布之日起，C&C08已经服务于全国所有省会城市和主要地市2000多万集团用户。

从1995年开始，华为的发展进入快车道。1995年华为销售收入为15亿元，主要来自农村市场。同年，华为于北京建立研发部，重点放在通信产品的开发上，开始侧重于ISDN。由于没有积累、进展缓慢，又由于很快被 ADSL 技术取代，华为在 ISDN 业务上以亏损告终。尽管经历了失败，不过华为人仍旧斗志昂扬，他们于同年开始着手开发 GSM 设备。也是从这一年开始，华为每年都派人去国外参观技术展，借此学习了解国外的尖端技术，这也为华为之后的国际化打下了基础。

进入 1996 年，华为经过此前 10 年的积累，开始把目光投向海外市场。1996 年，华为的“宠儿”C&C08 交换机在香港和记电讯商用并与其签订了 3600 万美元的合同，为其提供固定网络解决方案。这也是华为首次服务内地以外的运营商，实现华为海外市场的历史性突破，并建立起了海外市场部。随着其研发部门的逐渐成熟，一个对华为产生巨大影响的基础平台又在这一年诞生，那就是推出了综合业务接入网和光网络 SDH 设备，这是继 C&C08 平台之后华为的又一力作。此外，华为也从此前服务酒店和中小企业更进一步，把各大企事业单位纳入客户群中，并鼎力支持全国第一个服务企业大客户的电话网——广东深圳商业网。

为快速占领市场和融通资金，华为于 1995 年开始与各地电信局合资成立控股子公司，目的是与电信运营商及其主管部门形成利益共同体。这为华为打开了庞大的销售渠道并且绑定了长期客户，也解决了令人头疼的回款问题。

随着与香港和记电讯合作和海外市场部的建立，华为开始了他的海外征程。这次，华为仍旧运用“农村包围城市”的战略，首先拓展非洲、中东、亚太、独联体以及拉美等国家的市场，并先后在南斯拉夫、俄罗斯等国建立代表处。为了解决国际市场宣传资料和技术文件的编辑和翻译问题，华为成立了海外资料编辑委员会，可见华为打入国际市场的决心。同年，华为的年销售额也比上一年增长 11 亿元，达到 26 亿元人民币。

1997 年，华为迎来了他的十岁生日。这时，员工人数已经达到 6000 人，早已不再是租农民房子搞研发的作坊企业。这一年，研发了 2 年的无线 GSM 解决方案推出。起初几年华为的资金和竞争实力都无法保证在大、中城市参与竞争，所以选择了以农村市场为突破口，因为农村对产品的要求只要实用就行。当华为的资金实力不断增强，并推出无线 GSM 解决方案后，华为便适时地将市场拓展到了更大、更具竞争力的主要城市。

为了继续自己的国际化征程，华为开始与国外通讯商合作成立联合实验室，其中包括摩托罗拉、IBM 和微软等国际知名企业。此后，华为与俄罗斯贝托公司签署了协议，与其成立了合资企业“贝托—华为”。同年，华为成功举办了莫斯科电信展，这是其在海外举办的第一个展览。

伴随十岁华诞而来的还有稳步增长的销售业绩，1997 年华为的销售业绩达到 41 亿元，并且此时华为开始与 Hay group（合益集团）合作进行人力资源管理变革。而且普华永道、IBM 等跨国企业成为了华为在流程变革、员工持股计划、人力资源、财务管理和质量控制方面的顾问。与这些跨国公司合作，使华为可以随时了解国内外最新行业动态，同时也彰显了华为致力于“变身”国际企业的决心。

步入 1998 年，华为开始极力扩大公司规模，单是 1998 年至 1999 年两年时间，华为招聘员工 7000 人，到 1999 年底华为员工人数超过 12000 人。同年 8 月份，华为与 IBM 的合作项目“IT 策略与规划”项目启动，内容包括规划和设计未来 3 ~ 5 年需要开展的业务流程和所需的 IT 系统，顺应公司日新月异的发展，南京研发中心也顺利建成。在海外项目上，华为开始进入南亚市场、东南亚市场、中东市场、独联体市场、拉美市场、南部美洲市场，并且建立起国际产品部，加大对海外市场的技术支持力度。这一年，华为的销售业绩令人震惊，比上一年多出一倍之多，达到 89 亿元，这与它积极投身研发和与国外大企业合作并扩大海外市场是分不开的。

C&C08 系列产品的确是华为的宠儿，源源不断地为华为带来利润。但是，华为深知只有一个有价值的产品远远不够，所以努力寻找新的利润增长点是短时间内华为的首要任务。为此，华为采取了拉网式开发，凡是电信领域技术，都会涉及。对于蓬勃发展的无线通讯技术和互联网技术，华为也成立了新部门以寻找新的业务增长点。可惜 ISDN 失败，无线终端失败，但是失败没有使华为放弃，而是为其未来的成功奠定了坚实的人才和技术基础。

华为此时并没有将目光仅停留在国内市场，自从和香港和记电讯签订合作项目开始，华为展开国际化之路。通过随国家领导人出访、与国外厂商合资成立公司、在国外设立代表处等都是为向国外市场进军铺平道路。尽管道路曲折坎坷，但是华为仍坚定不移地前行。

华为在 1999 年的销售额首次突破百亿大关，而且员工总人数也超过 12000 人。这一年，华为成为中国移动全国 CAMELPhaseII 智能网的主要供应商，该网络是当时世界上最大最先进的智能网络。已出具大公司规模，但是随之而来的也有大公司所存在的问题，其中最迫切的两个问题就是如何让组织更有效率、如何让员工更有激情。为了给员工预警，年底任正非发表了著名的《华为的冬天》讲话。

2000年，华为于美国硅谷和达拉斯设立两个研发中心，标志着华为开始进入北美、西欧、东太平洋等发达国家，而不仅仅是在发展中国家开展业务。在技术交流方面，华为大手笔的投资两亿港元，举办香港国际电信展，借此机会邀请世界上各个国家的近2000个客户或合作伙伴参观展览并到华为访问交流。

2002年底，华为Quidway（r）NetEngine高端路由器与交换机等数据通信产品，已在德、俄、泰、韩等40多个国家的多个行业内得到应用，成为全球高端路由器的主要供应商。华为积极策划与各跨国公司的合作，这一年，NEC、松下、华为宣布三方成立上海宇梦通信科技有限公司，主要从事3G终端的研发。经过一年的不懈努力，尽管2001—2002年，全球电信基础设施投资下降50%，华为的国际销售额达到了5.52亿美元，仍然增长了68%。

2005年，德国下萨克森州州府汉诺威一战，来自中国的华为让那些在CeBIT展会上一贯信心十足的国际通信巨头大跌眼镜。在众多国际巨头惊讶的目光中，华为脱颖而出，独家中标德国电信运营商QSC的NGN项目，与QSC共同建设覆盖德国全境200多个城市的NGN网络。

2006年8月15日，华为赢得了Leap无线在爱达荷州博伊西、内华达州里诺和华盛顿州SPOKANE的3G网络合同。这标志着，这个来自中国、主要在发展中国家攻伐的电信设备制造业的后起之秀，正式进入美国市场。

2008年，华为被商业周刊评为全球十大最有影响力的公司。根据Informa的咨询报告，华为在移动设备市场领域排名全球第三。

2010年发布的《财富》杂志世界500强企业排名中，华为首次入围，华为也是500强中唯一一个没有上市的企业。春天和冬天华为都经历过，从农村到大都市的道路看似漫长，华为人一步一个脚印，从最基础做起，逐步打开国际市场。善于与他人合作，逐渐在国外成立自己的研究所，所作所为无不贯彻着它的核心理念“聚焦”、“创新”、“稳健”、“和谐”。

这几年，华为内、外部经受了严峻的考验。外部，互联网泡沫危机和竞争对手在海外的反击都让华为心力交瘁；内部，华为的员工激励政策结果与预期相差甚远，流失了很多精英人才，并且错失了 PHS 和 CDMA 两大新业务增长点。在这样内忧外患的情形下，任正非提出“先僵化、后优化、再固化”策略体现了其实行企业内部改革的决心。正因为如此，经过5 年磨练，华为逐渐复苏。

第四节　少不了你

作为一家世界500 强企业，华为在传统通信领域中有着不可替代的影响力和话语权。然而，长久以来华为更擅长与企业、运营商打交道，对于消费者市场却没有任何经验。但是，面对运营商市场、企业级市场的逐步饱和状态，以及庞大的消费者市场，华为不得不做出选择。2003 年，华为决定开始做终端产品。

消费者 BG 的前身与发展

2003 年，在国内手机市场如火如荼的“感召”下，小灵通市场迎来了新客人。2003 年在北京国际通信展览会上，华为宣布正式进入小灵通手机市场，成立了手机事业部。产品包括 WCDMA、CDMA、小灵通（PHS）、固定台、模块等。当年，华为表示将投入 10 亿元用于小灵通手机业务，消息一出便震惊业界。华为这个已安然度过冬天的庞然大物加入到手机市场的厮杀，对于现有的国内手机厂商而言碗中的“肉”自然多了个有实力的人惦记。但对于消费者而言自然是好事，因为选择多了，并且竞争将会对手机的质量、价格等方面有良性引导。当时 UT 斯达康 CEO 吴鹰表示：新的公司如华为等开始制造小灵通对我们来讲是好的消息，更多的厂商制造手机，用户的选择性大，发展更快。

2004 年，成立仅 1 年多的手机事业部给中国最大的电信设备供应商华为带来正面消息，它的小灵通以超过 300 多万部的销量，排名手机市场第三名，这被华为看作成功切入终端市场的标志。而此前，这块肥厚之地为

UT斯达康、中兴、朗讯三家所瓜分。华为的强势发力，令他在一年时间里就将小灵通手机做到了2亿元，如果加上在海外推广的CDMA手机和固定终端设备，华为2003年手机终端销售额超过4亿元。2004年华为小灵通手机的产能达到了500万台，仅在2004年1、2月份销售订单已达近五十万台，起步堪称神速。

在电信基础设备投入占电信运营商收入比重不断下降的情形下，推动新产品的动力明显下降，而作为设备供应商，如果没有新的产品带动运营商对其设备的需求，等待他们的就是竞争不断加剧、市场越来越小的前景。因此，华为把触角伸向终端是一个必然。华为进入小灵通市场在于寻找新的业务增长点，同时“削弱竞争对手的利润空间”。此前，华为在CDMA手机、GSM手机上错失良机，没有拿到信息产业部颁发的手机牌照，因而转向无需牌照的小灵通。同时，进入小灵通市场可以为运营商提供更多的业务解决方案，进一步拉近了与运营商们的合作关系。而这正是华为在为迎接3G市场做准备。

2004年的3GSM大会在法国南部著名影城戛纳举行。展会期间，华为公司通过现场演示车提供网络支持，用与英飞凌和高通合作研制的自主品牌WCDMA手机演示了包括MMS、VOD、VP、VC、手机看电视、WWW浏览、384K高速数据业务、E－mail、游戏、下载等精彩业务。并表示华为WCDMA手机将大规模推向市场。戛纳展上，华为也演示了与NEC及松下共同研制的CDMA450手机。随着华为CDMA系统产品在海外的迅速扩张，华为CDMA手机在2003年下半年就已经在国外大规模商用。初尝甜头，华为已计划为将来3G终端做好准备，力求在将来3G大战中分得尽量多的蛋糕。

2010年以前，华为终端基本以定制形式，与其他3G网络设备捆绑销售给运营商。当时的手机基本上属于“添头”，不直接卖给消费者。尽管大批打着“Huawei”标志的甚至是没有标志的“白牌机”在市场上均销量不错，但是消费者对华为的认知还是停留在华为是家通信企业。然而机遇来了，2010年华为洞察到千元智能机将会出现爆发式增长，在当年一举推出了五款千元智能机，并着手拓展包括电商在内的各类销售渠道。果然，同年国内进入了智能手机流行时代，华为手机销量大幅增长。华为终端事业部的地位也在集团内部迅速提升，成为四大核心业务部门之一，彻底告别了“添头营销”时代。

暗自发力 华为也打“外貌牌”

华为以其敏锐的市场洞察、开放的姿态迈上了一个全新的台阶。但是，可喜的销售增长并未给华为带来丰厚的利润，手机品牌的认知度也并未增色多少。主要原因在于当时华为的销售渠道相对单一，品牌知名度还不够高。

分析出原因所在，华为开始暗自发力。在技术研发层面，华为具备相当的实力，但在手机外观设计上，华为还稍显逊色。因此，华为下足了功夫。除了在美国、日本和欧洲等地开设了工作室之外，华为还从瑞典、英国和芬兰等国招聘了很多顶级设计师。华为的设计师们经常去地铁、大街、咖啡馆等地观察形形色色的消费者，以期打造出打动人心，满足消费者需求的产品。2012 年初，华为在全球市场陆续推出了中高端手机产品荣耀、Ascend P1 以及 D1，高性价比的智能机一上市便广受好评，其中 Ascend P1 曾一度被评为当时“世界最薄的智能手机”。

Ascend P1 的背后，还有一段鲜为人知的故事。

2011 年初，华为终端开始设计手机“埃菲尔”。由于对该产品寄予厚望、要求极高，因此召集了全球顶尖的 50 名设计师进行封闭开发。50 名设计师几乎将市面上所有同类型机器研究透彻，总结优缺点，并运用到“埃菲尔”设计之中。夜以继日地干了几个月后，“埃菲尔”成型，立即获得了日本电信运营商的认可并下了数十万台的订单。但是，当余承东看到“埃菲尔”后却表示并不满意，因为不够惊艳，并非理想产品。即便冒着很大风险，余承东依然不愿让一款不满意的产品上市，于是“埃菲尔”被毙掉了，损失高达数千万计。又经过 2 个月的精心研发、重新设计，新的产品诞生，它被命名为“Ascend P1”。

正是这款经受百般锤炼的产品，CES 消费电子展上一经发布便“惊艳”了全球，成功助力华为手机完成了又一重大转折和变革。一个多月后，华为相继发布了“全球最快”的 DQuad 四核智能机。业界惊叹，西班牙巴塞罗那电信展上要求进入华为演讲现场的全球媒体远超过预期。余承东自信，苹果打通硬件、软件的模式，华为同样能做好，甚至做得更好。

可是当关注重点从硬件和性能设计，转向软件用户体验和ID工业设计等其他环节，对于一向擅长技术性能的华为来说，并不是一道可以轻易跨越的天堑。

刚刚尝到点甜头的华为，却因 Ascend P1 广告及降价遭遇非议。2012年6月期间的《非诚勿扰》等热门电视节目的广告中，曾出现这样一则广告：一位白衣哲人向一匹疾驰的白马跑去，两者激烈碰撞，出现了一部纯白色手机——华为 Ascend P1。

人马广告推出后顿时恶评如潮，就连余承东自己也承认“不够满意”。面向消费者的营销和面向行业的营销概念完全不同，极少有哪家公司能够在两者之间自由切换：IBM 专注于企业市场，砍掉了面向消费者的 PC 业务；三星能够给消费者带来巨大惊喜，却不能够感动讲求性价比的企业客户。从这个广告可以看出华为手机在营销传播方面经验的缺失与不足。当然，开始总是很艰难的。

P1 手机对于华为终端是有战略意义的一款明星产品，其 2999 元的价位也是华为在价格上第一次突破 2500 元的尝试。当试销期上市的 2000 台一售而空时，余承东几乎梦想成真，他宣称，“P1 生命周期不降价”。这是明星产品的待遇，不过仅一个多月后，销量就急剧下滑。与此同时价格下跌，上市短短三个月的时间，P1 手机价格已跌至 2100 元。可见华为在 Ascend 的营销方面遇到很多问题，如定价策略、产品广告不利、渠道不畅、销售现场管理不到位等。长期习惯了运营商市场，现在面对消费者市场，华为的表现更像一个“小学生”。

“Make it Possible”（以行践言）

2013 年 2 月的巴塞罗那世界移动大会前夕，华为终端发布了全新品牌理念“Make it Possible”（以行践言）。这一品牌理念将成为华为消费者 BG 与全球消费者沟通的核心主张，这一理念建立起华为终端与消费者之间的情感关联，最终将华为终端打造成为消费者喜爱并追随的品牌。具体落实在手机 scend 产品系列上即是 D 系列的极致科技、P 系列的极致时尚、G 系列的极致性价比以及 Y 系列的极致可获得。简而言之，华为将力争为消费者提供全球最好的终端产品。

提到华为终端全新品牌理念“Make it Possible”（以行践言），寓意是靠过硬的产品质量来提升品牌影响力。新理念 Make it Possible，一是要在硬件上不断提升创新，打破看似不可能的技术极限，与全球消费者一起以行践言；其次，在营销策略上加强精准定位，以最低的投入做到做大的影响。

华为最近发布的 2012 年年度报告显示：华为进一步提升智能终端设备的核心竞争力。过去一年，华为推出的 AscendP1、AscendD1 四核、荣耀等中高端旗舰产品在发达国家热销，实现从 ODM 白牌到华为品牌的转变。消费者业务销售收入 484 亿元，增长 8.4%，全年整体发货量 1.27 亿台，其中智能手机发货量 3200 万台，同比增长 60%。

余承东表示，2013 年华为终端策略以精品为主，同时提升品牌知名度。在追求以利润为目标的前提下推出适合用户需求的智能手机，不仅是高端，低端也不会放弃。

2012 年，华为的终端渠道建设进一步提速。在深化运营商渠道的基础上，华为终端全面开展社会化以及电子商务等多样化渠道建设。在全球同 600 多家渠道商建立合作关系，开放市场总销售同比增长 23%。在中国，华为与天音、爱施德等分销商及国美、苏宁、迪信通等零售商建立战略合作关系；在俄罗斯则与核心零售商展开深入合作，公开市场销售收入 2012 年同比增长 500%；在德国、英国、澳大利亚等国家与当地主流分销商建立合作伙伴关系，推进产品在社会化渠道的销售。

随着移动互联网的快速发展，智能终端将成为消费者进入网络世界的最重要入口，这也将为华为消费者业务带来更广阔的发展空间。而伴随着 ICT 的融合，华为的竞争优势将进一步显现，将凭借在射频技术、功耗、拍照、音频、极速分享等核心技术领域的积累，不断为全球消费者带来智能终端的极致体验。

在通信行业，只要直接接触过华为的人，都会被他的独特魅力所感染。今天，华为手机面向普通消费者，更是以诚意和品质，希望打动消费者。全球智能手机市场份额前六名，并不是华为的目标，在华为看来成就像美国苹果公司一样的品牌，才是梦想。

华为终端大事件

2003 年 7 月，成立华为技术有限公司手机业务部

2004 年 2 月，作为中国第一款 WCDMA 手机参加法国戛纳 3GSM 大会，并在大会现场进行了丰富多彩的业务演示

2005 年 6 月，华为第一款 3G 手机 U626 被查尔顿媒体集团评为“最佳 3G 手机奖”

2006 年 6 月，在新加坡举行新品发布会，正式发布全球最小最快的 HSDPAUSBModemE220

2007 年 3 月，华为无线上网卡产品 E270 获得红点设计奖，E172 获得 IF 设计奖，标志着华为无线上网卡产品的设计水平达到一个新的水平

2008 年 11 月，华为移动宽带产品 E180 荣膺“2008 亚洲移动通信奖——最佳移动宽带设备”

2009 年 2 月，华为在西班牙的“世界移动通信大会”上首次展示了其首款 Android 智能手机，并宣布将与 T－mobile 合作推广该手机

2010 年 8 月，华为移动宽带终端累计发货超过一亿部，全球市场份额接近 50%，连续三年位居业界首位

2010 年 9 月，华为在德国 IFA 上发布了全球首款 withGoogle 的 Android2. 2 普及型智能手机 IDEOS

2011 年初，华为消费者 BG 正式成立

2011 年 3 月，华为智能手机 C8500 在中国上市百天零售过百万

2011 年 6 月，华为终端发布在新加坡电信展上发布全新一代平板电脑 MediaPad，是全球首款 7 英寸 Android3. 2（Honeycomb）系统的平板电脑

2011 年 7 月，华为云手机冠名超级杯足球赛，是华为首次冠名国际重大体育赛事

2011 年 8 月，华为发布云服务平台和全球首款云手机华为远见（Vision）

2012 年 1 月，在国际电子消费展（2012CES）上发布全球最薄智能手机 AscendP1

2012 年 2 月，在巴塞罗那世界移动通信大会（MWC）上，推出全球

最快四核手机 AscendDquad、AscendD1 和全球最强的四核平板 MediaPad10FHD

2012 年 4 月，华为旗舰智能手机 AscendP1 在北京全球首发

2012 年 6 月，华为智能手机 C8812 在中国上市 60 天零售过百万

2013 年 1 月，华为智能手机 6 寸的 AscendMate、5 寸的 AscendD2 和首个 WP8 手机——AscendW1 在美国 CES 展上发布

2013 年 2 月，在巴塞罗那世界移动通信大会（MWC）上，华为发布新款智能手机 AscendP2，华为终端发布了全新品牌理念：Make it Possible，中文名称“以行践言”

附 录

被低估的华为终端（《商业价值》）

张思

2011年4月20日

华为终端在中国或许不是一个要处处与苹果比肩的酷品牌，而是要成为一个卡住运营商需求和智能终端引爆点并带动生态系统崛起的“变革者”。

地铁西单站是北京人流最大的地铁站之一，最近地铁里充斥着巨大的华为手机广告；而在地上，华为终端的第一家品牌形象店也在西单紧挨着苹果专卖店高调开张。

华为手机对于消费者而言是桩新鲜事，虽然2003年华为就开始进入手机运营商定制领域，但是对于这样一家B2B厂商是否真的有足够经验杀入B2C市场，业界质疑不断。对于缺乏市场化销售渠道的华为，仅靠打几则地铁广告、开几家品牌形象店就能成功转型获得消费者认可吗？在很多人看来，华为距离最终用户非常遥远。

客观来看，从国内到国外，华为已经习惯了被质疑。10年前没有人认为华为可以超越朗讯、诺西坐上通信设备商第二把交椅，也没有人相信华为真的可以打入欧洲这样的高端市场，但事实上，华为都做到了。

华为的能力似乎总在被低估。那么，华为终端有什么能力是容易被忽视的？在波澜壮阔的这一波智能机普及和移动互联网浪潮中，华为终端到底会扮演什么角色？

站在运营商身边的人

在移动互联网时代，越接近用户就将获得越高的价值，以苹果为代表的终端厂商，大多数都想甩掉运营商自己玩，而运营商也在绞尽脑汁避免沦为管道，一场角力正在上演。而华为终端却以另一种方式告诉业界，终端想取得成功不是只有 iPhone 这一条道路。

最好的例证就是2010年华为终端发货量近1.2亿台，3G上网卡和家庭终端发货量保持第一，智能手机发货量位列 Android 智能手机全球排名第五。值得一提的是，这其中75%的收入来自海外，在中国市场，华为终端尚未发力，未来仍有大量上升空间。

在期望获得更大话语权和更高品牌溢价的情况下，鲜有 B2C 的终端厂商愿意走运营商定制的道路。华为由于出身设备厂商，其基因决定着它选择这条路，而上述数据表明，这并非是一种劣势，或许还将成为一种优势。

在2G时代，运营商几乎是不折不扣的产业链核心，在终端厂商还停留在硬件制造层面的时候，运营商已经在为庞大的用户提供信息服务。尽管运营商们并不能如苹果般抓准用户的脉搏、甚至是为用户创造需求，但是作为通信服务的提供者，对于市场的理解并不逊于终端厂商。

华为深谙此理。根据德国电信的要求，华为2008年就开始研发 Android 手机，2009年就做出全球首款针对预付费市场的 Android 手机。

彼时，大部分终端厂商都热情不高，所有人都猜测到底 Android 究竟能否成为主流？但是华为选择信任运营商的判断，不遗余力地投入，完全聚焦在 Android 手机的研发和生产上。“之所以敢去做前期投入是因为我们基于这个行业的一些判断，那就是将来早晚还是会走向 Android。”华为终端 CMO 徐昕泉表示自始至终华为的判断都是如此。由于起步较早，积累了丰富的经验和成本优势，华为 Android 手机的出货量达到全球第五位，具备了规模优势，使得进一步降低成本成为可能。

而跟随运营商脚步的华为其实并不需要急于赚取品牌溢价，继续做大规模才是华为所需要的。此前，Android 阵营的不少终端厂商都在不同程度地把重心放在二次开发上，其核心原因除了希望做品牌差异化外，就是能够赚取20%的品牌溢价。

这样做的结果是大部分厂商的 Android 手机定价较高，最近面临谷歌有可能对 Android3.0 版本加强控制力度而纷纷调整策略。而华为并没有把过多的精力放在深度开发 Android 操作系统上，“我们是怀着另外一种愿望，就是希望把规模做起来，把规模做大以后，通过总体研发和成本的分摊，可以把这个价格做到更低”。

所以是不是自主研发操作系统，华为并不在意，华为相信使用谷歌的操作系统一样可以做出自己的价值——跟紧运营商推进智能终端以带动数据业务的核心需求，竭力降低成本、加大出货量去占领更多的市场。

目前，华为手机发货量已经达到3000万部，Android智能机的出货量也有了300万部以上，其规模化优势已经逐步积累。虽然比起苹果在3年前就开始囤积60%屏幕产能等核心配件获得超乎寻常低的成本优势还有很大差距，但徐昕泉称“华为承认自己还没有这样的前瞻性，因为那样做也是比较危险的。但是跟随运营商的脚步稳扎稳打，一样为华为积累起其他厂商所不具备的成本优势”。

当通信技术进入3G时代，最渴望其普及的一定是运营商。投入巨大成本建设3G网络的运营商（仅中国运营商建网投入就将高达6000亿元人民币左右）期望以数据业务为特点的智能手机尽快取代以语音业务为特点的传统功能机，这样才能尽快收回建网成本。他们必将是智能终端普及过程中最大的一股助推力量，也是华为可以借助的力量。

这一点华为很清楚。“我们并不强调现在直接走B2C，这样风险太大，始终以客户为中心肯定是不会错的。而具体的路径选择是B2B2C还是B2C，这只是一种策略和方法问题。”徐昕泉这样说道。

事实上，B2B2C未尝不是华为终端最适合走的一条道路。2011年3月16日，华为宣布与中国电信合作的C8500机型百日零售破百万，这也是华为为中国电信打造的第三款销量超百万的机型，也是全国首款销售超过百万的Android智能手机。

3个月销售100万台是怎样一个概念？联通合约计划版iPhone4在两个月内销量为40万部，此外还有20万部预约但尚未拿到货的用户，共计60万部。由此可见，C8500的确取得了相当不错的成绩。

做运营商身边的人，带给华为最大的优势就是对于这个产业的理解与基础判断不会出现巨大偏差，甚至还能比其他终端厂商获得更多的先机。

华为数据卡产品的成功就是一个鲜明的例子。一个在其他大牌B2C终端厂商眼中的鸡肋产品，竟然成了移动互联网的杀手级产品。走运营商定制路线让华为数据卡在欧洲保持着接近70%的市场占有率，甚至打入了诸多国外厂商都泼不进水的日本市场。

智能机市场的引爆者

唤醒智能机市场的或许是 iPhone，但颠覆手机市场的却是千元智能机。华为一直都坚信穿透 3G 市场、引爆巨大换机风潮的绝不是高端机，而是像 C8500 这样的千元机。

目前，华为终端关注的焦点除了价格要在 150 美元（即 1000 元人民币）左右外，更重要的一点就是建立在性价比之上的用户体验——“以高端产品 3/4 的功能和 1/4 的价格形成引爆点”，这样的判断是来自于全球市场的分析。实际上，中国三大运营商也都比较认同千元智能机代表着这个市场规模最大、同时业务增值潜力最大的部分。

目前，全球手机市场已经由金字塔变成双金字塔，双金字塔上面的小金字塔会越来越往下沉。而根据 IDC 发布的数据显示，这个下沉趋势正在发生，2010 年第四季度智能手机出货量为 1.009 亿部，同比增长 87.2%；2010 年全年智能手机出货量为 3.026 亿部，比 2009 年的 1.735 亿部增长 74.4%。

低端的智能机将会慢慢抢走高端功能机的市场。徐昕泉说：“这是很明显的过程。在欧洲、美国这种高端市场，我们已经看到他们过去两年多的巨变，所以也可以判断出这在中国未来一两年之内就会发生。”

在这一轮变化的浪潮中，华为究竟能否成功卡位？仅仅依靠与运营商的合作还不够，除了坚守定制这条路以外，打造一个成功的 B2C 品牌并不容易。例如传统手机销售渠道的建设，将会是一个比开设体验店难度高得多的课题，而对于在品牌建设这种其他终端厂商早已经轻车熟路的问题，华为的确需要不断摸索。

但是，如果华为终端可以真正站住“高性价比的好产品”这样的定位，显然将会让华为终端获得最好的立足点。虽然这不是一个看起来很酷的定位，但是对于一个刚刚进入消费市场的品牌来说，这或许才是最务实的切入点。

生态系统的潜在优势

没有一个终端厂商敢说仅靠自己的品牌吸引力就可以抓住用户，即使是苹果。与传统的功能机相比，智能机需要甚至是依赖应用程序，所以能否调动起产业链上的积极性决定着终端厂商的成败。

目前，几乎所有终端厂商都在设立自己的应用程序商店，然而事实证明，收效甚微。除苹果的 APPStore 在今年年初下载量破亿外，其他应用商店很难与之比拟。

对于国内的众多开发者，如何调动他们的积极性？最好的办法莫过于让他们有资金生存下去。国内不少终端厂商都是拿出一部分资金作为基金鼓励开发者，而国内用户付费下载的习惯尚未养成，开发者缺乏持续发展的现金流。

华为在这个问题上的思考则紧紧贴着其自身的独特优势。徐昕泉称今年华为就将启动一系列开发者激励计划，“华为是一艘足够大的航空母舰，我们又面向全球这么大的平台，中国有很多好的创意，完全可以走出去，但是往往大家不知道怎么走。华为是面向全球销售、营销的平台，经过 10 多年时间积累了各式的经验，我们可以带领开发者走出去。如果某种应用适合发达国家的定制需求，我们就会征集到我们的平台上来做，发达国家的用户已经习惯了付费，我们会与开发者共享收入。”

利用在全球市场的智能机规模和海外比较成熟的付费习惯，华为正准备发动“带开发者到海外”的热潮，其已经存在的较大规模和海外市场的诱惑力，对于开发者来说都是“触及灵魂”的吸引。

与此同时，千元智能机如能像华为所愿引爆国内智能手机市场，那华为巨大的市场基数对于开发者而言，又是一个诱惑。

在没有面向消费市场的前提下，华为就已经有 5 款销售超百万的机型，这是众多 B2C 厂商很难取得的成绩，即使是联想耗费巨资宣传打造的乐 phone 也仅仅在上市第二个季度取得过 30 多万台的销量。

致力于将性价比做到极致的华为，其可能渗透的市场或许比我们想象得更深。过去几年，思凯平台叫好又叫座让不少致力于“城市白领”的厂商如梦初醒：一线城市里充斥着要求极高又不愿意掏钱的消费者，他们或许并非是应用程序最佳的买单者。在千元智能机沉淀之后产生的大规模应用，现在谁也难以预估，但华为终端天生的定位或许将是这些业务最好的承载者。

徐昕泉坦言：“我们甚至会研发一部可以唱卡拉 ok 的手机，去满足一些务工者的需求，也会考虑去跟思凯这样的企业合作。”虽然华为体验店毗邻苹果的旗舰店，尽管西单苹果旗舰店中总是人头攒动，但华为很清楚自己最广阔的市场很可能并不是这里。

其实，华为对于终端战略的定位非常高，其希望终端能够在三五年之内，成为具备全球最有影响力的手机品牌厂商，目标直指终端领域的一线巨头。

但华为终端需要相信这不是一场一两年就能见分晓的比赛，而是要以5年为计算单位的跋涉。在这个过程中，华为要发挥自己的优势，稳步前行，要不断告诫自己避免过度兴奋。虽然华为终端今年的重点是主攻旗舰机型，但是仍然要关注入门机的规模积累。

其实，从华为崛起的历史来看，其品牌的建立一直是依靠满足客户需求和跟对大势而逐渐积累的。在欧洲市场华为正是依靠跟随从2G到3G网络升级的大势并不断跟着运营商的需求做业务才成为了今天仅次于爱立信的第二大设备厂商。

同样的务实基因，也必在华为终端身上得到发扬。当华为终端面对智能机的普及浪潮和中国市场的独特需求，其需要的不是一个要处处与苹果比肩的酷品牌，而是成为一个在产品上卡住运营商需求和智能终端引爆点并且带动生态系统崛起的“变革者”。

在这一点上，不要低估华为终端。

第四章
华为的企业文化

对于外界而言，任正非和华为都是极富神秘感的，一家民营企业为何能够遍布全球，并被外媒称作“中国脸面”？品味华为的企业文化以及任正非的管理哲学，探究任正非和他的华为到底有怎样的成功秘诀？即便已成为世界级的公司，华为坚守着“以客户为中心、以奋斗者为本，长期坚持艰苦奋斗”的企业文化。“开放、妥协、灰度”被视为任正非管理的核心，这套理论又是如何应用于华为的呢？

歼击伏击

第一节　孤独的追梦人

李云龙在《亮剑》中有过一段非常精彩的演讲："任何一支部队都有着它自己的传统。传统是什么？传统是一种性格、是一种气质，是由这种部队组建时首任军事首长的性格与气质决定的，他给这支部队注入了灵魂。从此不管岁月流逝，人员更迭，这支部队灵魂永在。"在军事战争中如此，在公司运作中亦如此。任正非作为华为的创始人，他的精神和气质在华为创立伊始就注入其中。

1944 年 10 月 25 日，任正非出生于贵州省安顺地区镇宁县一个普通的多子女家庭。任正非有 6 个弟弟妹妹，依靠父母教书的微薄收入维持一个家庭。在这里任正非度过了一个饥饿、贫困的童年。童年造就了任正非孤独、忍受孤独、追逐孤独、欣赏孤独的心理特质。1968 年，任正非从重庆建筑工程学院毕业，入伍当了一名工程兵。1978 年，以军队科技代表的身份出席了全国科学大会。1982 年，随着国家整建制撤销基建工程兵，任正非以副团级干部身份转业，就职于深圳南海石油后勤服务基地。由于工作不顺利，1987 年他集资 21000 元人民币（2500 美元）创立了华为公司。

任正非接触过形形色色的客户、员工、竞争对手等群体，但任正非却罕有几个朋友。任正非坚持着不交往不结盟的原则。在谈及华为参与创办"协会"或"俱乐部"之类的商业圈这一问题时，任正非讲述道："华为和我个人都没这个需要，也没这个义务。在这一点上华为不搞开放，不开口子，华为要小心翼翼地走自己的路，做好自己的事。"

而对这位 20 多年来未接受过国内外任何一家媒体采访的传奇创始人，人们只能通过他刊登在华为内部报刊的文章、华为内部会议的讲话去了解这位传奇的企业家。很多中国企业家将其当做企业管理的导师，但在学习的过程中却往往东施效颦。外人谈论任正非通常将他比作华为的"头狼"，但是"头狼"仅仅是表现了任正非的一部分，总的来说，任正非是一个融合了东西方管理哲学的智者。

五星酒店打地铺——抠门的任正非

任正非认为该花钱的地方就要大手笔，该节俭的地方则要非常节俭。他不仅要求员工节约成本，自己和家人也身体力行。

1996年3月，为了和南斯拉夫洽谈合资项目，任正非亲自率领了一个十几人的团队，入住南斯拉夫首都贝尔格莱德的一家五星级酒店——香格里拉。为了体面，员工为任正非开了一间总统套房，每天将近2000美元。但是，华为还是精打细算，把总统套房的几个房间都充分利用起来——晚上打地铺，早上早早起来让服务员打扫卫生，以便白天会见客人。当时的首席谈判代表，才刚刚加盟华为不到一年，亲眼目睹了老板和员工一起艰苦奋斗、同甘共苦的情景，也明白了什么时候应该花钱花到手软而不心软，什么时候应该厉行节约。

1997年的一个周末，公干之余，任正非带员工去巴西亚马逊热带雨林旅游。出发前去当地商店买旅游鞋，发现有三种档次的，价钱分别是每双35雷日尔（巴西货币）、45雷日尔、55雷日尔（当时1雷日尔大约折合1美元）。当时华为普通员工每天的出差补助有75美元。于是他们都选择了名牌耐克，每双55雷日尔，任正非却选择了35美元的不知名的普通旅游鞋。有人很不理解就问任正非，得到的答案是："我是来巴西出差的，和你们常驻人员不一样，我的鞋穿一次就扔掉了，不用买名牌的。"然而，旅游结束返回驻地后，其他员工却发现任正非正在卫生间里用刷子刷洗那双鞋，回国时他把鞋带回了深圳。

任正非亲和的柔情

任正非除了留给外界低调神秘的认知之外，对任正非有一定了解或打过交道的人都可以读出任正非内心却有着细腻的柔情。他坚强刚毅的外表下却是柔情似水，甚至充满浪漫主义的情怀。我们可以从他写的《我的父亲母亲》、《悼念杨琳》以及身边人的叙述中深切地感受到。

《我的父亲母亲》写于2001年。文章中任正非用质朴的言语叙述了自己一生中最大的憾事，并把我们带回那个苦难的年代，给我们呈现两代人经受艰难生活煎熬的历史图景。“非非，糖尿病参加宴会多了，坏得更快呢，你的心脏又不好”“非非你走路还不如我呢，你这么年纪轻轻就这么多病”这是文中回忆妈妈对他的牵挂和叮嘱。“回顾我自己已走过的历史，扪心自问，我一生无愧于祖国、无愧于人民，无愧于事业与员工，无愧于朋友，唯一有愧的是对不起父母，没条件时没有照顾他们，有条件时也没有照顾他们。爸爸，妈妈，千声万声呼唤你们，千声万声唤不回。逝者已经逝去，活着的还要前行。”文中的很多感情要素让我们感动，让我们看到一个有血有肉有泪的任正非。

得知杨琳（华为员工）车祸去世后，他“顿时我泪如雨下，多么好的一位同志，我们从此再也看不见她了”。“我们永远不要忘记她。她，是华为的功臣，是一位真正的英雄。”在《悼念杨琳》一文中，任正非追忆了对杨琳的点滴印象并发出学习杨琳精神的倡导。文章的最后任正非总结：华为的光辉是由数千微小的萤火虫点燃的。萤火虫拼命发光的时候，并不考虑别人是否看清了他的脸，光是否是他发出的。没有人的时候，他们仍在发光，保持了华为的光辉与品牌，默默无闻，毫不计较。他们在消耗自己的青春、健康和生命。华为是由无数无名英雄组成的，而且无数的无名英雄还要继续涌入，他们已在创造历史，华为的光辉历史，我们永远不要忘记他们。当我们产品覆盖全球时，我们要来纪念这些为华为的发展贡献了青春与热血的萤火虫。

《我的父亲母亲》、《悼念杨琳》文风质朴且充满感情，正如任正非本人，在低调的性格下难掩其内心的柔情。有时候，任正非看员工们的文艺表演和深圳改革开放 30 年所取得的成就，回望华为 20 多年的心路历程，会禁不住泪流满面，脑海中总会出现参军和创业时的艰苦岁月。

一个风和日丽的下午，在华为公司总部，两个女职员在电梯里抱怨着公司财务制度上的一点小问题。她们注意到电梯里还有一个面貌敦厚的长者，但她们当时并没有当回事，因为这个人太普通了。这两个女职员第二天被告知，她们所抱怨的那个问题已经解决。她们惊问为什么，对方告诉她们，任总亲自打来电话。此时，她们惊呆了。

2005 年冬天，华为的一位员工出差回深圳，在机场遇到任正非，当时只想着当做没看见。没想到任正非却主动走过来和他打招呼，问寒问暖，还开车把他先送回家后自己才回去，这一举动让员工很感动。

一次，任正非去参加一个大型的国际通信设备展览会，香港一家电信公司的首席执行官走到任正非面前交换名片，任正非谦和而有礼貌地作出回应。当这位首席执行官回到宾馆的客房整理手中那一叠厚厚的名片时，惊奇地发现一张华为总裁任正非的名片，他怎么也不敢相信自己的眼睛：我跟任总交换过名片？原来他把那位穿着朴素、和蔼可亲的老人当成了一位普通的参展客户，这让他错过了与任正非面对面交流的机会，令他十分后悔。

2013年，任正非在新年献词《力出一孔，利出一孔》中阐述到“大家都知道水和空气是世界上最温柔的东西，因此人们常常赞美水性、轻风。但大家又都知道，同样是温柔的东西，火箭可是空气推动的，火箭燃烧后的高速气流，通过一个叫拉法尔喷管的小孔，扩散出来的气流，产生巨大的推力，可以把人类推向宇宙。”正如水和空气，任正非柔情的另一面迸发出巨大的力量带领华为取得一个又一个奇迹。

低调的神秘

2005年，任正非被美国《时代周刊》评为“影响世界的100位名人”，他是唯一入选的中国企业家。《福布斯》杂志这样评价：“任正非是一个很少出现在公众视野中的人物，却是国际上最受人尊敬的中国企业家。”

2008年，任正非荣膺《中国企业家》杂志评选的“2008年度中国最具影响力企业领袖终身成就奖”。《中国企业家》杂志社社长刘东华这样评价他：“任正非几乎是中国最有静气和最有定力的一位企业家。”

2011年3月，美国《财富》杂志中文版公布了中国最具影响力的50位商界领袖名单，任正非排名榜首。柳传志、张瑞敏分列二、三位。华为在人们印象当中非常强大而神秘，但很少有人知道它到底有多强。近几年来，许多记者曾努力试图接触华为，但华为是一个非常困难的采访对象。

在外界眼中，任正非留给公众的最大印象是低调神秘。《第一财经日报》总编辑秦朔曾在他写的《“冬天”的震撼——华为给中国企业界的启示》一文中说：“华为也许是中国企业界最令人捉摸不透的公司。迄今为止，几乎没有任何传媒能够采访它的最高领导人，也很难对它的发展历程进行详细报道。”

“树大招风风撼树，人为名高名丧人。”从1987年创办华为至今，任正非从没接受过任何媒体的正面采访。从不参加什么评选、颁奖活动和企业家峰会，甚至连有利于华为品牌形象宣传的活动也一律拒绝。很多媒体记者抱怨说任正非总是不接受采访，有点不近人情。

对此任正非辩解道：“我为什么不见媒体，因为我有自知之明。见媒体说什么？说好恐怕言过其实；说不好别人又不相信，甚至还认为虚伪，只好不见为好。因此，我才耐得住寂寞，甘于平淡。我知道自己的缺点并不比优点少，并不是所谓的刻意低调。”他还说：“媒体记者总喜欢将成绩扣到企业老总一个人头上，不然不生动，以虚拟的方法塑造一个虚化的人。我不认为自己像外界传说的那样有影响力，但是很敬业、无私、能团结人。这些年华为有一点成绩，是在全体员工的团结努力，以及在核心管理团队的集体领导下取得的。只是整个管理团队也很谦虚，于是就把一些荣誉虚拟地加到了我的头上，其实难副。”

由于任正非处世低调，公开的资料甚少，有关他的故事多是来源于华为公司唯一对外的窗口——《华为人报》。但人们所看到的只是这个在全球电信市场上呼风唤雨的华为，而种种关于任正非和华为的评说大多只是人们分析和猜测的结果。对于外界的评论无论是对是错，华为极少回应。

在任正非的带领下，25年来华为一路高歌猛进，创造种种神话。然而任正非却始终保持着“神龙见首不见尾”的神秘色彩，他是当今中国最低调的企业家。但尽管任正非似乎刻意地保持低调，仍随着华为从一个胜利走向另一个胜利，不断地为人所认识和了解，有人说任正非的低调造就了华为的传奇。

2010年，著名财经杂志《福布斯》中文版首次推出“最受国际尊敬的中国企业家”年度人物榜，任正非高居榜首。《福布斯》中文版表示，任正非虽然不喜欢在公众面前露面，但他在全球大型跨国公司领袖中受到尊敬的程度，在中国国内无人能出其右，华为至今仍然几乎是唯一在高科技领域内具有全球竞争力的中国内地公司。

深圳飞往北京的航班，头等舱的最后一排，一位60多岁的乘客，捧着一本书在看着。三个小时后，飞机在首都机场降落。这位叫作任正非的乘客，起身，从行李架上取下行李，然后快步地融入川流不息的客流中，没有前呼后拥，没有迎来送往。经常的情形是，他到国内某地出差或度假，也不通知所在地的公司负责人，下飞机后，乘出租车直奔酒店或开会地点。

任正非曾说过，“我个人与政府官员没有任何私交关系，没有密切的工作伙伴；与中国任何企业家我没有往来，除了联想的柳传志、万科的王石，在20年中有过两次交往外；也没有与任何媒体任何记者有交往。我个人的私人生活很痛苦，非常寂寞，找不到人一起玩。和基层员工离得更远一些，为了公司能够平衡，我得忍受这种寂寞，忍受这种孤独。”任正非的太太也曾经私下抱怨：“你没有一个小学时期的朋友，在大学里也没有朋友，也没有当兵时的朋友，在华为也没有朋友，在社会上也很少有朋友，你不觉着孤独啊？”

20多年，任正非就这样一路走来，尽管华为已经成为中国在世界上最具代表性的一张名片，以低调、冷静著称的华为和任正非身上仍笼罩着一层神秘的色彩。

军人的气质

很多人士在评价任正非时总是用“冷酷”一词来形容。也有华为员工评价，任正非脾气暴躁、性格坚韧、刚毅而偏执，说话直来直去，不留情面。从华为国际化道路的历程不难看出，华为就如任正非本人的性格一样，富有冒险精神、进攻性十足，这与任正非的军旅生涯有着密不可分的联系。

在企业管理上，任正非也将这种气质运用得恰到好处。为了销售，华为不吝投入，甚至不计成本。

1999年，华为进入山东省菏泽地区，举目四望已是朗讯和西门子的天下，自己连电信局的门都进不去。头两个月，华为打着解决老产品（如华为电源）问题的旗号，设法和客户接上头，绝口不提销售，有机会就讲华为的企业文化和过往的华为人与事。到第三个月，电信局高层终于点头答应到深圳参观华为，此时华为仍绝口不提销售。第四个月开始，华为分批将电信局从中层到基层所有相关人员50多人请到深圳参观。大半年后，新一轮整网招标，华为胜出。

当时农村市场线路条件差、利润薄，国外厂商都没有精力或者不屑去拓展，从而给国内通信设备厂商带来了机会。

爱立信当时只有三四个人负责盯黑龙江的本地网，华为却派出200多人常年驻守，对每个县电信局的本地网项目寸土必争。哪里出问题，华为人立即赶到现场。为拿下一个项目，华为会花费七八个月时间和与回报不符的投入。华为的销售员全部深入到县级和乡镇市场。就这样华为一路由小做大，渐次进攻到市级、省级，直到国家级的骨干网市场。

事实证明，这个战略不仅使华为避免被国际电信巨头扼杀，更让华为获得了长足发展，培养了一支精良的营销队伍，成长起来一个研发团队，积蓄了打城市战的资本。因此，新兴通信设备厂商纷纷倒闭的时候，华为在广大农村市场“桃花依旧笑春风”。

在任正非看来，做企业就要培养一批军人气质员工。因为狼军人有三大特质，一是敏锐的嗅觉，时刻保持洞察力；二是不屈不挠、奋不顾身的进攻精神，绝不怕吃苦受累，不达目的决不罢休；三是群体奋斗，做有组织有计划的“进攻”。

第二节　“都是为了您”

“华为的魂是客户，只要客户在，华为的魂就永远在。”

2001年7月，任正非关注到《华为人报》（华为公司内刊）有一篇待审文章题为“为客户服务是华为存在的理由”。在审稿时任正非将其改成“为客户服务是华为存在的唯一理由”，在它看来，华为命中注定是为客户而存在的，除了客户华为就没有存在的任何理由。

“以客户为中心”并非是华为的独特创造，而是一种普世的商业价值观，早已被不同企业当做公司的理念。道理很简单：企业的目的是赚钱，不能赚钱的企业是没有价值的。然而，赚谁的钱？当然是客户的钱。管理大师德鲁克曾把企业定义为：创造顾客。谁能让客户自愿自觉地掏腰包，让更多的客户掏腰包，让客户长期地掏腰包，谁就有可能变得伟大，这是一个再简单不过的事实了。对于企业来说，政府向它要税收，员工向它要薪酬，供应商向它要货款，只有一个“傻傻的”客户为企业送钱。但客户也不是施舍者，他有选择权，他只向那些真诚地提供优质、低价产品和服务的企业付出。所以，以客户为中心永远没错。

2000年春节，黑龙江省的一个本地网交换机中断，网上运行着多种机型，不知道问题出在哪个厂家的设备上。华为的技术人员在1天内从深圳赶到黑龙江，发现问题不在华为。偏偏出问题的厂商迟迟没有回应，华为将自己的接入网改接到另一路由，通话恢复了。用户大喜过望，亲热地招呼：走走，出去喝酒。

在开疆拓土的国际化道路上，华为将“以客户为中心”的理念复制到摩洛哥，复制到荷兰，传递到世界各地。

2008年3月，华为供应链物流经理与供应商一起赶往公司在印尼加里曼丹岛的新项目考察。当时的部分路段较差，考察途中车子几次陷入泥泞。员工们从晚上八点一直忙活到大半夜也未脱困，最终只能在车边凑合了一夜。第二天一早，他们走了几个小时的山路，找到当地人帮忙，众人一起推车，才得以脱险，最终顺利完成了考察任务，为在这个岛屿实施项目做好了准备。

一次华为非洲项目组在一个偏远站点执行任务，适逢雨季，大雨过后低洼的路面成了河流。一不小心车子便陷入了泥泞，熄火抛锚。大家纷纷跳入水中拖拽，最终在当地人的帮助下，车子脱离了泥潭。历经8个月的时间，华为在没电、缺水、设施落后极端的环境下，充分调动各种资源建设网络，结束了11个州府没有通信网络的历史，创造了奇迹。

在埃及局势最危险的时候，华为的员工依然坚守。利比亚局势最紧张的时候，华为员工坚守。正是这样的精神，使华为成为客户在任何时候都信赖的伙伴。因此，局势稳定下来，华为的营业额就会大涨。

远在荷兰的Telfort公司也同样被华为的客户意识所打动，将业务给了华为，而将此前的供应商爱立信拒之门外。华为尽力调查了Telfort公司的需求状况，为Telfort公司量身打造了一套3G解决方案。Telfort公司原本觉得无解的3G项目，在华为的帮助下居然做成了。这种由产品营销向解决方案的转变，不仅让客户感觉受到重视，而且还体现了华为的实力和专业。

以客户为中心是华为的魂

以客户为中心不仅体现在优质的服务上。深圳华为总部有一片绿树成荫的“大公园”，公园里坐落着一栋栋黄色的小楼，走进小楼你会以为自己来到了一所大学。楼里是一间间教室，教室里有各种肤色的人，这里是深圳华为培训中心。在为客户提供优质服务的同时，华为还成立了华为培训中心，为客户或者合作伙伴提供培训，这也成为华为的一大特色。

“在非洲、东南亚等，他们真的很需要学习先进的技术，所以华为在那里建设培训中心，来帮助那些国家、地区提升通信技术水平，为当地培养技术人才。”深圳华为培训中心的一位老师说。按照不同国家和企业的需要给予不同的定制服务，华为对于这一点的努力践行，可以从深圳华为总部展厅的一个个奖状上看得出。

2005 年之后，随着华为国际化的扩展，华为开始将触角伸向世界各地，与客户的关系也随之转变。华为与全球几百家客户之间的关系已不是简单的甲乙方关系了，而是上升至互为依存、互相促进的战略伙伴关系，这对华为来说是一个根本性的转变和提升。恰恰在这种新型关系中，企业往往会迷失自我，模糊常识，在“以客户为中心”的追求方面出现动作变形，或价值观的扭曲，西方一些企业就是在这个阶段步入发展下行道的。华为的决策层也正是在目睹一座座山峰倒下去的惊心动魄中，认识到常识与真理的颠扑不破。在 2006—2010 年这一时期，华为以极高的频率大讲特讲“以客户为中心”，并通过多层次的培训活动进行系统强化。

在 2010 年的一次会议上，任正非进一步指出：在华为，坚决提拔那些眼睛盯着客户，屁股对着老板的员工；坚决淘汰那些眼睛盯着老板，屁股对着客户的干部。前者是公司价值的创造者，后者是谋取个人私利的奴才。各级干部要有境界，下属屁股对着你，自己可能不舒服，但必须善待他们。同年，“以客户为中心，以奋斗者为本，长期坚持艰苦奋斗”，被正式确定为华为的核心价值观。

第三节 昨夜星辰

《下一个倒下的会不会是华为》作者吴春波和吴涛在接受媒体采访时曾表示这么多年来，最艰苦的地方一定有华为，最偏远的地方一定有华为，最高的山峰也一定有华为。遇到战乱、地震等极端情况，只有华为依然坚守——因为华为永远是那个“乙方”。即使成为世界500强，也要服务最小的客户。这是华为核心价值观的真实写照。

艰苦奋斗的力量

华为“一天不奋斗，就可能出局；三天不学习，就赶不上思科、爱立信、阿尔卡特，这不是一句玩笑，而是严酷的事实”，任正非曾无数次这样警告公司的管理团队和全体员工。

从华为创立初期，华为的奋斗就从未停歇。1991年，华为破釜沉舟，决定集中全部资金和人力，开发和生产华为品牌的新型用户程控交换机。50多位研发人员，工作和吃住在一幢租下来的工业大厦的三层，同一层楼分隔为四个工段，库房、厨房也在同一层。十几张床挨着墙边一溜排开，床不够，在泡沫板上加床垫。那时，华为的每个员工的桌子底下都放有一张垫子，除了供午休之外，还供晚上睡觉用。夜以继日地钻研技术方案，开发、验证、测试产品设备……没有假日和周末，更没有白天和黑夜，累了就在地板上睡一觉，醒来接着干，这就是华为“垫子文化”的起源。有位工程师，累得连眼角膜都掉了，不得不住院手术，才保住了视力。这年的12月底，设备测试成功，华为终于有了自己的产品，而当时华为的账面上已没有资金了，再发不出货公司就要破产了。

这是一次“背水一战”的胜利，也是初创企业进行原始资本积累的重要途径。华为的创业者从中深刻体悟到一个真理：要生存和发展，没有灵丹妙药，只能用在别人看来很“土”、很“傻”的办法，就是艰苦奋斗。华为不战则亡，没有退路，只有奋斗才能改变自己的命运。创业初期形成的“垫子文化”记录的是老一代华为人的奋斗和拼搏，是华为宝贵的精神财富。

“华为20年的炼狱，只有我们自己和家人才能体会。这不是每周工作40小时就能完成的。华为初创时期，我每天工作16小时以上，自己没有房子，吃住都在办公室，从来没有节假日，想想这是十几万人20年的奋斗啊！不仅仅是在职员工，也包括离职员工的创造。怎么可能会在很短的时间，每周只工作40小时，轻轻松松地就完成产业转换和产业升级呢？每周工作40小时，只能产生普通劳动者，不可能产生音乐家、舞蹈家、科学家、工程师、商人……”任正非在回顾华为的创业历程时不无感慨。

华为历史上有过无数次危机，用孙亚芳的说法，叫做“九九八十一难”。但每次看起来要完蛋的时候，华为总能奇迹般地卷土重来。靠的是什么？奋斗。《下一个倒下的是不是华为》一书记录了华为人奋斗的精彩身影。

西伯利亚，11月前后，零下50度，暴风雪。一个叫叶树的华为员工抵达这里的诺里斯克（Norilsk，西伯利亚北部最大的都市）。华为中标的GSM（全球移动通信系统）工程正在这里紧张地施工。叶树刚到达时，每天还有4小时的白天，后来，极夜现象越来越明显。白天只有两个小时，整天都是黑夜笼罩，但叶树他们每天早上10点开始工作到晚上八九点。

吃饭也是问题，“开始时，我和小赵共用一个电热杯煮饭，他为了避免饭糊，就放很多水，最后煮成的都是稀饭，所以，他经常拉肚子。而我为了把饭煮干点，每次都要煮糊，糊了之后，电热杯上就腾起一阵烟。糊饭倒出来之后，拌点肉肠，还有老干妈，只要有米饭有辣椒就行了，每次也是吃得非常香……”

两个月过去了，设备安装和调试完全成功。在离北极最近的地方有了华为的GSM网络，这也是第一个北极圈内的GSM网络。

青藏高原，缺氧，干燥，世界屋脊。沈毅斌曾经负责西藏智能网工程的安装建设。他在《世界屋脊上的足迹》一文中写道：“前几天头痛得厉害，晚上基本睡不着。嘴唇因为干燥缺氧变紫色，并且干裂，只好狂喝水，涂上厚厚的唇膏。背着重重的设备，快走几步都心跳加速，需大口吸气。我就有过近两个星期头重脚轻干活的经历……”

阿里地区，零下20度，海拔4500米以上，“地球的第三极”。生存条件仅优于南极、北极。“那天晚上气温零下 20 多度，我为了赶紧完成设备的安装在机房加班。冰冷、干燥的空气吸入肺中，从鼻子到肺叶都刺激得难受。抱着设备来回几趟机房后，心脏不受控制地狂跳起来，紧接着是一阵头晕目眩，我赶紧坐下来，抱着氧气袋猛吸了几口，好半天才缓过神来……”

2006 年，《华为人报》在《天道酬勤》一文中写道：“无论是在疾病肆虐的非洲，还是在硝烟未散的伊拉克，或者海啸灾难后的印尼，以及地震后的阿尔及利亚……到处都可以看到华为人的身影。”“19 年的历程，19 年的国际化，伴随着汗水、艰辛、坎坷与牺牲，我们一步步地走过来了，面对漫漫长征路，我们还要坚定地走下去。”

7000 人辞职门 无谓从零开始

基业长青，百年老店是企业家的追求。经过时间的考验，绝大多数企业都消失在历史的年轮之下。任正非曾说：“任何一个民族，任何一个组织，只要没有新陈代谢，生命就会停止。如果我们顾全每位功臣的历史，那么就会葬送公司的前途。”

由任正非亲自操刀，2007 年 9 月底开始，华为共计 7000 多名工作满 8 年的老员工，相继向公司提交辞呈自愿离职。这次大规模辞职是由华为公司组织的，辞职员工随后即可以竞聘上岗，职位和待遇适度调整，并再次签署劳动合同。这次改革，收益最大的，是那些有奋斗精神、勇于承担责任、冲锋在前并作出贡献的员工。

34 岁的张伟强已经在华为工作了 12 年。10 多年前张伟强怀揣“淘金梦”来到深圳，他先在广东一知名电子企业工作，后跳槽华为。12 年后，张伟强已是华为某部门的一个小组长，相当于“项目经理”的角色。“混了 12 年，华为给了我十几万的股份。”改工号后，张伟强可以获得大约 16 万元的赔偿。

王宁是华为某三级部门的主管。按他属下的话说，他手中握有华为“特别多”的股票。30 万左右的股票，加上奖金、工资，王宁一年有 50 万元左右的收入。“这样的价钱是别的企业给不了的。”王宁担忧如果哪一天华为动真的炒掉自己，他到哪里去找那么高工资的工作。

在任正非看来，一个企业时间久了，老员工收入不菲、地位稳固，就会渐渐沉淀下去，成为一团不再运动的固体。因此他要“搞运动”，使自己的企业永远保持激活状态，以收“流水不腐，户枢不蠹”之效。华为希望通过薪酬制度改革，实现鼓励员工在未来的国际化扩展中持续努力奋斗。

本次先辞职再竞岗事件在业界反响很大，也使得一些国际同行感受到隐隐的压力：一个敢于“导演”市场部门集体辞职的公司，其领导的魄力和团队的战斗力无疑是可怕的。“华为后来居上恐怕是迟早的事情。”摩托罗拉中国区一位负责人这样评论。

以奋斗者为本

很多民营企业的财富多为创始人个人所有或者是少数几个人所有，大部分员工仅是陪衬而已。而华为却不是这样，它是9万多名华为人共同所有，它是一个共苦同甘的团队。在任正非看来，只有员工真正认为自己是企业的主人，分权才有基础。没有这样的基础，权力分下去就会乱。“我们决不让雷锋吃亏，奉献者应当得到合理的回报。”任正非对财富的理性认识，正是华为今天能做大做强的原因所在，劳苦功高而不邀功，财源滚滚而不恋财。

华为全员持股是被业界所熟知的，《华为基本法》第十七条、第十八条关于知识资本化、价值分配的形式有所论述：“我们实行员工持股制度。一方面，普惠认同华为的模范员工，结成公司与员工的利益与命运共同体。另一方面，将不断地使最有责任心与才能的人进入公司的中坚层。”“华为可分配的价值，主要为组织权力和经济利益；其分配形式是：机会、职权、工资、奖金、安全退休金、医疗保障、股权、红利，以及其他人事待遇。”

在《一江春水向东流》一文中，任正非阐述了全员持股产生的过程：我创建公司时设计了员工持股制度，通过利益分享，团结起员工，那时我还不懂期权制度，更不知道西方在这方面很发达，有多种形式的激励机制。仅凭自己过去的人生挫折，感悟到与员工分担责任，分享利益。正因为这种质朴的分享机制，竟然今天开放得如此鲜艳，成就华为的大事业。

2012年，对于电信设备供应商来说，无疑是个寒冷的冬季。不论是跨国巨头爱立信、诺西、阿尔卡特朗讯，还是国内的中兴通讯，都出现了不同程度的业绩下滑。但是，华为公司却在2012年实现了逆市增长，154亿元的净利润，让同行艳羡不已。更值得关注的是华为公司2012年员工年终奖的总额为125亿元，比上年提升38%。按华为最新公布的员工人数14万多人来预估，人均年终奖在8万元左右。这一消息一经宣布，立即引发行业热议，多数人力挺华为的奖励措施，认为华为丰收之年不忘员工，拿出利润的绝大部分给员工发员工奖，有利于提振员工士气。但按照华为此前的制度规定，这次轮值CEO郭平、胡厚崑、徐直军、CFO孟晚舟，以及华为总裁任正非和华为董事长孙亚芳，都没有分配年度奖金。

“我们坚持以奋斗者为本，使奋斗者得到合理的回报。”如此，他们是奋斗者，也是奋斗成果的分享者。

第四节　开放·妥协·灰度

2007年12月，香港，任正非与美国前国务卿奥尔布赖特一行会谈。昔日在国际政坛以强硬、铁腕、鹰派风格著称的世界第一大国“外交部长”，以难得的感性语调对任正非说：“见您之前，我拜读了您的《我的父亲母亲》、《华为的冬天》等文章，印象很深，人类的感情是相通的。”奥氏也讲了自己父亲的几件轶事。

就是在这次会面中，任正非针对客人的提问，阐述了华为成长和成功的逻辑思维。也是第一次，任正非将“开放、妥协、灰度”三个词并列在一起，认为这是华为公司从无到有、从小到大、从弱到强快速发展的秘密武器。

不开放就死亡

“开放”一词，说起来容易，做起来难乎其难。华为的前10年，活下来是第一命题，拿合同、抢市场，奉行狼性精神、个人英雄主义、游击做派……总之，与一切原始积累期的公司没什么显著的区别：生存是最根本的，不能迅速长大就可能随时被踩死。

当华为渐渐长大后，开放与否便成为华为进一步发展的“生死劫”。华为天生有许多不足：民营企业、无资本、无背景、无历史，创始团队中无一人有过企业管理的经验。这些都迫使华为必须走开放之路，尤其在面对国际市场的时候，封闭自我就会被踢出游戏之外。

关于华为的开放，任正非说：“华为不可能回避全球化，也不可能有寻求保护的狭隘民族主义心态。因此，华为从一开始创建就呈全开放的心态。在与西方公司的竞合中，华为学会了竞争，学会了技术与管理。只有破除了狭隘的民族自尊心才是国际化，只有破除了狭隘的华为自豪感才是职业化，只有破除了狭隘的品牌意识才是成熟化。”

跟邓小平学改革开放

任正非最敬重的人物是邓小平。任正非对邓小平可以用得上“崇拜”一词。他多次讲，邓小平是中国几千年历史上最伟大的改革家，邓小平的思想精髓就是四个字：改革、开放。华为20多年的成功，也得益于这两个词：开放、改革。

任正非深感不能把华为变成“土围子”，开放是公司生存下去的基础。他曾谈到“如果我们公司不开放，最终就要走向死亡。开放要以自己的核心成长为基础，加强对外开放合作。华为坚持开放的道路不能动摇。开放是我们的出路。”

华为的核心价值观中，很重要的一条是开放与进取，这曾有较长时间的争议。华为是一个有较强创新能力的公司，开放难道有这么重要吗？之所以强调开放，是要坚持向别人学习，不断更新自己目标，才会有真正的自我审视，才会有时代的紧迫感。

任正非谈道，“对本地员工的培养不要强制他们中国化。华为文化是什么，我自己都搞不清楚。华为文化就像是洋葱头，都是外来文化，这层是英国文化，那层是中国文化、美国文化。我觉得华为文化就是一种开放的、兼容并蓄的文化。因此对待本地员工，不要用中国的思维去要求他们，要以开放的心态去吸取他们的精华，充实我们的文化。”

“神秘”华为高管集体开微博

这是一个没有秘密的时代，企业的一举一动都有无数双眼睛盯着。华为曾经被外界认为是一家神秘的企业，但今天可能已经不合时宜。2010年，任正非以罕见的口气说，“在舆论面前，公司长期的做法就是一只把头埋在沙子里的鸵鸟，我可以做鸵鸟，但公司不能。”但任正非同时也给出了底线：“永远不要利用媒体，我们要改善和媒体的关系。”

在践行开放的实践中，2010 年华为主动邀请了国内外多家媒体到公司总部采访，也接受了数十家媒体到公司参观采访的要求。2011 年 1 月下旬华为多名高管的举动让很多华为外部人士感到惊诧。1 月下旬，仿佛是约好了的，多名华为高管（胡厚崑、徐文伟、丁耘、陈黎芳、余承东等）集体入驻新浪微博。此后不久，华为执行管理团队（简称 EMT，是华为的最高管理机构）轮值主席、高级副总裁徐直军不仅破天荒接受了记者的专访，还针对敏感的接班人问题作出了公开回应。

这在以前的华为是难以想象的。过去的华为从来就不是一个很好的采访对象，记者们遇到的往往是下面的场景：给华为发去了采访提纲，却长时间得不到任何答复；有的记者到了华为深圳总部仍然不得其门而入，只好打车在坂田转一圈了事。

就连华为内部员工都还没有适应这种突如其来的变化。华为企业业务总裁徐文伟开通微博，一位华为员工在网上询问是否是他本人并得到确认之后，却仍然不敢相信这是真的。据观察，徐文伟已发布 400 余条微博，拥有 13 万粉丝。

2012 年，美国国会发表了对华为不利言论。华为主动发出了面向全球的公开信，邀请美国国会对华为进行调查和了解，期间多次邀请和配合美国国会议员到中国进行访问和调查。在听证会召开后，华为还主动邀请了英国 BBC 记者到华为进行实地采访。

2013 年 1 月 21 日，华为公司 CFO 孟晚舟在北京召开了小范围的媒体沟通会，披露了华为 2012 年业绩数据。这也是华为效仿上市公司增加公司透明度的最新举措。在问及备受关注的上市问题时，孟晚舟表示，“华为对此持开放的态度。”

可以说，华为正在改变，从一只埋在沙子里的鸵鸟，变得更加开放、透明、主动、自信。

商业的灵魂难道不是妥协？

曾有一位著名的企业家说过：“为了公司，让我给别人跪下都行。”也许这就是妥协，而妥协的背后，彰显的更是一种睿智。

妥协的字面意思是以独立为前提、以底线为原则的适当让步。在任正非看来，妥协并不意味着放弃原则，一味让步。“妥协”实在是非常务实、通权达变的丛林聪明。凡是人性丛林里的智者，都懂得恰当时机接受别人妥协，或向别人妥协。究竟人要生存，靠的是理性，而不是意气。

妥协不是退缩，不是放弃，而是更加执著的坚持，是智者的选择，是值得我们用一生学习的生存智慧。任正非在内部演讲中曾经提到明智的妥协是一种适当的交换。为了达到主要的目标，可以在次要的目标上做适当的让步。这种妥协并不是完全放弃原则，而是以退为进，通过适当的交换来确保目标的实现。相反，不明智的妥协，就是缺乏适当的权衡，或是坚持了次要目标而放弃了主要目标，或是妥协的代价过高遭受不必要的损失。明智的妥协是一种让步的艺术，妥协也是一种美德，而把握这种高超的艺术，是治理者的必备素质。

1996年，有一次在保加利亚雪山脚下散步，任正非忽然问刚到华为不久的梁国世：“你知道华为公司为什么能成功吗?”梁国世心中一喜，赶紧回应：“我刚来华为，怎能悟出这般深奥的道理。您说，为什么呢?”任正非答道：“中庸之道。”

2005年12月的一天，华为深圳总部迎来了一位熟悉的陌生人——思科CEO钱伯斯。当他随意走进华为的一间研发办公室时，400多位在场的华为人起立鼓掌，向这位强悍的对手表达敬意。他没有想到华为员工这么尊重他，让他感动，并认识到华为的高层是智慧的。

清晰的方向来自灰度

一个清晰方向，是在混沌中产生的，是从灰色中脱颖而出。方向是随时间与空间而变的，它常常会变得不清晰。并不是非白即黑、非此即彼。合理地掌握灰度，是使各种影响发展的要素在一段时间和谐，这种和谐的过程叫妥协，这种和谐的结果叫灰度。任正非的灰度理论看上去颇有一些哲学韵味。

正是在灰度理论的支配下，任正非强调开放与妥协，反对“斗争哲学”，崇尚合作精神与建设性。治理企业不也如此吗？灰度是常态，黑与白是哲学上的假设，所以任正非反对在公司管理上走极端；人性固然复杂多变，由人所构成的个性组织固然更加诡异和变数，既然无法渗透，倒不如认可，容忍乃至于欣赏。而这种容忍之度，被任正非理解为“领导者的成功之道”。

乔布斯去世那天，正值中国国庆长假，任正非一家在云南度假。当得知乔布斯死讯后，作为乔布斯崇拜者的任正非的小女儿，提议在酒店户外餐厅默哀。一起度假的公司同事和家人在音乐声中，围站成一圈，静默一分钟。10 多天后，任正非在与人交谈时说道：“中国不具备产生乔布斯的文化土壤，我们的社会太缺乏宽容，对知识产权也缺乏保护。上亿的中国人悼念乔布斯，为什么就不能对中国自己的企业家多些包容呢？有包容才有创新，才能诞生伟大的商人。”

乔布斯是个怪诞的人，不谙世故的天才，年轻时是大麻吸食者，美国文化给了他极大的宽容。人非圣贤孰能无过？

华为对于犯错误员工的观点是“惩前毖后，治病救人”。执行起来，便要求管理者真正地理解、掌握并贯彻好这个灰度。给人以改过自新的机会，但也不接受员工的威胁，遇到问题不能不处理、不弹劾，但也不能永远盯着已经清楚的历史问题不放。

《下一个倒下的会不会是华为》一书的作者在书中曾写道自己与任正非关于灰度的探讨，认为灰度理论其实是华为全部管理思想的核心基点。“灰度”是对人性复杂性的深刻理解，也是对事件万物丰富性与变化性的深刻领悟。在任正非看来，灰度和妥协是相互关联的。只有妥协，才能实现“双赢”和“多赢”，否则必然两败俱伤。因为妥协能够消除冲突，拒绝妥协，必然是对抗的前奏；人要真正领悟了妥协的艺术，学会了宽容，保持开放的心态，就会真正达到灰度的境界，就能够在正确的道路上走得更远，走得更扎实。

附 录

华为的冬天

任正非

2011 年

公司所有员工是否考虑过，如果有一天，公司销售额下滑、利润下滑甚至会破产，我们怎么办？我们公司的太平时间太长了，在和平时期升的官太多了，这也许就是我们的灾难。泰坦尼克号也是在一片欢呼声中出的海。而且我相信，这一天一定会到来。面对这样的未来，我们怎样来处理，我们是不是思考过。我们好多员工盲目自豪，盲目乐观，如果想过的人太少，也许就快来临了。居安思危，不是危言耸听。

我到德国考察时，看到第二次世界大战后德国恢复得这么快，当时很感动。他们当时的工人团结起来，提出要降工资，不增工资，从而加快经济建设，所以战后德国经济增长很快。如果华为公司真的危机到来了，是不是员工工资减一半，大家靠一点白菜、南瓜过日子，就能行？或者我们就裁掉一半人是否就能救公司。如果是这样就行的话，危险就不危险了。因为，危险一过去，我们可以逐步将工资补回来，或者销售增长，将被迫裁掉的人请回来。这算不了什么危机。如果两者同时都进行，都不能挽救公司，想过没有。

十年来我天天思考的都是失败，对成功视而不见，也没有什么荣誉感、自豪感，而是危机感。也许是这样才存活了十年。我们大家要一起来想，怎样才能活下去，也许才能存活得久一些。失败这一天是一定会到来，大家要准备迎接，这是我从不动摇的看法，这是历史规律。

华为公司老喊狼来了，喊多了，大家有些不信了。但狼真的会来的。今年我们要广泛展开对危机的讨论，讨论华为有什么危机，你的部门有什么危机，你的科室有什么危机，你的流程的那一点有什么危机。还能再改进吗？还能改进吗？还能提高人均效益吗？如果讨论清楚了，那我们可能就不死，就延续了我们的生命。怎样提高管理效率，我们每年都写了一些管理要点，这些要点能不能对你的工作有些改进，如果改进一点，我们就前进了。

均衡发展

我们怎样才能活下来。同志们，你们要想一想，如果每一年你们的人均产量增加 15%，你可能仅仅保持住工资不变或者还可能略略下降。电子产品价格下降幅度一年还不止 15% 吧。我们卖的越来越多，而利润却越来越少，如果我们不多干一点，我们可能保不住今天，更别说涨工资。不能靠没完没了的加班，所以一定要改进我们的管理。

在管理改进中，一定要强调改进我们木板最短的那一块。各部门、各科室、各流程主要领导都要抓薄弱环节。要坚持均衡发展，不断地强化以流程型和时效型为主导的管理体系的建设，在符合公司整体核心竞争力提升的条件下，不断优化你的工作，提高贡献率。

全公司一定要建立起统一的价值评价体系，统一的考评体系，才能使人员在内部流动和平衡成为可能。比如有人说我搞研发创新很厉害，但创新的价值如何体现，创新必须通过转化变成商品，才能产生价值。我们重视技术、重视营销，这一点我并不反对，但每一个链条都是很重要的。研发相对用户来说，同等级别的一个用服工程师可能要比研发人员综合处理能力还强一些。所以如果我们对售后服务体系不给认同，那么这体系就永远不是由优秀的人来组成的。不是由优秀的人来组织，就是高成本的组织。因为他飞过去修机器，去一趟修不好，又飞过去修不好，又飞过去又修不好。我们把工资全都赞助给民航了。如果我们一次就能修好，甚至根本不用过去，用远程指导就能修好，我们将省多少成本啊！因此，我们要强调均衡发展，不能老是强调某一方面。

对事负责制与对人负责制的区别

一个是扩张体系，一个是收敛体系。

为什么我们要强调以流程型和时效型为主导的体系呢？现在流程上运作的干部，他们还习惯于事事都请示上级。这是错的，已经有规定，或者成为惯例的东西，不必请示，应快速让它通过去。执行流程的人，是对事情负责，这就是对事负责制。事事请示，就是对人负责制，它是收敛的。我们要简化不必要确认的东西，要减少在管理中不必要、不重要的环节，否则公司怎么能高效运行呢？现在我们机关有相当的部门以及相当的编制，在制造垃圾，然后这些垃圾又进入分捡、清理，制造一些人的工作机会。制造这些复杂的文件，搞了一些复杂的程序以及不必要的报表、文件，来养活一些不必要养活的机关干部，机关干部是不能产生增值行为的。我们一定要在监控有效的条件下，尽力精简机关。

市场部机关是无能的。每天的纸片如雪花一样飞啊，每天都向办事处要报表，今天要这个报表，明天要那个报表，这是无能的机关干部。办事处每一个月把所有的数据填一个表，放到数据库里，机关要数据就到数据库里找。从明天开始，市场部把多余的干部组成一个数据库小组，所有数据只能向这个小组要，不能向办事处要。办事处一定要给机关打分，你们不要给他们打那么好的分，让他们吃一点亏，否则他们不会明白这个道理，就不会服务于你们，使你作战有力。

在本职工作中，我们一定要敢于负责任，使流程速度加快，对明哲保身的人一定要清除。华为给了员工很好的利益，于是有人说千万不要丢了这个位子，千万不要丢掉这个利益。凡是要保自己利益的人，要免除他的职务，他已经是变革的绊脚石。在去年的一年里，如果没有改进行为的，甚至一次错误也没犯过，工作也没有改进的，是不是可以就地免除他的职务。他的部门的人均效益没提高，他这个科长就不能当了。他说他也没有犯错啊，没犯错就可以当干部吗？有些人没犯过一次错误，因为他一件事情都没做。而有些人在工作中犯了一些错误，但他管理的部门人均效益提升很大，我认为这种干部就要用。对既没犯过错误，又没有改进的干部可以就地免职。

自我批判是思想、品德、素质、技能创新的优良工具

我们一定要推行以自我批判为中心的组织改造和优化活动。自我批判不是为批判而批判，也不是为全面否定而批判，而是为优化和建设而批判。总的目标是要提升公司整体核心竞争力。

为什么要强调自我批判？我们倡导自我批判，但不提倡相互批评，因为批评不好把握适度，如果批判火药味很浓，就容易造成队伍之间的矛盾。而自己批判自己呢，人们不会自己下猛力，对自己都会手下留情。即使用鸡毛掸子轻轻打一下，也比不打好，多打几年，你就会百炼成钢了。自我批判不光是个人进行自我批判，组织也要对自己进行自我批判。通过自我批判，各级骨干要努力塑造自己，逐步走向职业化、走向国际化。公司认为自我批判是个人进步的好方法，还不能掌握这个武器的员工，希望各级部门不要对他们再提拔了。两年后，还不能掌握和使用这个武器的干部要降低使用。在职在位的干部要奋斗不息、进取不止。

干部要有敬业精神、献身精神、责任心和使命感。我们对普通员工不作献身精神要求，他们应该对自己付出的劳动取得合理报酬。只对有献身精神的员工作要求，将他们培养成干部。另外，我们对高级干部实行严要求，不对一般干部实施严要求。因为都实施严要求，我们管理成本就太高了。因为管他也要花钱的呀，不打粮食的事我们要少干。因此我们对不同级别的干部有不同的要求，凡是不能使用自我批判这个武器的干部都不能提拔。

自我批判从高级干部开始，高级干部每年都有民主生活会，民主生活会上提的问题是非常尖锐的。有人听了以后认为公司内部斗争真激烈，你看他们说起问题来很尖锐，但是说完他们不又握着手打仗去了吗？我希望这种精神一直能往下传，下面也要有民主生活会，一定要相互提意见，相互提意见时一定要和风细雨。我认为，批评别人应该是请客吃饭，应该是绘画、绣花，要温良恭让。一定不要把内部的民主生活会变成了有火药味的会议，高级干部尖锐一些，是他们素质高，越到基层应越温和。事情不能指望一次说完，一年不行，两年也可以，三年进步也不迟。我希望各级干部在组织自我批判的民主生活会议上，千万要把握尺度。我认为人是怕痛的，太痛了也不太好，像绘画、绣花一样，细细致致地帮人家分析他的缺点，提出改进措施来，和风细雨式最好。

任职资格及虚拟利润法

是推进公司合理评价干部的有序、有效的制度。

我们要坚定不移地继续推行任职资格管理制度。只有这样才能改变过去的评价蒙估状态。才会使有贡献、有责任心的人尽快成长起来。激励机制要有利于公司核心竞争力战略的全面展开，也要有利于近期核心竞争力的不断增长。

什么叫领导？什么叫政客？这次以色列的选举，让我们看到了犹太人的短视。拉宾意识到以色列一个小国，处在几亿阿拉伯人的包围中，尽管几次中东战争以色列都战胜了，但不能说50年、100年以后，阿拉伯人不会发展起来。今天不以土地换和平、划定边界，与周边和平相处，那么一旦阿拉伯人强大起来，他们又会重新流离失所。要是这样犹太人再过2000年还回不回得来，就不一定了。而大多数人，只看重眼前的利益，沙龙是强硬派，会为犹太人争得近期利益，人们拥护了他。我终于看到一次犹太人也像我们一样的短视。我们的领导都不要迎合群众，但推进组织目的，要注意工作方法。

干部要有敬业精神、献身精神、责任心和使命感。区别一个干部是不是一个好干部，是不是忠臣，标准有四个：第一，你有没有敬业精神，对工作是否认真，改进了，还能改进吗？还能再改进吗？这就是你的工作敬业精神。第二，你有没有献身精神，不要斤斤计较，我们的价值评价体系不可能做到绝对公平。如果用曹冲称象的方法来进行任职资格来评价的话，那肯定是公平的。但如果用精密天平来评价，那肯定公平不了。我们要想做到绝对公平是不可能的。我认为献身精神是考核干部的一个很重要因素。一个干部如果过于斤斤计较，这个干部绝对做不好，你手下有很多兵，你自私、斤斤计较，你的手下能和你合作很好吗？没有献身精神的人不要做干部，做干部的一定要有献身精神。第三点和第四点，就是要有责任心和使命感。我们的员工是不是都有责任心和使命感？如果没有责任心和使命感，为什么还想要当干部。如果你觉得还是你有一点责任心和使命感的，赶快改进，否则最终还是要把你免下去的。

不盲目创新，才能缩小庞大的机关

庙小一点，方丈减几个，和尚少一点，机关的改革就是这样。总的原则是我们一定要压缩机关，为什么？因为我们建设了IT。为什么要建设IT？道路设计时要博士，炼钢制轨要硕士，铺路要本科生。但是道路修好了扳岔道就不要这么高的学历了，否则谁也坐不起这个火车。因此当我们公司组织体系和流程体系建设起来的时候，就不要这么多的高级别干部，方丈就少了。

我们要坚持“小改进、大奖励”。“小改进、大奖励”是我们长期坚持不懈的改良方针。应在小改进的基础上，不断归纳，综合分析。研究其与公司总体目标流程的符合，与周边流程的和谐，要简化、优化、再固化。

这个流程是否先进，要以贡献率的提高来评价。我年轻时就知道华罗庚的一句话，“神奇化易是坦途，易化神奇不足提”。我们有些员工，交给他一件事，他能干出十件事来，这种创新就不需要，是无能的表现。这是制造垃圾，这类员工要降低使用。所以今年有很多变革项目，但每个变革项目都要以贡献率来考核。既要实现高速增长，又要同时展开各项管理变革，错综复杂，步履艰难，任重而道远。各级干部要有崇高的使命感和责任意识，要热烈而镇定，紧张而有秩序。“治大国如烹小鲜”，我们做任何小事情都要小心谨慎，不要随意把流程破坏了，发生连锁错误。

规范化管理本身已含监控

它的目的是有效、快速的服务业务需要。

我们要继续坚持业务为主导，会计为监督的宏观管理方法与体系的建设。什么叫业务为主导，就是要敢于创造和引导需求，取得“机会窗”的利润。也要善于抓住机会，缩小差距，使公司同步于世界而得以生存。什么叫会计为监督，就是为保障业务实现提供规范化的财经服务，规范化就可以快捷、准确和有序，使账务维护成本低。规范化是一把筛子，在服务的过程中也完成了监督。要把服务与监控融进全流程。我们也要推行逆向审计，追溯责任，从中发现优秀的干部，铲除沉淀层。

面对变革要有一颗平常心

要有承受变革的心理素质。

我们要以正确的心态面对变革。什么是变革？就是利益的重新分配。利益重新分配是大事，不是小事。这时候必须有一个强有力的管理机构，才能进行利益的重新分配，改革才能运行。在改革的过程中，从利益分配的旧平衡逐步走向新的利益分配平衡。这种平衡的循环过程，是促使企业核心竞争力提升与效益增长的必须。但利益分配永远是不平衡的。我们在进行岗位变革也是有利益重新分配的，比如大方丈变成了小方丈，你的庙被拆除了，不管叫什么，都要有一个正确的心态来对待。如果没有一个正确的心态，我们的改革是不可以成功的，不可能被接受的。特别是随着 IT 体系的逐步建成，以前的多层行政传递与管理的体系将更加扁平化。伴随中间层的消失，一大批干部将成为富余，各大部门要将富余的干部及时输送至新的工作岗位上去，及时地疏导，才会避免以后的过度裁员。我在美国时，在和 IBM、Cisco、Lucent 等几个大公司领导讨论问题时谈到，IT 是什么？他们说，IT 就是裁员、裁员、再裁员。以电子流来替代人工的操作，以降低运作成本，增强企业竞争力。我们也将面临这个问题。伴随着 IPD、ISC、财务四统一、支撑 IT 的网络等逐步铺开和建立，中间层消失。我们预计我们大量裁掉干部的时间大约在 2003 年或 2004 年。

今天要看到这个局面，我们现在正在扩张，还有许多新岗位，大家要赶快去占领这些新岗位，以免被裁掉。不管是对干部还是普通员工，裁员都是不可避免的。我们从来没有承诺过，像日本一样执行终身雇佣制。我们公司从创建开始就是强调来去自由。内部流动是很重要的，当然这个流动有升有降，只要公司的核心竞争力提升了，个人的升、降又何妨呢？“不以物喜，不以己悲”。因此今天来说，我们各级部门真正关怀干部，就不是保住他，而是要疏导他，疏导出去。

模板化是所有员工快速管理进步的法宝

一个新员工，看懂模板，会按模板来做，就已经国际化、职业化，现在的文化程度，三个月就掌握了。而这个模板是前人摸索几十年才摸索出来的，你不必再去摸索。各流程管理部门、合理化管理部门，要善于引导各类已经优化的、已经证实行之有效的工作模板化。清晰流程，重复运行的流程，工作一定要模板化。一项工作达到同样绩效，少用工，又少用时间，这才说明管理进步了。我们认为，抓住主要的模板建设，又使相关的模板的流程连结起来，才会使 IT 成为现实。在这个问题，我们要加强建设。

华为的危机，以及萎缩、破产是一定会到来的

现在是春天吧，但冬天已经不远了，我们在春天与夏天要念着冬天的问题。IT 业的冬天对别的公司来说不一定是冬天，而对华为可能是冬天。华为的冬天可能来得更冷，更冷一些。我们还太嫩，我们公司经过十年的顺利发展没有经历过挫折，不经过挫折，就不知道如何走向正确的道路。磨难是一笔财富，而我们没有经过磨难，这是我们最大的弱点。我们完全没有适应不发展的心理准备与技能准备。

危机的到来是不知不觉的，我认为所有的员工都不能站在自己的角度立场想问题。如果说你们没有宽广的胸怀，就不可能正确对待变革。如果你不能正确对待变革，抵制变革，公司就会死亡。在这个过程中，大家一方面要努力地提升自己，一方面要与同志们团结好，提高组织效率，并把自己的好干部送到别的部门去，使自己部下有提升的机会。你减少了编制，避免了裁员、压缩。在改革过程中，很多变革总会触动某些员工的一些利益和矛盾，希望大家不要发牢骚，说怪话，特别是我们的干部要自律，不要传播小道消息。

安安静静地应对外界议论

对待媒体的态度，希望全体员工都要低调，因为我们不是上市公司，所以我们不需要公示社会。我们主要是对政府负责任，对企业的有效运行负责任。对政府的责任就是遵纪守法，我们去年交给国家的增值税、所得税是 18 个亿，关税是 9 个亿，加起来一共是 27 个亿。估计我们今年在税收方面可能再增加百分之七八十，可能要给国家交到 40 多个亿。我们已经对社会负责了。媒体有他们自己的运作规律，我们不要去参与，我们有的员工在网上的辩论，是帮公司的倒忙。

我想，每个员工都要把精力用到本职工作上去，只有本职工作做好了才能为你提高带来更大的效益。国家的事由国家管，政府的事由政府管，社会的事由社会管，我们只要做一个遵纪守法的公民，就完成了我们对社会的责任。只有这样我们公司才能安全、稳定。不管遇到任何问题，我们的员工都要坚定不移地保持安静，听党的话，跟政府走。严格自律，不该说的话不要乱说。特别是干部要管好自己的家属。我们华为人都是非常有礼仪的人。当社会上根本认不出你是华为人的时候，你就是华为人；当这个社会认出你是华为人的时候，你就不是华为人，因为你的修炼还不到家。

“沉舟侧畔千帆过，病树前头万木春”。网络股的暴跌，必将对二三年后的建设预期产生影响，那时制造业就惯性进入了收缩。眼前的繁荣是前几年网络股大涨的惯性结果。记住一句话：“物极必反。”这一场网络设备供应的冬天，也会像它热得人们不理解一样，冷得出奇。没有预见，没有预防，就会冻死。那时，谁有棉衣，谁就活下来了。

任正非：理想主义者的胜利

田涛

2013 年 4 月

近来媒体上的一个主流性的观点是：华为是一个悲观主义者的胜利。我的朋友，著名的财经作家吴晓波先生就此写过一篇文章，叫做《华为，一个悲观主义者的胜利》，引发出了国内，甚至国外一些媒体的一个倾向性评价，就是华为的成功是一个悲观主义领袖引导15 万的悲情主义员工的成功。

但以我对任正非、对华为十多年的了解和理解，我恰恰认为华为是理想主义精神的成功，任正非和华为是我们这个商业时代中国的堂吉诃德。

华为：堂吉诃德的胜利

我们中国在改革开放的前十年，或者说前15 年，企业界曾经有过一个短暂的骑士时代。一批充满了理想主义精神，献身精神，家国情怀，甚至充满了清教徒精神的，从不同领域里，从体制内走出来的小人物，开始了在刚刚经历浩劫的那样一个背景上的商业长征，典型的像牟其中、柳传志、刘永好兄弟和张瑞敏。他们是我们这个缺乏梦想精神、缺乏骑士文化的国土上的一批商业骑士。

华为25 年前两万人民币起家，十多个人，没有技术，没有自己的产品，就是在做交换机的倒买倒卖，典型的二道贩子。但是在那时候，任正非敢于提出来20 年后，通信制造行业全球三分天下，华为有其一。今天华为在这个行业里已经成为全球的领导者。可以这么说，如果任正非不是一个与生俱来的理想主义者，甚至是一个不可救药的乐观主义者，就不会有华为的今天。

我可以举一件逸事，上海世博会的时候，华为的员工陪任正非青少年时代的几位同学参观，陪同的华为员工就问老任的这些同学，说我们老板是不是在年轻时候，就学习很好，有许多女孩子喜欢？同学们就回答，那时候他幼稚嘻嘻的，黄鼻涕邋遢，谁知道他后来这么伟大，没有人喜欢但天生的乐天派，在自然灾害时间，饿得人头昏眼花，他还成天笑呵呵的那么一个人。乐观是任正非个性中的一个主基调，也是华为20年来发展的一个主基调。

大家从媒体和书中看到的更多的是任正非的忧患意识，那是不是说忧患意识就是悲观主义呢？

的确，过去二十多年来，任正非总在讲危机，讲冬天，《华为的冬天》是一篇很著名的讲话，被翻译成了几十种文字。任正非也多次讲"三天不学习，赶不上爱立信"。几个月以前，华为在深圳召开国际咨询委员会，其中就有一个华为的国际顾问向任正非提问，说你可不可以给我们展望一下，未来10年、20年以后的华为。任正非脱口而出，说20年以后的华为两个字："坟墓。"典型的危机论。

2012年华为实现了销售额2202亿元，与2011年比增长8%，利润154亿元，增长了30%。跟全球这个行业所有的企业相比，华为去年跑赢了整个大势。但正是在这样一个形势下，华为在今年年初开展了一次组织变革研讨会，讨论华为现在的组织体系是否还能适应未来的变化与竞争。

我感受很深的是，任正非坚持要推动的是把决策权充分释放到基层，激发基层的活力。今天的华为有15万人，华为机关里的干部、服务人员有三万多人，但爱立信只有一万多人。今天华为的决策体系也越来越长，华为越来越成为一个规范化的国际公司。但是，规范化在某种程度上也意味着越来越多的僵化，企业衰亡的标志性特征是控制性越来越增强，灵活性越来越减弱，这几乎是所有有历史的企业和大企业普遍存在的病症。

如何应对华为25年的历史和15万人的规模这样一个庞大的商业躯体，尤其是躯体上所附着的大企业的很多病症？华为新一轮的组织变革应该主要是解决这个问题。在好的业绩的背景下，华为开始了新一轮的组织变革，就是要进一步激发华为的组织活力。

我有一个形象比喻，华为文化是一种战马文化，是一种英雄精神主导的文化。如果华为缺失了它的活力，它的组织的激情，它的那种战马精神，这个组织就会迅速的走向衰亡。所以，任正非说，我们现在还是蒙古将军在指挥打仗。华为下一步的组织变革就是要进一步地强化基层活力，强化市场一线的主动性、创造性、决策自主权，这是很典型的危机意识、忧患意识。但忧患意识是否就等于悲观主义呢?

忧患意识是对组织内外环境的一种判断和警觉。华为所处的行业是一个充满创新和颠覆的行业。过去二十多年、三十年的信息产业的发展史，我们不断地看到一些创新型的小企业迅速崛起成长为巨无霸，但也经常有大量的百年巨头、老牌帝国型企业迅速衰落，迅速垮台。信息产业这个行业没有多少资源约束，更多的要靠激发员工的想象力、创造力来获得成功与发展。华为正是依靠它的强大的组织文化，好的分配激励机制，使得几万人、十几万人的创造性、创新精神得到了最大程度的发挥，才有了今天。正是大量的这个行业的兴兴衰衰、起起落落给了任正非，给了华为巨大的外部压力。所以，不断的强调危机、强调忧患意识是这个行业的特征所命定的。

与此同时，任何一个组织在它成长的过程中，尤其是商业组织在它成长的过程中，不可避免地所滋生的各种惰怠现象、腐败现象、关联交易、山头主义等，也会从根本上带来一个组织的衰亡，带来组织崩溃。华为过去的二十多年的历史，也是充满了与所有的组织相似的很多的组织病变，对此必须有足够的警觉，并进行有效地清洗，才带来了华为25年的不断进步。对内部腐败、惰怠现象，内部活力减低、减弱保持足够的警觉，这种忧患意识甚至比对外部环境的忧患还要重要。

而悲观主义更多的是悲天忧人，幻觉幻象，尤其对灾难的幻象，同时不敢冒险，不敢作为，这样一种现象在华为，在任正非身上几乎是看不到的，所以，忧患意识不等于悲观意识。所有的悲观主义者都不适合做组织领袖。他可能是哲学家，诗人，但绝对不适合做组织者，组织领袖的核心特征就是有强大的信念，充沛的激情，坚定的意志力，乐观，乃至于天真。这个特征在任正非身上表现得极其明显。

任正非常说的一句话叫做什么呢?“一个幸福的人首先是不抱怨，不怀念。”不抱怨是很多人很难做到的，不怀念更难做到。要积极去适应变化，你无法阻挡社会的变化，只有去适应，有能量你可去改变，一般是改变不了的。在互联网时代，社会已从纪律状况，过渡到自由状态，你怎么去驾驭?

25年的华为至今没有一个公司历史陈列馆。你在华为任何地方看不到一丁点关于华为历史的文字或者图片的东西，面对现实，尤其是面向未来，是华为二十多年来所始终坚持的一种组织禀赋。

第二个阶段是什么呢？就是适应环境。同时又能够与环境形成良好的互动，大多数人的幸福来自于与周围朋友，与家庭，与所处的组织的适应，只有少数人在适应环境的基础上又能够去改变环境，改变现实，他们就是所谓的组织领袖。这一类人的典型特征就是理想主义、乐观主义。

第三，理想主义不等于成功者，我们这个世界上有太多的失败者，他们是失败的堂吉诃德，他们是拥有理想和激情、敢于冒险、敢于挑战的理想主义者。成功的理想主义者，比如华为，很重要的一个特征就是拥有理想，拥有梦想，同时又能把理想跟梦想推进到战略层面，进而推进到战术执行的层面，实现所谓的梦想成真。

失败的理想主义者，一般分两种情况，一种情况就是坐而论道，永不行动。俄罗斯作家冈察洛夫在《奥勃洛摩夫》中写了一个典型的“无用人”的代表人物。他们可以叫做无所行动的梦想家。第二类人有理想主义追求，有宏大梦想，但是缺乏有效的战略和一整套的战术动作。所以，也经常归于失败。

华为虽然在20年前就设计了宏大的梦想，叫做20年后世界电信市场三分天下华为有其一，但华为很重要的几个方面，一是每一个阶段的战略规划都是基于自身的阶段特点所设计的。比如说华为在研发方面，很少讲创新这个词儿，外界对华为的评价多认为华为是一家创新型的公司，但创新这个词儿在华为的文献中和任正非的讲话中是被提到最少的。什么原因呢？重要的一点就是华为认识到自身资源的有限性，那么如何实现技术的进步和突破呢？就是开放。

关于华为的开放，舆论和社会大众有很多不同的认识。比较多的评价认为华为是一个封闭的神秘公司，其实恰恰相反，我认为华为是中国企业里面少有的最开放的公司。

首先就体现在华为在研发文化方面的开放性。中国现在流行一个口号叫做自主创新，但是在华为从来不讲自主创新，任正非认为人类几千年所形成的文明与知识，为什么不可以拿来主义呢？不可以去传承，去学习呢？所以，华为在研发方面，从来不强调一切从头开始，搞所谓的自主创新，而是向自己的西方同行学习。当然，学习是要付出代价的，专利互换或者专利付费，在继与承的基础上去进行研发或者进行所谓创新。

当2009年华为的专利申请达到全球各类专利申请组织排序第一的时候，任正非依然讲华为并没有多少创新。他问知识产权部要钱，知识产权部莫名其妙，他说你都世界第一了，为什么我每年还要交出去3亿美元。知识产权部以后就不敢乱吹了。这是为什么呢？就是要对自身的资源有清晰的判断。所谓的创新也应该是适度的，适应的，而不是超出了自身的资源把握能力的。

更重要的一点就是组织体系的匹配，也就是说当你设定一个宏大梦想时，一定要有与之相适应的组织队伍去执行，去实施。实现一个梦想就需要一批梦想家，需要一批理想主义者，而不是一个人。梦想带来激情，激情推动梦想的实现。我想这是华为二十多年来非常突出的一个特征。只要你近距离地接触到华为人，你始终能够感受到一种激情，一种活力；也有抱怨，有牢骚，但抱怨、牢骚之后更多的还是我怎么达成目标，这是华为文化的显著标志。另外一个就是危机感。

有些人问我任正非讲华为的最低目标和最高目标，最低目标是活下去，可以理解，活下去是所有企业原始积累期的第一使命。在这个阶段更多的不是强调秩序，规范化，包括太多的规章制度，这个时期要强调在不违法的大前提下，组织怎么样更有活力，更有激情，更有狼性文化。在《下一个倒下的会不会是华为》书里也说了，不是人人可以做组织领袖的，组织领袖是那些异类人，他们要不断地面对如何活下来这样一个最简单的生存命题。

但是任正非为什么又说华为的最高目标也是活下去呢？小有小的痛苦，大有大的难处。船小好调头，人少好管理，尽管有各种各样的生存问题，但早期小企业的那种活力与激情，常常是大企业所不具备的，大有大的难处。实力是打出来的，但是当企业具备实力的时候，普遍的现象是它的进攻性的一面就减弱了，组织的动脉硬化症就开始越来越严重了。

比尔·盖茨说微软的生命只有18个月，也就是说如果微软不对自身的组织经常进行有效变革时，微软的创新精神减弱的时候，它的生命就只有18个月。任正非讲华为随时会倒下，很重要的因素就在于当一个大企业开始走向惰怠，缺乏了奋斗精神，不是坚持眼睛对着客户，屁股对着老板的时候，它的价值观扭曲了，企业就离垮台不远了。

当然，理想主义者的任正非和堂吉诃德式的华为能够成功，能够走到今天还有很重要的一个特征叫做在商不言政。任正非的梦想是一个世界级的商业梦想，这个梦想是一个纯粹到极致的商业梦，而不是混杂的混浊的，有太多其他追求的。所以，梦想的纯洁性，理想的单一性，对于一流的企业和一流的企业家来说至关重要。

任正非没有任何与政治相关联的符号，或者说政治花环，什么人大代表、政协委员，等等。中央电视台第一次评比年度经济人物的时候，在两轮评选之后，大概任正非的排名第二还是第三，华为相关部门通过关系找到中央电视台取消了这个提名。我们太多的企业家在做商人的同时又做了其他的一些梦。而商人不从政，不干政，可以说在华为，在任正非那里做到了极致。

另外一点，25 年来，华为只做了一件事儿，就是通信制造业。从未涉足房地产，涉足资本运营，这在中国企业，甚至在世界企业中也是不多见的。

华为梦的若干准则

我个人认为，华为有一个宏大理想，但要实现这样一个华为梦，华为就必须坚守以下若干条：

第一，是坚守活下去这样一个生存第一法则，为了最低目标地活下去和最高目标地活下去，这个企业就必须始终坚持它的核心价值观，就是以客户为中心，以奋斗者为本。

第二，要有一批战略家，或者说企业家首先必须是战略家。是战略文化而不是哲学主导了全球范围内的商业进步和一个企业的发展。华为的成功从根本上得益于它的价值观的传播和任正非企业哲学的传播，但不能忽视的是，华为 20 多年有一批优秀的战略型管理者，在华为的组织、研发、市场、全球化战略等方面，他们都有不同程度的贡献，当然任正非自身也是卓越的企业战略家。

第三，要有强大的战术执行团队，进行一整套的战术设计和战术实施。

第四，要始终保持强大的组织激情。华为的组织激情是如何实现的呢？说到底就是四个字，“多劳多得”，以奋斗者为本。至少从理想的角度讲，在华为内部所倡导的是一个员工无需天天看自己老板的眼色行事，而是要盯着客户，在盯客户的过程中，达成自己的目标，进而实现自我价值。全世界有商业史以来的未上市公司持股人数最多的企业是华为。创始人舍得分银子，而且把银子分给了那么多人，接近七万人，自己只留1.4%，这种自我战胜是一件不容易的事情。绝大多数的商业企业都是以赚钱为目标，唯有少数企业赚钱不是它唯一的梦想，这样一些少数的企业家，他们有比赚钱更远大的理想。因为有这样一个理想，你就要舍得去跟大家分银子，所谓财聚人散，财散人聚。

德鲁克讲过，在过去一百年，管理学对人类社会的重大贡献之一就是把非知识劳动者的效率提升了20倍，但德鲁克在过世前的几年又讲到，我们今天面对的最大挑战是在全球化互联网交叉并行的时代对知识劳动者的管理。任正非企业管理哲学对当代管理学的重大贡献在于：在互联网文化的广泛而深刻的挑战面前，摸索出了一整套的对知识劳动者的管理理论和方法。

如果用另一句话来表达华为成功的奥秘的话，我认为就是四个字：组织激情。而这个组织激情是如何实现的呢？多劳多得是一个基础的激励的文化，但是把多劳了、同时多得了的这一批人的意志能够统一起来，并进而形成一种强大的组织活力，当然还需要在诉诸人的多劳多得的本能这个基础之上，建构一整套的价值观体系。

第五，理想家要想达成梦想，还必须有相对称的另外一个极端，就是危机论和忧患意识。理想与苦难，成功与失败永远是一对孪生兄弟。所以，保持强大的危机意识是实现理想的很重要的组织氛围。

第六，商人的理想必须是纯粹的、单纯的，而非复杂的、混浊的。不管你要做伟大的企业家，还是要保持商业理想的单纯性，纯粹性至关重要。

华为的成功，或者说几乎所有企业的成功无不是建立在两个规律上，或者叫做既是规律，又不是规律的基础上。一个叫糊里糊涂的成功，一个叫成功是逼出来的。假如十年前华为以100亿美元的价格把硬件卖给了摩托罗拉，然后投资旅游房地产，而且是在贵州、海南这样偏僻的地方，我相信中国最大的房地产公司一定是华为；但是世界的信息制造业这样一个贵族俱乐部里就少了一个“东方海盗”，少了一个异类的进入者和一个塌鼻子黄皮肤的挑战者。

然而，世界上的事情总是偶然性大于必然性，这个世界常常用逻辑无法去推演，荒诞和残酷充满了商业世界的角角落落。在那个节点上摩托罗拉抛弃了一个东方的灰姑娘，但是十年之后，华为以高出其他投标者一亿美金的价格要收购摩托罗拉的移动业务，结果被美国政府否决了。

六个要素之外还要加一个重要的元素，就是应对变化。如果有人要问，华为的成功可不可以再换另外一个角度一句话去做个答案？那我可以选择这样一句话，就是不断变化。

我们今天面对的互联网的挑战是全球性的，是对所有组织的挑战。几年前我跟华为的个别领导交换意见的时候谈到，华为今后面对的内部挑战主要是两个，一个是互联网的挑战，一个就是80后、90后的这样一批新新人类，这些新新人类还有一个中国式的特征就是独生子女。管理企业归根结底是管理人性，管理人性的前提就是研究人性，研究人性的普遍规律、演变规律，研究不同人的独特个性。有舆论说任正非是一个管理大师或者经营大师，我倒不认为是个准确的评价，准确一点讲，任正非是一个人性管理大师。对人性的洞悉和把握至少在我视野里所认识的企业家中，我认为任正非做到了最好。

三年前，任正非首度引入了“薇甘菊”概念，这个概念恰恰反映了任正非和华为身上典型的、突出的理想主义气质。薇甘菊是南美的一种野草。它疯狂生长的速度超越了所有的植物，被植物学家称为“每分钟一英里”的恐怖野草。它只需要很少的水分，极少的养分，但却能迅速地蓬蓬勃勃地覆盖所有的植物。就是这样一种迅速扩张，迅速成长的特性，使得与它争养分、争水分、争阳光的其他植物一个个走向窒息，走向衰亡。

25年来的华为最早不过就是一粒草籽，一粒草籽长成一株小苗，然后一株小苗上有几个节点，这些节点都是以“每分钟一英里”的速度迅速的扩张。到了今天，华为一个个的竞争对手，那些百年巨头们，那些电信巨无霸们，一个个在衰落，一个个在垮掉，而华为却成了电信制造行业的全球领导者。

未来的华为还具有这样一种薇甘菊的勇气、力量、信念和激情吗？帝国型企业都是一场繁华梦，在今天这个变化大于变革的时代，所谓永恒的商业理想都是不现实的。25年的华为是一种薇甘菊，今天15万人的华为在西方企业的眼里也是一个商业帝国了，但是这个帝国能够持续地走下去吗？倒下是必然的，只是何时的问题，大而不倒是神话；然而我所看到的今天的华为，依然具有强大的进攻性，依然具有薇甘菊那种疯狂成长的激情。

经常有人问到华为的接班人问题，我想我是肯定说不清楚。我可以告诉你们华为的接班人逻辑，就是将军是从战场打出来的，领袖一定是炮火中成长起来的，而不是靠血缘关系，靠眼睛盯着领导，靠去攀上某一个山头获得提升的。当一个组织不是从主航道上提拔领导者，而是靠个人感情、裙带关系、山头去提拔一层一层的管理者、领导者的时候，这个企业一定离垮台不远。

第五章 华为与国际巨头的竞合战略

目前，华为的产品和解决方案应用于140多个国家，服务全球三分之一的人口。一方面，已与全球TOP50运营商中的45家展开了合作。从可持续发展和本地化角度来看，“开放”始终伴随着华为的全球化发展。

另一方面，国际舞台上高手林立，爱立信、诺西、北电网络均是昔日行业魁首，华为的主要竞争对手。在竞争激烈的通信行业，华为采取了怎样的竞合战略与竞争对手进行博弈，又凭借什么博得了对手们的广泛尊重和赞扬？我们将对此进行重点剖析。

歼击伏击

第一节 蚍蜉终撼大树

除思科之外，爱立信、诺西、朗讯以及已宣布破产的北电等这些行业巨头们，都可谓是华为的竞争对手。随着华为的不断成长，与国际巨头们的竞争愈演愈烈。

爱立信——百年常青树

爱立信公司（Telefonaktiebolaget LM Ericsson）1876 年成立于瑞典的斯德哥尔摩，最初从事修理电报机及其他电器仪表业务。1877 年，爱立信先生对电话机认真研究后，于次年 11 月推出了自己生产的电话机。从电话机、电话交换机发展到今天，爱立信的业务体系已覆盖通信网络系统、专业电信服务、技术授权、企业系统和移动终端业务等领域，遍布全球 140 多个国家，一跃成为全球领先的提供端到端全面通信解决方案以及专业服务的供应商。

在长达一百多年的发展历程中，爱立信历经数次高速增长，也经受过数次危机的考验。第二次世界大战之后，电话市场需求激增，爱立信率先成功研发了纵横制系统，并借此取得了市场份额的大增，成为备受国际电信业认可和关注的大公司。20 世纪 70 年代初期，电信业开始进入数字时代，爱立信通过不懈努力，研发出了大受欢迎的 AXE 交换机并推向市场，继续引领电信业的发展。

20 世纪 70 年代末，经过十年的技术累积，爱立信的数字交换技术在行业遥遥领先，正在这个时候，移动通信业务开始兴起，凭借突出的技术优势，爱立信赢得世界认可。20 世纪 90 年代，电信行业经历了一段爆炸式高速增长，当时爱立信曾保持了连续 10 年 35% 以上的增长速度。但自 2000 年起，由于产业、市场及经济等几方面原因，这一持续的增长出现了

"急刹车"，全球诸多电信企业受到严重冲击。作为全球最大通信网络系统供应商的爱立信在这一市场激变中也首当其冲受到影响，开始陷入亏损。

面对亏损状况，爱立信作出了积极应对：2001 年第一财季，爱立信推出了降低运营成本，提高效率的"成本控制计划"，并积极实行"瘦身行动"。这一系列计划的目标就是"在 2003 年的某一时点实现盈利"。同时，为了应对市场和行业的变化，爱立信也积极开始了市场战略的调整，在 2001—2002 年间，爱立信逐步地将核心业务做了全面的优化，将其手机生产业务交给伟创力（FLEXTRONICS）公司代工，自己则集中精力于手机技术研发、设计、品牌推广和市场营销等工作上。战略调整结束后，爱立信的核心业务调整为四大支柱业务：网络系统设备、全球专业服务、技术平台授权及索尼爱立信的移动终端业务。

由于近年来华为的快速成长，业内很多人将华为与爱立信进行比较。爱立信 2012 年全年营业收入为 2278 亿瑞典克朗（约合 358 亿美元），相比华为去年营业收入 354 亿美元，爱立信仍然占据全球老大的位子，但华为与爱立信的营业收入仅相差 4.4 亿美元。在 2011 年双方的营业收入差距为 8.2 亿美元，2010 年双方差距则为 28 亿美元。由此可见，华为与爱立信之间的差距正在逐年缩小。有着百年基业的爱立信在通信行业的地位短时间内难以撼动，但随着全球运营商新一轮的投资浪潮，华为与爱立信的竞争将愈演愈烈。

北电——巨星陨落

北电网络（Nortel Networks），是由北方电讯及海湾网络在 1998 年合并而成，为加拿大著名的电讯设备供应商。北电是光网络、GSM/UMTS、CDMA、WiMAX、IMS、企业通信平台等领域的供应商，曾服务于 150 个国家的客户。

无论是为金融交易提供支持、为保健提供信息服务，还是帮助教育行业提高学习效率，在安全可靠的数据和语音通信最为需要的地方，北电的解决方案都曾发挥作用。2000 年，正值互联网大潮汹涌而至，互联网公司的订单纷至沓来，狂热的领导人罗世杰当即宣布北电网络为世界网络革命的中心。当时的北电富可敌国，由于员工薪水猛增，间接导致了加拿大渥太华房价飙升。

然而泡沫说破就破。2001 年上万家互联网公司在一夜间倒闭，订单成为废纸，北电网络的市值也跌到 100 亿美元，北电员工从 9 万人裁至 3 万人，罗世杰黯然离开北电，北电神话就此成为历史。

事实上真正击败北电的不是市场，也不是对手。2004 年 4 月，北电 CEO、财务总监、审计总监被同时解职，随后被证实的北电年报造假的财务丑闻震惊了整个行业。2005 年，北电的“最后一名战士”，来自马其顿的迈克·扎菲罗夫斯基操刀上阵。扎菲罗夫斯基放弃 3G 战略，全力赌押 4G 业务，可惜，他没有机会等到 4G 时代的来临。2009 年 1 月 14 日，历经 110 多年的发展，北电网路以及旗下子公司同时在美国和加拿大申请破产保护，一代通信巨星陨落。

此前，华为曾尝试与北电成立合资公司，最后交易虽未成功，但两家公司的关系却因此更为密切。在北电申请破产后，华为一度想收购北电，但没有成功。据媒体报道，华为之所以没有成功，原因是北电的客户美国电信运营商 Verizon、AT&T、Sprint 和奎斯特（Qwest）等，这四家运营商也为美国国家安全局（NSA）、美国国防部等政府机构提供数据服务。华为如果收购了北电，一方面会直接面对爱立信、思科、朗讯等竞争；另一方面又将面临外国政府审查机构的苛刻审查。“威胁国家信息安全”或许再次成为华为进军北美市场不可逾越的鸿沟。

阿朗——贝尔实验室的拥有者

2006 年 12 月 1 日，美国的朗讯科技（Lucent Technologies）以及法国的阿尔卡特（Alcatel）合并成立新公司，取名阿尔卡特朗讯（以下简称阿朗），总部设在法国巴黎。阿朗是全球性网络服务提供商，为企业和政府提供通信解决方案，为终端用户提供语音、数据和视频服务。合并后，阿朗员工总数达 79，000 名，市场收益总值高达 330 亿欧元，业务遍及 130 个国家。

阿朗拥有被誉为“发明摇篮”的贝尔实验室，这里曾产生过 7 位诺贝尔奖金获得者，是晶体管、激光器、太阳能电池、发光二极管、通信卫星、电子数字计算机等诸多重大发明的诞生地。自 1925 年以来，共有 3 万多项专利在这里产生，平均每个工作日便有超过3项专利诞生。1997年，华为总裁任正非参观贝尔实验室时说“我青年时代就十分崇拜贝尔实验室，仰慕之心超越爱情。”回国后，任正非在华为的内部刊物上写道：“当我看到贝尔实验室的科学家的实验室密如蛛网，混乱不堪，不由得对这些勇士肃然起敬。”

合并之初阿朗虽是全球第二大设备制造商，但一直处于亏损状态，这一状况一直持续到2011年。度过5年调整期的阿朗终于迎来盈利，2011年阿朗净利润为10.95亿欧元（14.52亿美元），营收为156.96亿欧元，同比增长1.9%。不过这一状况没能持续太久，2012年因欧洲与中国市场销售额下降，以及减计无线与光纤资产造成的影响，阿朗由2011年净利润10.95亿欧元转为净亏损13.7亿欧元，随后CEO Ben Verwaayen宣布于2013年5月辞职。

有媒体报道，受行业变革冲击的阿朗只一味削减成本、出售资产并依靠“老专利”发挥余热，很可能会成为下一个倒下的“北电”。庆幸的是，在3G和4G网络设备市场，阿朗还是具备一定竞争力的。阿朗拥有中国高科技领域第一家外商投资公司上海贝尔。上海贝尔提供端到端的电信解决方案和高质量的服务，产品覆盖了固定网络、移动网络、宽带接入、智能光网络、多媒体解决方案和网络应用等领域。由于上海贝尔进入中国市场较早、技术实力等优势，在中国拥有三分之一的固网、三分之一的宽带接入以及五分之一的移动网络，是华为在中国市场上颇具竞争力的对手。

不过，正是与阿朗、诺西、爱立信、思科等企业的激烈竞争迫使华为不停的创新。同时华为也与竞争对手们积极开展合作、相互学习，例如华为与摩托罗拉、华为与IBM、华为与瞻博网络等均有合作关系。在国际化发展的竞合战略下，华为才得以取得今日成就。

第二节　不受欢迎的“舞者”

未来世界谁都不可能独霸一方，唯有加强合作，你中有我，我中有你，才能获得更大的共同利益。

一直以来，华为坚持开放合作，在技术与市场方面与全球众多国际公司建立了战略伙伴关系，这其中包括大名鼎鼎的德州仪器、摩托罗拉、IBM、英特尔等科技公司。在行业内，华为与西门子、3Com、赛门铁克等公司成立了合资公司，以弥补双方在技术或者市场方面的不足，努力为客户提供更具优势的产品和服务。此外，华为与包括爱立信、诺基亚西门子、阿尔卡特朗讯、摩托罗拉、高通在内的所有通信企业几乎都有交叉专利授权，开展技术合作。

携手德州仪器，共建 DSPS 联合实验室

美国德州仪器公司（Texas Instruments，简称 TI），是世界上最大的模拟电路技术部件制造商，以开发、制造、销售半导体和计算机技术闻名于世，主要从事创新型数字信号处理与模拟电路方面的研究、制造和销售。1995 年，TI 与华为在深圳建立了第一个 DSPS 联合实验室，这也是德州仪器在中国建立的首个 DSPS 联合实验室。

2002 年，TI 与华为公司在北京成立了第二个 DSPS 联合实验室，进一步促进双方的合作，协助华为开发出更多具有国际先进水平及个性化的数字通信产品和系统，同时也为华为培养了更多的有经验的 DSP 研发人员。此后，TI 与华为的合作进入了一个新阶段，并取得了可喜的成果。特别是在与华为北京研究所的合作项目中，TI 派出了强大的技术与市场队伍，与华为的工程师一起努力、创新研发，进一步满足用户的需求。双方经过共同努力，在以太网交换器，VoIP 网关，新型无线通信系统等多个合作项目中取得了成功。

两家公司共同经历了中国通信产业从起飞到蓬勃发展的各个阶段，并且随着华为不断壮大、业务不断扩展，TI 也进一步为华为提供全方位与跨地区的支持。2012 年，华为推出的 AscendP1 和 D1 采用的都是 TIOMAP4460 双核处理器。

向 IBM 学流程：巨人华为的手术

IBM（International Business Machines Corporation），国际商业机器公司。

总公司在纽约州阿蒙克市，1911 年创立于美国，是全球最大的信息技术和业务解决方案公司，目前拥有全球雇员 30 多万人，业务遍及 160 多个国家和地区。

华为与 IBM 的渊源颇深，自 1998 年，华为的背后总有 IBM 的影子。华为是 IBM 在中国唯一一家设专职副总裁负责的客户。而华为总裁任正非也曾坚决地说："我们只向一个顾问学习，只学习 IBM。"

1998 年，华为面临由电信设备制造商向电信整体解决方案提供商和服务提供商转型。而 IBM 自 1993 年以来的经验正可以让华为借鉴，天时地利人和，华为与 IBM 的合作应运而生。1998 年 8 月，华为与 IBM 的合作项目——"IT 策略与规划"项目正式启动，内容就是规划和设计华为未来 3 ~ 5 年需要开展的业务流程和所需的 IT 支持系统，其中包括集成产品开发、集成供应链、IT 系统重整、财务四统一等 8 个项目。集成产品开发和集成供应链是其中的重点，50 名 IBM 的专家开始陆续进驻华为。随着咨询项目的进展，IBM 以令人信服的"师父"身份，与华为建立了非常深厚的关系，不久，IBM 与华为的合作更加深入，从一般供应商关系升级为战略供应商关系。

与华为的合作也为 IBM 带来了巨大的收益，除了管理咨询本身超过 5 亿元的收入外，2001 年华为还与 IBM 签订了承建数据中心的合同，这又给 IBM 带来了几千万美元的订单。两家企业的良好关系，长久以来在业内被传为佳话。华为这个处于成长期的优秀中国企业代表了一个群体，IBM 与这个群体客户的关系和商业模式的演进，很好地体现了 IBM 在"拥有成长潜力的中型企业区间"的生意模式转变。

华为美国高级副总裁丁少华表示，华为自 1997 年起便与 IBM 展开了密切合作，IBM 公司在华为的成功中扮演了关键角色。

华为与摩托罗拉：一场好生意

摩托罗拉公司（Motorola Inc），成立于 1928 年，总部设在美国伊利诺伊州绍姆堡。世界财富百强企业之一，是全球芯片制造、电子通讯的领导者。

2001 年，华为还是电信市场的新进入者。为了发展业务和扩大客户群，华为作为原始设备商（OEM）与摩托罗拉开展合作。在当时的情况下，这种合作是双赢的。在华为内部备忘录中称“当时，两家公司实现了优势互补，那些年我们的合作关系蓬勃发展。摩托罗拉花费了超过8.78亿美元购买华为的设备。”

随后这种合作慢慢延伸到技术领域，当时摩托罗拉在无线部分比较强，但缺乏核心网设备。华为相对而言在核心网方面优势明显，因此双方比较互补。当时的华为虽然发展很快，但在声誉方面没有摩托罗拉高，在全球市场的认同度相对较低，客户难以避免地会产生疑虑。因此对华为而言，与摩托罗拉开展合作无论在渠道方面还是声誉方面都会受益。

此外，与摩托罗拉的合作应该还有另外一个重要目标，那就是北美市场。众所周知，欧洲和北美是全球最重要的3G高端市场，此前华为已经在欧洲取得了突破，成功打入欧洲市场，进军北美市场成为当时华为最重要的事。2006年年初，华为曾试图和北电合作，希望通过迂回战略进入北美，但最终合作不了了之。能够与摩托罗拉再次合作，无疑为华为开拓北美市场提供了一个契机。而对摩托罗拉来说，阿尔卡特与朗讯合并后，其在北美市场的份额受到威胁，与华为的合作将大大强化其抗衡竞争对手的能力。

来自Gartner2006年的数据显示，华为和摩托罗拉的合作，使他们在WCDMA领域的市场份额达到15%左右，仅次于诺基亚—西门子和爱立信，与阿尔卡特—朗讯不相上下，这无疑是华为和摩托罗拉都想要达到的效果。

华为与3Com联姻：华三通信的由来

3Com公司是一个全球的企业和小型企业联网解决方案供应商，提供网络交换机、路由器、无线接取器、IP语音系统和入侵预防系统等产品。3Com由罗伯特·梅特卡夫博士于1979年创立，总部位于美国马萨诸塞州马尔堡。

2003年11月，华为公司和3Com公司成立合资公司华为3Com，总部设在杭州。此后相继在全国30个省市设立了分支机构，在香港设立了分公司，在英国、德国、日本和美国设立了代表处。

华为3Com致力于数据通信产品的研究、开发、生产、销售与服务，为所有规模的企业、公共机构和家庭用户提供从核心骨干网到桌面终端的全系列IP产品和解决方案。华为3Com整合了华为与3Com在数据通信领域的资源优势，获得了政府、教育、金融等各行业用户的广泛认可。同时，华为3Com加大对未来网络技术的投资力度，在NGI（下一代互联网）和IPv6方面参与国家重大网络项目试验，积累了相当丰富的经验。

时任3Com公司首席执行官的Bruce Claflin表示："3Com与华为致力于创建面向全球企业用户的数据通信产品公司，新公司将能提供性价比优越的完整系列产品。"他还说，"华为公司是理想的合作伙伴，它在管理、技术与工程制造方面都是世界一流的。"

华为公司总裁任正非表示："我们永远忠诚于客户，始终坚持以客户的需求和利益为目标，对客户负责是我们一贯的责任。今天华为与3Com的合作，有利于为广大客户创造更大的价值，也有利于华为全球业务的发展。"

双方此番合作，助力华为更加快速、规模化的进入国际市场，也使3Com公司立即进入潜力巨大的中国市场，降低了各自市场拓展的成本。合资公司更是汇聚了双方的优势，为欧洲、北美、中国等市场，提供低成本、高质量的网络解决方案。

携手赛门铁克：开创安全存储新时代

赛门铁克（Symantec）公司成立于1982年4月，总部位于美国加利福尼亚州的Cupertino。赛门铁克是信息安全领域全球领先的解决方案提供商，为企业、个人用户和服务供应商提供广泛的内容和网络安全软件及硬件的解决方案。

2008年3月12日，华为技术有限公司与赛门铁克公司合资成立了华为赛门铁克科技有限公司，并在成都举办了揭牌仪式，这标志着华为赛门铁克合资公司进入正式运营阶段。

华为在合资公司拥有51%股权，赛门铁克拥有49%股权。任正非担任新公司CEO，原赛门铁克CEO约翰·汤普森担任董事长。华为注入了其电信领域的存储与网络安全业务，以及百余名高素质人才；赛门铁克为合资公司注入了部分企业存储与安全软件组件，以及部分资金。

正式运营后的华为赛门铁克科技有限公司，致力于网络安全与存储产品的研发、销售和服务，为全球电信运营商、互联网服务提供商和企业提供世界领先的安全和存储解决方案。

约翰．汤普逊曾表示："华为是全球领先的下一代电信网络解决方案供应商，而赛门铁克公司是目前全球领先的存储和安全软件制造商。华为与赛门铁克的强强联姻，将会使新公司成为全球安全与存储领域的佼佼者。"

华为高级副总裁郭平曾指出，"随着华为赛门铁克科技有限公司的正式揭牌，华为与赛门铁克双方将进一步整合优势资源，在企业战略、运营管理、知识产权、技术研发、市场深耕和人力资源等方面，为合资公司的持续发展提供更强有力的支持。"

华为赛门铁克科技有限公司首席运营官邓飚曾代表合资公司发言，在邓飚看来，"双方公司强强联合，优势互补，这是一次双赢的创举。华为赛门铁克科技有限公司将传承两个母公司的优良基因，在传承中创新，创新中发展，在发展中领先，必将开创一个安全存储领域的新时代"。

从创立之日起，华为就未曾停止过学习与合作，优势互补、合作发展，这在华为看来是发展的必经之路。

第三节　寻找护城河

除国际巨头外，华为与各国运营商的联系也是相当紧密的。资料显示，华为目前已与全球TOP50运营商中的45家展开合作，其中2008年华为无线设备突破德国电信捷克子网更是标志着华为无线实现了"欧洲主流运营商大满贯"——欧洲所有的跨国运营商都已成为华为在移动网领域的客户。市场的突破固然重要，但是双方在技术创新领域的合作则比单纯的市场突破更具意义。

与国际一流运营商的合作，远不止产品和网络建设。2006年以来，华为已经陆续与Vodafone、Telefonica、FT、KPN、TI、DoCoMo等运营商成立了多个 JIC（联合创新中心，Joint Innovation Center），双方共同在新技术、新产品以及应用上进行联合研究和产品规划，共同应对纷繁复杂的 ALLIP、移动宽带、绿色环保等产业发展与变革趋势，成为真正意义上的长期战略合作伙伴。据统计数据，2006 年至今华为已与全球 14 个运营商建立了 20 多个联合创新中心，包括中国、欧洲、北美、拉美、中东及东南亚在内的重量级电信运营商，成功合作的重要创新课题超过 100 个，主要合作范围包括无线及固定宽带、固定移动融合、云计算、各类终端及移动互联网应用等。至此，联合创新中心已经成为持续提升双方战略伙伴关系的一个重要载体，也是华为了解合作运营商深刻需求的有效途径之一。

双方的合作研究成果转化为产品后，很快就能形成规模效应。比如在移动通信领域，大家都知道，2G，2.5G，3G，LTE 的网络演进，可以为运营商提供良好数据业务应用的网络基础；但同时，多路线的网络演进不仅给运营商带来网络部署和运营管理的困难，也造成运营商设备成本和运营成本的升高。针对上述挑战，华为在业界首创性地推出 SingleRAN 解决方案。所谓 SingleRAN，简单而言就是“一个网络架构、一次工程建设、一个团队维护”。通过该解决方案，运营商能够进一步简化网络结构，保护建网投资，并实现面向未来网络的平滑演进。

在全球设立的技术研究中心和联合创新中心，为华为吸纳全球性的高科技人才提供了很好的平台。目前，华为已经在瑞典的斯德哥尔摩、美国的达拉斯、硅谷及圣地亚哥、印度的班加罗尔、俄罗斯的莫斯科、德国的波恩以及中国的深圳、上海、北京、南京、西安、成都、武汉等地设立了全球性的研发机构。通过跨文化团队合作，不仅实施了全球同步研发战略，也为华为输入了大量的高质量研发人才。据统计，截至 2012 年华为已在全球成立了 15 个研发中心，25 个联合创新中心，100 多个遍布全球的分支机构。

华为与沃达丰：领袖之间的合作

沃达丰（Vodafone），是跨国性移动电话营办商。总部设在英国伯克郡的纽布利（Newbury）及德国的杜塞尔多夫，现为世界上最大的移动通讯网络公司之一。

2006年10月，华为和沃达丰集团在西班牙正式成立了第一个联合创新中心——移动联合创新中心MIC。通过合作研究，移动创新中心创造了很多新技术和新产品并实现了规模商用。例如SingleRAN，已经成为移动行业技术发展趋势和标准，这也是创新中心行业影响力和实力表现。目前，在移动创新中心运行的创新项目有30多个，涵盖了无线所有战略领域，如SmartRAN、BroadRAN、EfficientRAN、SingleSON和Savi。

2007年底沃达丰与华为在马德里成立应用创新中心（AIC），其目的是为沃达丰带来创新的软件和应用。除了创新产品，应用创新中心还重点关注沃达丰的业务和运营情况，以确保软件创新成果能在沃达丰不同子网完全应用，创造更广泛的价值。

2008年，沃达丰与华为意识到IT和通信的融合是必然的市场发展趋势。为了满足这一需求，核心网创新中心（CIC）成立了。核心网创新中心近几年通过与MIC、AIC的合作，开发出端到端解决方案保证沃达丰不断满足新的行业需求。核心网创新中心的共同研究已经进行了6个阶段，匹配了沃达丰核心网的策略，支撑其网络结构演进。

2010年沃达丰与华为更进一步加强了合作，成立了固定-移动融合创新中心。固定-移动融合创新中心具备推广端到端技术解决方案的综合能力。其目标是将联合创新开展到E2E解决方案领域，并保持领先优势，为未来盈利打好根基。

2011年，为了加强不同创新中心的通信合作，提高传输能力，并有效减少传输成本，沃达丰与华为成立了传输创新中心（TIC）。目前已有很多成功实践，例如IP承载、IP微波、IP骨干网、协同光网。

从2006年至今，沃达丰与华为的合作创造了极有价值的技术和服务，并巩固了双方的市场地位。

与加拿大运营商合作：深度创新服务

2011年，华为公司与加拿大两大电信运营商“贝尔加拿大”和“Telus”合作建立了创新中心。华为与贝尔加拿大合作开发宽带无线网络技术、产品及服务；与Telus合作开发有线以及无线领域的宽带技术，合作期初步定为三年。

针对与华为的合作，贝尔加拿大表示，华为在他们的 HSPA + 网络业务推出的过程中扮演了关键角色。他们相信和华为的这一联合创新中心的成立会进一步推动移动通信技术的发展，确保贝尔加拿大在技术上处于领先地位。

"这个新实验室承担的研究，将面向云计算领域解决现实的问题。"TELUS 首席技术官易卜拉欣．戈登就合作接受采访时说，"该合作再次体现了在战略合作伙伴方面，我们选择华为的价值"。

卡尔顿大学工程与设计学院院长拉斐克．戈布兰对此做出评论，"这个创新合作将面向卡尔顿的学生和教职员，包括本科生和研究生，开展有各种可能性的激动人心的研究开发。位于首都的新实验室同时也是高技术在安大略省应用的一个象征，为我们的学生带来动手实践的现实体验，使他们在安大略就业市场上有很强的竞争力"。

华为牵手意大利电信

意大利电信（TI）曾经拥有意大利整个 2G 移动通信市场近一半 46.7% 的份额，但是进入 3G 时代后，意大利电信在意大利的 3G 市场份额一度下降。如何高效快速地升级现有网络，在 HSPA 时代领先一步，重新成为移动通信市场的领头羊，是 TI 在进行投资计划和挑选供应商时不得不慎重思考的问题。

2007 年年初，意大利电信宣布选择华为升级扩容意大利南部两大区域的 HSPA 网络，掀开了升级现有 3G 网络的序幕。华为帮助意大利电信仔细分析对比"搬迁"、"不搬迁"两种场景下的投资差别，而华为的新一代基站，硬件一步到位，支持全速率 14.4M/bps 的 HSDPA，支持 HSUPA 仅需软件升级、并 IP－RAN 的能力上具有明显的优势，IP 传输解决方案大大降低基站传输费用。同时，意大利电信选择华为新一代基站控制器替换现网设备，新一代基站控制器采用华为先进的全 IP 交换平台，具有容量大、集成度高的特点，使得意大利电信南部地区的 9 个 RNC 减少到目前的 6 个，有效简化了网络结构，进一步节约建网和运维的成本。更由于其具有强大的分组业务处理能力，可以从容应对 HSPA 带来的挑战，充分满足意大利电信日益增长的高速数据业务对带宽的需求。

在深入合作的同时，华为与意大利电信还建立联合创新中心，共同设计、研发新产品，内容涉及固网、无线通信、光网络等各方面。

中国电信与华为合力创新

2010 年，中国电信广东研究院与华为合作成立了网络联合创新中心 NIC（Network Innovation Center），建成了端到端的网络实验室，服务于固定网络创新课题的研究和验证，IPv6 过渡解决方案便是得益于此。

面对 IPv4 地址短缺的压力，IPv6 解决方案的部署势在必行，且必须平滑演进不影响正在开展的业务。但因为历史的原因，现网情况各有差异，不同的网络、不同的场景要考虑不同的过渡解决方案。因此，分阶段快速部署、适应多种场景的 IPv6 过渡解决方案非常重要。2011 年，中国电信和华为的网络专家一同围绕 6SEA 架构，重点对 IPv6 过渡技术及场景策略建议开展反复的研究、研讨和交流，通过创新、论证、实践等多种务实创新手段。结合中国电信现网情况，积极探索符合中国电信需求的 IPv6 过渡技术选择，并完成无锡、长沙和四川等地的 IPv6 过渡技术试点，包括双栈、DS－Lite 等多种过渡场景下的技术验证和设备开局，最后确定了立足现网、低成本、可规模复制的 IPv6 及过渡解决方案，真正做到了“务实创新、服务现网”。

基于联合创新中心的关键成果输出和双方在固定网络领域的深厚积累，2011 年 11 月，中国电信广东研究院与华为紧密合作，以《超宽带城域网关键技术研发与应用》课题联合申请广东省科技进步一等奖获得成功。IPv6 过渡解决方案不仅成功通过了市场的检验，还获得了科技进步一等奖的荣誉，进一步坚定了中国电信和华为在创新领域的投入和决心。

华为与法国电信签署合作备忘录

2012 年，华为与法国电信集团共同签署了一份合作备忘录，宣布为期 2 年的合作关系正式生效。合作将充分融合法国电信集团的市场与技术专业优势，以及华为在产品研发、服务以及技术整合方面的实力。在这一涵盖 OEM 和 ODM 项目的合作备忘录下，华为与法国电信集团将协同产品研发、联合技术创新投资，以及发掘整合营销下的新商业模式机会，为法国电信集团全球消费者提供更为期待的系列手机、移动宽带设备、平板电脑产品组合。

法国电信集团主管移动多媒体和设备的高级副总裁耶维斯·迈特里曾表示，法国电信的目标是帮助每一个人充分享受数字世界。法国电信与华为建立合作关系，将使法国电信所有客户接入互联网变得更加容易。与华为携手合作，法国电信能够通过华为或法国电信品牌下的全新产品，为法国电信全球广泛的消费者提供创新终端，创造令人兴奋的消费者体验。

联合创新与知识产权并重

创新中心的成果依靠华为和运营商的密切合作和大量投入，而其背后涉及的知识产权问题也同样值得思考，尊重知识产权这样的合作才能形成良性循环。事实上，运营商和华为在成立联合创新中心之初，都会签订明晰的知识产权协议，保护双方在创新成果中的合理利益，确保创新成果支持双方商业的持续成功。

以分布式基站为例。分布式基站是华为和沃达丰在基站架构领域的重大创新，合作双方都非常尊重对方的贡献和智慧，在创新中心运作之初，就通过明确的协议和制度保证双方知识产权的清晰界定，并在项目过程中严守信息安全，未获对方许可的情况下不向第三方透露相关信息。最终，分布式基站成为业界一个里程碑式的伟大创新，引领了全球移动基站架构的发展方向。在双方约定的信息锁定期内，分布式基站帮助沃达丰快速部署网络，提升了网络质量和客户体验，降低了整体建网成本。同时，华为也在为此创新付出巨大投入的基础上，构筑了整体解决方案竞争力，获得了沃达丰的高度认可。双方的创新合作和战略伙伴关系得到巩固和深化。

华为多年来在联合创新上的实践，有力支持了全球领先运营商的战略和商业成功。正如沃达丰全球网络技术总监 Andy MacLeod 所说："通过创新中心有步骤、高效的工作程序，我们与华为等设备商紧密合作，使其技术领域的成果不断促进沃达丰的商业成功。目前，已经有很多研究成果转化成产品，并获得了规模效应。"

第四节　天下兴亡，匹夫有责

华为自20世纪90年代就走向了海外，并在国际化的过程中取得了不俗的业绩，据华为最新财报显示，华为的收入有2/3来自于海外市场。在国际化道路上华为始终坚持“贴近客户”“本土化经营”的策略，并把“树立良好社会形象，成为各国良好的企业公民”作为公司的战略。

目前，华为业务已遍及EMEA（欧洲、中东、非洲的合称）、亚太、美洲、中国等不同区域。在各地的发展进程中，华为不仅与当地的运营商建立了良好的战略伙伴关系，为了更好的服务本地用户，华为在当地还设立了办事处、服务中心、培训中心，并且积极践行企业社会责任，参与当地的人才培养，以及教育、儿童和慈善事业。

授之以鱼不如授之以渔

华为首次进入非洲市场是在1998年，目前已在南非、尼日利亚、肯尼亚等十多个国家设立了代表处。为了贴近客户，目前华为已在南非、尼日利亚、肯尼亚等国分别建立了工程技术服务平台及备件资源库、区域服务中心，形成了遍布整个南部非洲的支持和工程交付网络，具有及时完善的售后服务响应体系。

“天道酬勤，付出总会有回报。以诚心获得客户认可，用一流的工程交付让客户信服，树立华为的品牌。”这是华为人在非洲开拓市场的感触。华为从一开始就认识到，质量是企业在南部非洲长期发展的生命线，研发投入是产品质量的有力保证，而当地工程服务网络的完善、员工本地化的推进、当地分包商资源的培养和共同进步则为华为公司在非洲树立自身品牌提供了充分保障。

根据优势互补和双赢的原则，华为与多家当地分包商建立长期合作，使华为的资源和人员技术优势得到充分体现，也提高了华为在南部非洲市场的竞争力。在谈到为什么选择华为作为合作伙伴时，南非三大主要运营商之一 CellC 公司给出了理由："以客户为中心的文化，领先的产品解决方案和高质量的交付是我们选择华为的三个核心要素。"

经过十多年的艰苦市场培育和耕耘，华为现已全面进入南部非洲大多数国家市场并成为当地的主要通信设备供应商。在非洲发展的这十多年间，华为也在逐步调整着发展战略，现在的华为不只局限于做手机、做技术，还计划为当地培养越来越多的通讯人才。目前已在尼日利亚、肯尼亚、埃及、突尼斯、安哥拉和几内亚等非洲国家建立了地区性培训中心，每年提供多达 2000 人的培训。

投身慈善事业

华为的本土化战略中除了给当地提供就业机会、培训人才和依法纳税外，还积极履行社会责任，赞助当地的教育、儿童和慈善事业。

2010 年 4 月，波兰总统飞机失事，华为与波兰的 TPSA——当地的一个通讯运营商一起成立了空难基金会，帮助在空难中失去父母的儿童。"对于华为公司对波兰当地社会做出的积极贡献，不少波兰人表示了赞赏。皮尔特是波兰罗兹市投资办公室的主任，在他看来，华为的本土化战略将会给华为未来的发展提供更强的动力。"在未来，华为会因为他们对当地社会的责任感和贡献而得到更多的信任。我认为，本土化是华为实施的很正确的战略。它向华为的客户发出了一个信号，那就是华为不止是对赚钱感兴趣，而且还想成为当地社会、当地生活的一分子。"

2012 年 3 月 12 日晚，伴随着波兰歌星波利娜演唱的"华为之歌"，华为公司东北欧地区部在华沙国家体育场举行庆典，庆祝华为公司进入欧洲十周年。包括波兰副总理兼经济部长帕夫拉克、波兰交通部副部长、数字与信息化部副部长，以及波兰政治、经济、教育和企业界的代表 600 余人参加了这一庆典。

波兰副总理帕夫拉克在致辞中祝贺中国华为公司进入欧洲十周年。他表示，波兰感谢华为公司在通讯领域给波兰带来的先进技术和设备，通过在科技、文化、教育等多方面的合作，华为公司赢得了波兰社会的认可和广泛赞誉。

谈到华为在欧洲地区的成功，华为东北欧地区部总裁鲁勇表示，全球化和本土化战略是华为克服海外“水土不服”的重要举措，本土化已经成为华为企业文化的标识之一。中外员工的共同努力，推动华为不断成长，不断发展。

来自波兰的乔兰塔女士就是华为本土化战略的亲历者，她现任华为东北欧地区部的人力资源经理，负责人员招聘，已经亲自聘用了不少波兰人加入华为公司。她非常认同华为的本土化战略，“我很高兴加入华为公司，这是一家有着巨大发展潜力的公司。华为是一家全球化的公司，同时也是一家本土化的公司，雇佣了很多当地员工。华为非常重视当地的客户、当地的需求，还有在当地所承担的社会责任。”

身体力行企业社会责任

华为进入巴西市场已有十几年，巴西的总部设在巴西最大的城市圣保罗，此外在里约热内卢、巴西利亚、库里奇巴、马瑙斯和累西腓等主要城市均设有分支机构，所提供的服务覆盖整个巴西地区。目前在巴西的员工总数已超4000名，其中9成以上为本土雇佣，加之与本地供应商的通力合作，华为每年在巴西间接提供至少12000个工作机会。

2011年，巴西总理访问中国期间，华为向巴西政府捐赠了两套云计算设备，用于西北部地区的远程教育、科学研究以及医学治疗。2012年，华为在坎比纳斯建立的研发中心已有超过200名研发人员，预计未来5年内将达到700人的本地研发团队；而同在坎比纳斯建立的培训中心，自成立至今已相继接纳来自巴西及南美地区等多个国家的3万余高科技通讯人才的培训。

华为在巴西其他领域也同样作出了突出贡献，并坚持走创新之路。如环保方面，华为一直注重降低其产品的碳排放，并不断创新工艺。目前，华为在巴西已建立了多个绿色基站，并采用点对点的绿色通信解决方案进行节能减排，有效减少80%的能量损耗并节省75%的空间。在人才培养方面，华为一直与圣保罗大学、IFB、英特尔通信数据实验室等巴西知名学术机构保持合作，宣传先进的通信知识并努力培养本地的通信人才。还直接从当地大学里招收优秀学生，提供奖学金或者为优秀学生提供带薪实习机会等，种种措施成功地提高了华为在当地的知名度，实现了本土化经营。与此同时，华为巴西的中方员工也逐渐融入了当地的生活，工作之余和当地人打成一片，有的员工还和当地人实现了联姻。

在开拓国际市场的同时，华为通过在科技、文化、教育等多方面的合作，消除了文化差异带来的不利影响，得到了当地的广泛认同，成功融入当地，有机会成为当地行业领跑者。此外，华为坚持长期本地化投入和服务于本地客户、政府及用户，积极建设良好商业环境，为中国企业在海外赢得了良好口碑。

附 录

华为：中国制造的艰难国际化（《经济观察报》）

闫威

2012 年 12 月

中国制造：我是可信的

如果要描摹 2020 年的其他方面，可以聚焦中国，如果要描述制造业，则必须放眼全球。中国的加工制造业必须用国际标准要求自己，不仅仅在质量上。

过去，中国制造企业的努力方向是让外界认同自己的制造能力，经历了从产品输出到品牌输出的阶段。今天，那些已经实现最初愿望的企业，想要在未来十年内，在国际市场持续享有盛誉并发展，他们不可避免地需要获得价值认同，这迫使其现在和未来都要面对一个新的难题——如何展示可信度。

不论是通信公司如华为还是家电企业如 TCL、美的，当世界的眼睛总是在关注中国制造，中国企业需要鼓励审计和自我审查的能力，并要寻找向外界证明可信度的方法。

开放的姿态

在连连打败摩托罗拉、阿尔卡特、朗讯等国际对手之后，华为现在已经是销售额仅次于瑞典爱立信的全球第二大通信设备制造商，《经济学人》杂志甚至将其形容为跨国公司的梦魇。但一个新的问题是，现在华为公司没有一天不耳闻目睹政治上煽动或竞争对手煽动的关于网络安全的负面评论。比起 20 多年前需要向外界证明产品质量的时代，现在想要向有成见的西方客户表达诚意似乎更加困难。

有关安全性争论的舆论风向，不仅使进入美国市场荆棘密布，也增加了在其他发达国家市场推广的难度。几经美国对安全性质疑之后，华为曾多次主动要求被审查，以期“平反”，虽然至今未见任何明确证据表明，华为和军方及间谍有任何关系，但是这也并未帮助其在美国市场取得进展。

为了证明自己的无辜，华为展开了多方努力，包括主动邀请运营商、美国分析师、西方记者参观位于深圳的华为总部，以及位于上海和北京的研发中心。

低调做事的创始人任正非授权董事会以更开放的姿态对待公众。华为内部甚至鼓励高管通过微博等更直接的方式与外界沟通。在2012年的年报上，董事会成员悉数以微笑大照片示人。华为还借助各种国际论坛，向外界传达敞开心扉欢迎了解的坦荡之心，甚至出品了安全白皮书。

在组织上，华为成立了一个专门管理网络安全的委员会，由副董事长领导。全球网络安全官直接向公司CEO汇报。

从现任全球网络安全官约翰·萨福克的表述中，可以看出作为跨国公司的华为视野的变化。“华为为自己的历史感到骄傲，为拥有一个具有创业精神的创始人而感到自豪——我们的创始人，命运使然，恰好出生在中国。如果我们是一家美国、印度、德国或者其他国家的公司，我们也会同样感到骄傲。”

实际情况是，在华为14万员工中有30%非中国国籍；在其申请的3万多项专利中，有1/3是在海外申请的；70%的物料来自中国大陆以外的供应商，其中美国的供应量最大；68%的营业额来自于海外。

艰难国际化

华为的例子只是一面，中国企业的未来之路殊途同归。在家电市场上，中国企业所占据的份额也令人刮目相看，并很快进入狂飙阶段，全球家电业进入中国品牌时代。

以彩电为例，仅TCL今年年度全球平板电视出货量就已经突破1500万台，海信、创维也给出了1000万台左右的销售预期。1500万台意味着什么？2012年度全球彩电销售目标超过1500万台的企业只有三家，分别是三星、LG和TCL。此前，索尼已下调年度销售目标至1450万台，日本制造业面临亏损、裁员窘境之际，中国家电制造业却持续繁荣。

如果说单纯从产品数量上看，这些成绩并不让人惊讶，但这些数字已经说明了本质上的变化，因为重要的是，他们不再是贴牌产品。这表明，中国企业已经有勇气和能力推出自有品牌，同时也意味着，他们已经从幕后走向台前，面对一个新的挑战：直接和他国使用者沟通。

经历过收购阿尔卡特、朗讯和汤姆逊公司阵痛的 TCL 比其他中国家电业更早尝试国际化的滋味。

起初的兼并收购并不容易，一度的亏损让董事长李东生消瘦数十斤。他说，三年艰难的国际化历程，暴露出存在于我们企业自身的一些深层次问题，最主要的有以下两点：一是系统组织能力不足；二是团队管理能力不足。“我们整个管理团队缺乏国际化管理运作的能力。并购初期，我们曾希望依靠并购企业的国际化管理能力，以及快速招聘具有跨国管理经验的人才加盟来解决这个问题，但这些措施没有达到预期的效果。同时，我们原有的管理团队在基本的管理能力和素质方面还存在欠缺。在每一个业务环节上，我们管理干部的能力素质与其所要承担的责任之间还存在一定的差距。”

国际化的目的之一是建立全球市场渠道网络，培育国际品牌；其次是建立彩电、手机全球产业架构和供应链体系；第三是提高产品技术创新能力，增强专利技术、知识产权能力。

现在来看，为了第一个目标付出了很大的代价，但目前已走在正确的道路上；第二个目标已经取得了实质性的进展；第三个目标还没有完全达到，但也取得了扎实的成绩。以巨额收购的方式进入国际市场后，不再将自身仅仅当做一家中国公司，开始有经验、有底气和日韩企业同台竞技。

寻求“被尊敬”

2012 年底，经过一年的市场调研，美的开利拉美合资公司在阿根廷零售终端发布了美的品牌空调产品。作为拉美第二大国家和重要的空调市场，阿根廷在拉美国家中一直以高企的贸易壁垒著称，众多国际厂家面对阿根廷政府限制外贸的种种政策都望而却步，部分国际厂商在该国完全依靠代理商操作。

为了配合产品上市，合资公司聘请了阿根廷最受欢迎的现役世界第一的曲棍球运动员代言美的品牌。当年，美的曾聘请巩俐代言美的空调，以一句“生活可以更美的”一跃成为家喻户晓的品牌，如今开拓国际市场自有品牌，亦把这个国内经验根植于国外。

按照美的国际化的计划，第一步主要是向国外输出产品，包括贴牌，以积累经验。第二步是与知名公司合作，参股国际品牌。第三步是成为品牌运营商。目前，美的处于第二步向第三步过渡的阶段，产品已经铺向全球，下一步要通过合资、并购等方式，借鉴国际知名品牌的经验，拓展品牌影响力。

美的发现，在走过了追求规模之路后，“受人尊敬”显得尤为重要。海外客户对产品的信任，是建立在对公司的推崇上的。要让市场了解更多，让陌生的使用者看到你透明的一面，公益形象特别重要。

在海外市场，美的战略性地放弃了一些不赢利的订单，在国内市场上也相应调整策略思路。从去年年中开始推动的战略转型中，美的不再盲目追求规模，转而追求经营质量与可持续的盈利能力，推动去库存化经营。

不难想象，2020 年中国的家电制造业将成为像美国的汽车、日本的相机、法国的化妆品一样的国家标签。这些家电制造业的产品品质和企业社会责任也将和国家信誉紧密相连。他们是中国国家价值观输出的先锋队和领路人。

华为、TCL 和美的的故事都是现阶段中国制造业所采取的现实路径，也是未来更多的中国企业所将面临的不同侧面。虽然产品各不相同，他们却有着同样的特点，一方面，都处于企业发展的繁荣阶段；另一方面，又都为了一个新的历史进程而将自身重置于一种全新的焦虑之中。这些焦虑必将是有意义的，他们的勇敢实践，将会为其他企业的未来十年试探出一个可供参考的范本。

第六章
大起大落　思科这十年

2002年的思科总市值达到5550亿美元，一度超过微软成为市值最高的公司，思科一时间魅力四射。然而好景不长，随着通信行业的跌宕以及资本泡沫的破裂，思科从顶峰滑落，面临市值大跌、历史性大裁员等残酷现实。除经济环境不利外，战略失焦、创新匮乏、竞争激烈等因素也在无形中影响着思科的发展。

诚然，思科的发展壮大与钱伯斯本人的领导风格是息息相关的，钱伯斯以智慧和勇气通过收购与兼并将思科的版图扩展至世界各国，但也正因他的偏执和封闭，令思科走下神坛。虽然遭受种种打击，思科依然能够矗立不倒，这得益于其优势领域的占有率，及高利润市场的突出贡献。例如，思科在中国的政府、教育、医疗、金融等核心领域，仍占据近乎垄断的市场份额，为其利润提供主要贡献。总之，斗转星移间，思科已走过大起大落的十年。

第一节 昔日霸主

没有任何一家公司像思科一样，与互联网行业的起伏结合得如此紧密。

思科是科技领域最具野心的公司之一，几乎涉足与互联网相关的所有领域，包括网络安全、视频会议用机顶盒等。近十年时间里，思科遭受了互联网泡沫破灭的沉重打击，但事实证明互联网泡沫破灭并非是思科从顶峰滑落唯一缘由。思科 CEO 约翰·钱伯斯仍对思科的未来发展保持乐观态度，因为他对自己非常自信，对高毛利率的产品和市场充满信心。

思科借势互联网浪潮登顶世界第一

1986 年，Cisco 第一台多协议路由器面市，当时思科仅有 4 名员工，全年营业收入仅为 150 万美元。

1988 年，风险基金向思科投入第一笔风投 250 万美元并获控股权，同年思科员工总数增至 115 人，营业收入已达 2700 万美元。

1990 年 2 月 16 日，思科在美国纳斯达克上市，发行股票 5040 万股，每股 18 美元。同年 11 月两位创始人波萨克和勒纳售卖了所有股票，离开了思科公司。

1991 年，曾供职于 IBM 和王安公司的美国人约翰·钱伯斯就任思科高级副总裁。思科当年的销售额达 7000 万美元，拥有 300 名员工，市场价值仅有 6 亿多美元。

1993 年，思科收购了交换机厂商 Crescendo，并建成了世界上第一个由 1000 台路由器连接的网络，由此进入了一个迅猛发展时期。员工总数达 1500 人，销售收入增至 6.5 亿美元。

1995 年，约翰·钱伯斯担任总裁兼首席执行官，开始执掌思科。同年公司销售收入已过12亿美元，市值达90亿美元，成为世界最大的网络设备制造商。在随后的三年里，思科确立了在互联网主要领域的领先地位，同时拓展了新的市场领域。

思科经营范围几乎覆盖了网络建设的每个部分，包含路由器、交换机等。互联网的迅速发展，成就了思科，当然也对思科的产品和技术，提出更高的要求和挑战。思科公司总裁钱伯斯认为，获得发明的最佳途径是花钱去买。他认为最理想的做法是买下正在研制新产品的新公司，通过思科公司现有的分销渠道，迅速推向市场。1996年，思科公司就是通过这种方法，成为网络交换机市场的佼佼者。到1999财政年度，思科系统公司的销售收入达到了121.4亿美元。

2000年3月27日，思科的股东们收到了利好消息，思科受到可预期的重大利好财报的推动，股价高达每股82美元，总市值达5690亿美元，当日收盘时股价为80.06美元，总市值达5550亿美元，超越微软成为世界第一大公司。创立仅仅16年，思科已由一家名不见经传的夫妻店一度成为全球市值最高的公司，产品也由路由器发展为横跨25大类网络通信设备，销售额达200多亿美元，员工增至3万人。“思科”一夜间，成为了美国硅谷传奇、互联网巅峰的化身、新经济的象征，迅速在世界范围内掀起了言论热潮。思科的股票成了当时最热的股票之一，自1990年上市以来增值超过了100倍。

媒体创造了一个新闻名词叫“Wintelco”（更多的人怀疑是思科自己幕后创造的），意思是计算机业将成为英特尔、微软、思科三家天下。但那时的思科还是一个发育中的巨人，收入只有微软的一半，英特尔的五分之一。在网络市场的地位还无法同微软和英特尔相匹敌。不过，思科传奇式的跨越已使许多普通雇员一夜间变成了百万富翁。

在思科投资者的眼中，向正在迅速网络化的全球提供网络设施产品的思科，其股价没有丝毫不合理的地方。思科的成就代表了互联网的辉煌，也代表了硅谷的荣耀，但是思科停留世界巅峰的时间相当短暂。

渡过难关坚定并购决心

钱伯斯被认为最擅长扬长避短渡过难关，他自己也这么认为。

但是，2001年的这场全球性IT寒冬确实超越了他的预期和经验。按他的话说，美国的互联网经济正在遭受“一百年来最大的洪灾”，出现这样的局面是谁也没有料到的。思科作为当时全球增长最快的企业，也难逃厄运。

2000年3月，才刚刚登顶世界第一不久的思科，几个月后即面临经营亏损、销售严重滑坡，市值损失更是达到4300亿美元。同期，思科的库存大量积压达数十亿美元，并且由于发货慢，用户重复订购，加剧了零件和产品的积压。

2001年4月，曾经发誓永远不裁员的钱伯斯，不得不痛下狠手，裁员18%，8500名员工，这在当时绝不是一个小数目。并且钱伯斯决定将22亿美元过剩库存进行销账处理。一时间，对思科持怀疑观点的人越来越多，媒体纷纷发问：思科神话能否延续？不过，53岁的思科CEO钱伯斯仍然坚信思科“有能力改变世界”，他将此次危机的原因归结为思科的业务单一，至此开始了多元化的路线，而手段就是并购。

面对全球IT产业所遭遇的寒潮，思科的并购热潮却随即拉开：2003年收购家庭和小型企业网络设备厂商LinksysGroup；2005年收购有线电视机顶盒厂商Science－Atlanta；2008年思科斥资2000万美元收购Nuova公司的20%股权（此前思科已经以5000万美元收购了该公司80%股权）；2009年收购flip相机厂商Pure Digital Technologies。

“通过正确的并购使自己成为企业巨人”这是思科津津乐道的成功秘诀。思科2000年210多亿美元的营业收入中，有40%来自当年并购的公司。

并购“成瘾”不断搜寻猎物

并购是讲究效率的，在最短的时间内完成并购才能有精力和实力消化，同时抓住客户需求和市场机遇。截至2007年，思科已并购81家公司，那时的钱伯斯往往是发现哪个公司有合适的技术，就连人带技术一起买下来。虽然这种虚拟研发机制可大大规避研发所带来的风险，但也在逐步扼杀思科自身的创新基因。“顾客需要，我又没有，那就去买吧”，已成为思科收购活动的一个标准。通过大举并购，思科将自己的版图扩展到协同办公、服务器、云计算、视频会议、智能电网、家庭网络等诸多领域，在参与竞争的15个领域中，有14个领域处在第一或第二的位置，占有很高的市场份额。

提及钱伯斯的收购经历，还有一段传奇色彩的故事。

1999年，钱伯斯遇到Cerent公司（一家生产光纤设备的公司）CEO罗素，就单刀直入地问："告诉我，我出多少钱能把你的公司买过来?"罗素先生也很风趣地说："告诉我吧，我花多少钱才能使你放弃这个想法?"最终，思科以价值69亿美元的股票收购了这个当时两年才有1000多万美元销售收入的小公司。有人因此形容钱伯斯"像一匹来自硅谷的狼，不断地搜寻适合兼并的猎物"。

通过不断并购，思科的版图中不再只有路由器与交换机。钱伯斯希望让思科进入消费级市场，然而事实证明，思科做得并不成功。

2010年春，在一次思科的合作伙伴大会上，某报记者曾见到思科的一位员工手里拿着一部迷你摄录机，随后他和记者分享了参会的记录片段。当看到cisco的logo后，记者恍然大悟：或许这就是前一年思科用5.9亿美元收购视频摄像机公司flip的产物。对于这名员工而言，他手里的产品只不过是与公司以往那些交换机、路由器不一样的新玩意，而没有意识到这有可能是思科宿命中的一个劫数，事实证明功能单一的flip相机并没有像钱伯斯想象的那样成为利器。

2005年，钱伯斯以69亿美元收购了机顶盒制造商亚特兰大科技公司(Scientific Atlanta)。在思科的规划中，把该公司与之前收购的Linksys家用路由器业务部门相结合，为付费电视服务供应商提供语音与视频的优质产品。但思科却忽视了市场的变化：一方面，美国家庭路由器市场很快就饱和了；另一方面，互联网电视迅速添加了机顶盒功能，不再需要单独的同类产品。

思科向"毗邻市场"的扩张并非全无收效，思科在其中部分领域获得了相当的成功。比如其2001年收购硬件和数字视频服务开发商PixStream，在2006年推出视频会议系统"网真"系统，推出第一年收入便超过1亿美元，成为思科增长最快的业务。同时，网真带来的网络流量提升确实能够促进与其毗邻的网络设备的销售。思科在看到成效后，又接二连三进行集中式收购。2007年收购另一家视频会议服务商WebEx，并将其整合进入思科的统一通信部门，2009 年再度收购一家视频会议设备公司腾博。然而这三次收购的结果是：没有为思科扩大现金流，反而产生了内部竞争，例如思科推出了昂贵的聊天系统 Umi，然而它昂贵的价格导致不少人将其作为企业网络会议设备，致使针对企业的 WebEx 的产品遭遇尴尬；另一方面，做路由器和交换机出身的思科似乎偏爱高带宽的产品，昂贵的网真虽然体验一流而后期却由于价格过高令人望而却步，并且在带宽有限的地区很难实现所谓的一流体验，逐渐沦为“叫好不叫座”的噱头产品。

此外，这种扩张方式不可避免地引发了负面效果：思科高调杀入服务器市场，将长期合作伙伴 IBM、惠普变为直接对手。惠普为此收购 3Com，全面替代思科产品向其客户提供集成方案，而 IBM 则与思科的主要竞争对手 Juniper 签署合作协议，采用贴牌方式销售 Juniper 的网络产品。而在此之前，思科每年通过这两家公司转售的网络设备高达数十亿美元。

在过去的 10 年间，思科的收购或许被算作是钱伯斯的功绩或者是成功度过互联网泡沫的战略，但事实上在 2004 年后硅谷大部分 IT 公司都已经恢复到泡沫之前的水平。互联网的余波并未抛弃思科，就像当年成就思科一样。然而，面对云计算和移动互联网时代，思科似乎没有做好准备。因此，2011 年思科经历了要比 2001 年更糟的情况，因为彼时的灾难是波及整个 IT 行业的，思科却没有找准方向。

第二节　龙潭虎穴：互联网泡沫

对于思科而言，钱伯斯作为标志性人物掌舵至今已经有 17 年。自 1995 年上任钱伯斯带领思科所取得的成绩是有目共睹的。2000 年成功度过网络泡沫破灭后的艰难时期，可谓功勋卓著，然而这些已成明日黄花。近几年来，思科并没有找到更远的发展领域，其在新兴市场的开发力度不够、亮点不多，业务增长幅度不大，这已成为思科面临的一个非常严峻的问题。

2010 年，思科收入 432.18 亿美元，对比 2000 年的 200 多亿美元，十年间只增长了 1 倍；2011 年，思科市值更是跌破 1000 亿美元，不及高峰期的1/5，且净利润持续下滑。此时的钱伯斯再也坐不住了，他首先承认了思科所面临的困境，随后启动了改革瘦身计划：大幅裁员，关闭几乎所有消费级业务，重新聚焦核心业务领域。从表面看，这一次遭遇的危机似乎与2001年互联网泡沫时期相同，当时钱伯斯也进行了大规模裁员。但是时过境迁，有评论认为，今日的思科已经失去往日的耀眼光芒，而钱伯斯也将无力改变思科。

从2011年5月开始，思科启动了战略收缩计划，削减部分新产品开发部门，改变公司臃肿状态。7月，思科宣布了史上规模最大的裁员计划，裁员人数达1.15万人，占思科全体员工的15%。此外，思科宣布下调未来3年的营业收入预期，相关数据显示，思科预计2014年前年营业收入增长率在5%~7%，远低于其原先预期的12%~17%。但预计未来3年利润增长率达7%~9%，运营利润率在25%左右。业内分析认为，大规模重组和预期营业收入的下调凸显思科在未来市场发展的举步维艰，思科已经到了最为艰难的时刻。

战略失焦并购或成“诟病”

截止到2011年1月29日的2011财年第二季度的思科业绩报告显示，思科的营业收入同比增长了6%，达104亿美元，而净利润却下挫18%，随后思科股价大跌，市值缩水15%。面对利润下滑一事，钱伯斯坚持认为，总体视频业务的“发展势头正逐渐旺盛”，但思科的电视机顶盒销售同比下滑了29%。财报会议上，钱伯斯承认，欧洲和北美各国政府购买机顶盒的规模大不如前。虽然思科短期内营业收入预计增长不过5%，但钱伯斯大胆坚持其长期营收增长12%的预期。

然而钱伯斯的预言并没有实现，2011年钱伯斯向所有员工发出的备忘录被公开。在这封信中，钱伯斯坦承思科策略失焦、执行不力、要求运营机制重新翻修。他更直白地说，思科让股东失望，也让员工迷失，“信任”在一夜之间灰飞烟灭。在这封备忘录中，钱伯斯还明确了思科未来将聚焦五大核心业务，“除了做好这些之外我们什么也不做”。随后，思科宣布关闭旗下Flip视频摄像机部门，并裁员550人，此举震惊了科技界。当然，这只是其重新聚焦核心业务计划的开端，接下来轮到社交平台Eos，消费级无线路由器 Linksys 以及网络视频会议产品 WebEx 等一系列产品线。随后思科将机顶盒工厂出售给了富士康，钱伯斯进军 30 余个“毗邻市场”（思科对其新开拓市场领域的特殊称谓）计划就此终结。这次精简计划导致裁员直接数量达到 6500 人，间接数量达到 5000 人，占到公司总人数的 16%。思科发言人公开表示，裁员是继续简化公司过程的一部分，是在世界某些地区评估经济环境的一部分。

但接下来，2012 年的情况更不容乐观。2012 年 7 月，思科再次裁员 1300 人，约 2% 的员工。不久，曾是思科 CEO 继任者的头号人选——首席战略官纳·霍普尔宣布离职，不知这是不是钱伯斯 2012 年 7 月启动的大规模裁员与机构精简的余波。

有媒体点评，近年来思科战略上的失误历历在目。例如，抵挡不住移动互联网市场的诱惑。思科此前将部分精力注入了消费者电子市场，2010 年 7 月思科曾推出过一款名为 Cius 的平板电脑。钱伯斯对此强调，Cius 是一款商用平板电脑，用于运行协作应用，不会和苹果 iPad 等形成竞争。但思科并没有做平板电脑的血统和基因，毕竟向个人消费品市场转型绝不仅仅是技术层面的问题。新兴市场的基础设施建设往往给予中低端市场很大的机会，这并非靠技术优势就能取胜，而此时的思科在网络终端已经失去了其既定的优势。此外，即便思科进行大规模裁员、关闭或售卖业务部门等一系列精简计划，但其一直将并购业务列在计划之中，期间收购了协作软件厂商 Versly，斥资 3100 万美元现金收购软件厂商 Comptel 英国子公司旗下的 Axioss。业内人士认为，这些收购必将在某种程度上分散其专注核心的路由器和交换机业务上的精力。

在思科的核心市场，即电信网络设备市场，思科某些主要产品的份额已经从 60% 下滑到 50% 以下。在企业级高端市场，思科面临着来自 Juniper、华为以及惠普的竞争，惠普公司去年 4 月完成了以 27 亿美元对网络设备制造商 3Com 的并购。在低端产品领域，同样面临戴尔和华为等公司的竞争压力。在思科所有的竞争对手中，无可置疑，来自华为的压力最大。美国电信市场仍是全球的重要市场，据市场研究机构 ABIResearch 预计，2013 年美国网络基础设施支出或将出现增长的拐点。曾经的摩托罗拉、朗讯、北电等北美企业都已经转手，当下，全球前几名的电信设备供应商，除了华为、中兴之外，还有爱立信、诺基亚、西门子、阿尔卡特朗讯。但这些企业，已经与美国公司无关。

无可否认，思科是互联网时代的伟大公司，但钱伯斯大胆预期以及他的一系列举措，能否帮助思科在云计算和互联网时代继续领先，目前尚不得而知。

创新匮乏：十年此消彼长

钱伯斯所做的只不过是更正自己之前的错误，把一些他收购来的公司或卖掉或关闭。而他功绩或许将成为他改革的包袱，此前有思科前高管曝出："没人能令权力极大的钱伯斯退休，每次讨论这个议题时他都会将时间表再推后2年，钱伯斯将思科视为实现他抱负的平台，就像建立一个国家。"当然，董事会也无力改变什么，这些人都是由钱伯斯自己选出来的，而几位耳熟能详的人物杨致远、卡萝·巴茨甚至在自己做CEO时都没能力挽狂澜。

其实此前，钱伯斯曾在年度股东大会上表露过紧迫感，他提到：我明白，你们中的很多人认为我们战线铺得太开，或许你们说得很对。很多人觉得，30个市场是太多了。但对我来说，这可能是太少了。

一些人想知道，钱伯斯的战略是否是出于他的狂妄自大以及思科的需求。两位思科前高管表示，思科基于理事会的管理手段无论本意如何，都是钱伯斯整合权力的一个有效手段。分散决策权可以避免任何个人获得太多控制权。消息人士还称，思科高管认为钱伯斯一直没有为自己选择接班人。思科一位前管理人士说，公司的二号人物都很短命。但是，思科的发言人曾对此驳斥，表示思科战略受到自大因素影响的说法毫无根据。他表示：钱伯斯和思科整个领导层都专注于推动思科的增长和商业业绩。钱伯斯则承认，理事会管理结构并不寻常，但他认为考虑到思科的规模，这是思科能够迅速行动的唯一方式。他表示，各个理事会发挥了高效率，有助于在全公司范围内发现人才。

从某种意义上来说，钱伯斯希望在商业史上留下自己的印记。因此，他总是努力通过雄心勃勃的扩张以及不同寻常的管理策略，展示像思科这样规模的公司如何能够继续保持迅速增长和行动迅速。但事实相悖，这家曾被认为已无对手的企业，为何会沦落至此？

思科似乎只活在曾经辉煌的阴影下。2000 年 3 月 27 日，思科总市值达到 5550 亿美元，一度超过微软成为美国市场价值最高的公司。然而十年过后，2010 年思科收入 432. 18 亿美元，只增长了 1 倍，而 2011 年底，思科的市值已经跌破 1000 亿美元，不到高峰期的 1/5。对比思科及钱伯斯眼中最大的竞争对手华为，十年来华为的销售收入增长 7 倍，2012 年上半年收入已达 1027 亿元（约合 162 亿美元）；员工增长 10 倍，且其中多数是研发人员，这使华为每年申请和审批的专利数量位列世界前茅。在电信业的黄金十年中，思科与华为的攻守角色发生互换，无人可以遏制。

对比可见，近十年来，华为在坚持开放、创新原则，不断扩张市场，而思科则在一次次并购扩张之中走向封闭。差距越大，越让思科无法释怀这位“竞争对手”。2003 年的那场以“思科诉讼华为要求停止侵犯知识产权”的跨国诉讼案，相信没有人可以这么快忘却，正是那次诉讼将中国民族企业华为推向了风口浪尖。十年沧桑巨变，思科十年前用知识产权来打压华为，华为用了四五年的时间在国际专利上超过了思科，现在华为的研发人员已超过了思科。截至 2011 年底，华为累计在全球申请专利达 47322 件，授权 23522 件。而思科此时的专利数量，已经不在全球前 100 名内，即使在美国国内的公司排名中，思科也从 2009 年时第 18 位下降到去年的第 22 位。

有业内人士评价，虽然华为在企业市场还不能与思科比，但是华为的技术和产品已经完全具备冲击该市场的能力。“华为这种势头，如果在美国能够扎进去的话，思科的领导地位很快就会丧失。思科通过创新已经没法和华为公平竞争了，经济手段、技术手段也已经没办法和华为竞争了。”

当然，除华为外，还有很多企业与思科在多个领域形成鲜明的竞争，面对越来越强大的竞争对手，思科又将何去何从？钱伯斯仍保持乐观态度吗？

竞争激烈，思科遇十字路口

钱伯斯显然过于乐观了，他太相信思科在业界的功力。但实际上，在思科寻求扩张的过程中，其在传统交换机、路由器和通信设备领域的技术优势已逐渐被 3Com 和华为等赶上，且早已进入价格战阶段。而戴尔、惠普和甲骨文等也都将云计算与海量数据中心解决方案作为重点。而思科在2009年进入数据中心领域时，“云计算”并未被提升到足够重要的高度。直到2012年决心重组，钱伯斯才终于宣布“支持协作、数据中心、云转变和视频架构”的扩张网络平台将成为思科聚焦的核心。思科的问题不仅仅局限在行动缓慢上，核心技术没有方向、价格战被动、新兴业务节奏错乱且失焦……种种状况导致了思科现在的局面。另一方面，钱伯斯还必须为他在10年前的组织架构“改革”埋单。

思科的竞争者到底是哪些呢？华为、Juniper、中兴在不断的蚕食着思科IP边缘路由器和运营商以太网交换机的市场份额。相关数据显示，从2010年第一季度到2011年第二季度，思科IP边缘的收入份额从41.5%下滑到32.2%，而其最接近的竞争对手夺走2%~5%的市场份额。阿尔卡特朗讯和华为在宽带和移动网络方面提供终端产品组合的解决方案也对思科构成了一定的威胁，竞争对手的快速增长让思科倍感压力。

此外，惠普和正不断壮大的ProCurve的竞争也让思科“头疼”。博科目前仍在存储网络领域，且在以太网交换方面相当成功。Juniper也能提供ProjectStratus。而华为和日立也都拥有交换产品，他们在思科丰厚的利润之间具有价格的灵活性。

在众多竞争对手之中，思科最看重的一个便是华为。2003年“专利诉讼案”之后，随着思科与华为各自业务的不断拓展，双方竞争的市场领域越来越大，从交换机到路由器，从企业市场延伸到核心设备市场，是电信网络产品的全方位竞争。而钱伯斯更是时刻把华为挂在嘴边，经常向公众传递“华为是思科的最大竞争对手”的讯息。

1999年，长期专注于电信设备制造的华为，第一次在中国推出了自己的数据产品接入服务器。一年之内，华为就抢到了中国新增接入服务器市场的70%，随后又将触角延伸到路由器、以太网等主流数据产品。2002年，华为在中国路由器、交换机市场的占有率直逼思科。来自华为的挑战，迫使思科中国2001年整体价格平均降低了15%，销售额也在2001年达到历史最高点10亿美元之后急转直下。这种威胁，随着华为国际市场的开拓，也从中国蔓延到全球，甚至直逼思科的美国大本营。2002年6月，华为美国公司FutureWei成立，开始与思科在企业商用市场的老对手3Com正式接触商谈成立合资公司。

2003年那场知识产权诉讼之后，华为依靠自主研发，多产品多领域齐头并进，与思科在电信网络产品市场展开了全方位竞争。如今，当华为重新在企业市场上向思科发起正面挑战时，华为对研发的持续投入及在专利方面的成果，给思科造成了空前压力。

两家公司面对的用户领域及行业、细分产品线呈现高度重叠的情形。在华为推出数据通信产品之前，思科占据全球数据通信市场70%~90%的份额。在1999年华为推出数据产品后的一年内，华为在中国数据通信市场的占有率直逼思科，在美国的收入同比增长近70%。虽然思科在全球网络设备市场的霸主地位仍未动摇，但其销售额和市场占有率却首次出现下滑。

2011年，华为招兵买马扩军企业网市场，计划在三年内确立在国内的行业领导地位，到2015年实现销售收入150亿美元。华为的高调重返，给发展受阻的思科敲响了警钟，思科的净利润率已由五年前的27%降到了目前的10%，一些核心产品领域的份额已经从60%降至50%。

2012年3月，在华为被禁止参与澳大利亚NBN项目投标时，钱伯斯拒绝就困扰华为的安全问题作评论；然而，他却提供了一个相对不太直接的回应，“华为有信任问题”。钱伯斯称，并认为澳洲禁止华为参加NBN项目“有意思”。

华为基于多年的积累，在企业市场的冲击也来得极为迅猛。5月6日，在美国拉斯维加斯举办的Interop2012上，华为的展台就矗立在思科的对面，双方打起了擂台。华为展出的CloudEngine12800核心交换机产品线甚至把思科这个对手震撼了，“思科很多人去华为展台看这个产品”一些参展人士如此反映。

按照以往的惯例，在那些思科无法击败竞争的领域，钱伯斯就会下令收购竞争对手。但如果到了竞争对手已经强大到无法实现收购的境遇，思科又该采取怎样的举措？当下，思科股价“跌跌不休”，而竞争对手们的股价多数在不断上扬。有分析师建议，思科应对销售增长目标做更保守的估计，因为增长放缓可能将持续。

十年前，思科在网络泡沫中遭受重创，此后其通过视频和网络路由器的市场需求增长，从而重振声势。十年间，钱伯斯一直信誓旦旦要在互联网服务和消费等新领域有所突破，不惜重金并购，但是几年下来钱没少花却没有什么实质性的突破，反而在原有领域的创新方面失去了核心竞争力。很显然，目前思科又走到了一个十字路口，在新的轮回中，思科又将有怎样的表现？

第三节　中国高地

即便遭受种种打击，思科依然能够矗立不倒，得益于优势领域占有率及高利润市场的突出贡献，例如北美市场、中国市场。数据显示，美国市场收入占到了思科总收入的60%以上，美国无疑是思科维持生存的核心支柱。此外，思科在中国的业务发展迅猛，客户包括众多央企及政府部门，甚至还涉及国家敏感领域。与此同时，思科通过一连串收购，快速形成了数据通信产品领域的全面产品系列，在全球数据通信领域市场占有率达70%，其中路由器、交换机等数据产品更是思科的优势领域。

思科：中国市场举足轻重

思科自1994年进入中国市场，目前在中国拥有超过3000名员工，分别从事销售、客户支持和服务、研发、业务流程运营和IT服务外包、思科融资及制造等工作领域。思科在中国设立了20个业务分支机构，并在上海建立了一个大型研发中心。

2006年5月，思科系统（中国）信息技术服务有限公司在北京成立。该公司专注于为中国客户提供全面的网络生命周期服务。

2007年11月，思科公司董事会主席兼首席执行官约翰·钱伯斯（John Chambers）访华，宣布创新及可持续发展成为思科在华发展战略重点。思科公司宣布未来三至五年计划在中国投入160亿美元，提升本地采购并增加在教育、融资、租赁、研发、投资以及销售和服务运营等方面的投入。

2008年4月，思科CEO约翰·钱伯斯再次访华，在北京宣布了思科在中国的下一阶段公司发展战略和蓝图。加强与中国政府和产业的合作，并与中国在经济、社会及环境等各个层面的发展目标相契合。同时，思科公司与北京大学合作成立了光华—思科领导力研究院。

2009年11月，思科以4450万美元收购了中国最早进入“三网融合”领域的公司——天地数码的机顶盒业务，这是思科首次收购中国公司；2010年6月，思科与腾讯合作，试图突破中国“统一通信”市场。

2011年11月8日，思科宣布正式成立其位于杭州、苏州和合肥的思科中国研发中心（CRDC）分支机构。

2012年，美国国会调查华为、中兴事件，中外媒体直指背后推手为思科，将思科推至舆论的风口浪尖。不过同年，思科中国业务并未受到过多影响。

自1994年进入中国，思科的网络设备已经广泛应用于金融、交通、能源、教育等各核心行业，中国市场为思科提供了3%～4%的全球收入和30%的全球利润。虽然份额不大，但利润贡献仅次于美国本土市场，潜力巨大的中国市场对思科意义重大。有一组数据显示，中国骨干网络几乎被思科产品全面占据。中国电信163和中国联通169承担了中国互联网80%以上的流量，思科占据了中国电信163骨干网络约73%的份额，把持了163骨干网所有的超级核心节点和绝大部分普通核心节点。从169网来看，思科占据了中国联通169骨干网约81%的份额。

除电信行业外，思科在其他领域也处于垄断地位。据互联网实验室出具的数据显示，在金融行业，中国四大国有商业银行及各城市商业银行的数据中心全部采用思科设备，思科占有了金融行业70%以上的份额；在海关、公安、武警、工商、教育等政府机构，思科的份额超过了50%；在铁路系统，思科的份额约占60%；在民航，空中管制骨干网络全部为思科设备；在机场、码头和港口，思科占有超过60%以上的份额；在石油、制造、轻工和烟草等行业，思科的份额超过60%，甚至很多企业和机构只采用思科设备；在互联网行业，腾讯、阿里巴巴、百度、新浪等排名前20的互联网企业，思科设备占据了约60%的份额，而在电视台及传媒行业，思科的份额更是达到了80%以上。

由此可见，思科把持着中国经济的神经中枢。而思科之所以能如此快速扩张，得益于其近20年来在中国本土的深入渗透。思科CEO钱伯斯在2007年11月宣布的未来3～5年对华160亿美元的投资正在发酵：它被拆解为与相关部门的若干备忘录、新的供应链体系、50 家被投资公司和一支针对创业公司与小型公司的风险投资基金、250 家新开设的思科网络学院，以及和成都的“智能城市框架协议”。

中欧陆家嘴国际金融研究院副院长刘胜军曾指出，由于 GDP 至上的发展思路，地方政府日益“公司化”，热衷于招商引资，大搞基础设施建设，甚至涉足投资等领域。显而易见跨国公司因为先天的优势能为地方政府提供其所需要的拉动 GDP 的必然动力，所以在招商引资时其难免会向跨国公司倾斜，甚至给予更多的照顾。

中国工程院院士倪光南也曾表示，在政府采购、公共采购上，现阶段可以参考的法律是 2001 年的《政府采购法》和《招标投标法》，但是两部法律对政府采购国产化产品的界定比较模糊。国内对网络安全问题重视的高度不够，这也造成了在基础设备采购上，思科在核心领域中占了太多的份额。

中国信息安全“不设防”

“美国在软件上的绝对优势，美国政府能够决定所有软件如不设有木马程序则禁止出口。当计算机内出现具有‘与美国开战’字样的文件或有其他外界的触发时，这些隐藏的程序就会被激活，其结果可以是格式化计算机硬盘或将用户电脑里的文件发给美国中央情报局。”——1997 年，美国乔治·华盛顿大学网域空间政策研究所学者 RetoE. Haeni《信息战导论》。

与众多中国企业在美国遭到封杀形成鲜明对比的是，以思科为代表的美国“八大金刚”（思科、IBM、Google、高通、英特尔、苹果、Oracle、微软）在华长驱直入，中国却几乎未设防。尤其在关系到国计民生的关键信息基础设施，也大多应用美国的技术和产品。在西亚、北非的政局动荡中，谷歌等网络公司正在扮演非常重要的角色；美国与以色列曾经借助电脑蠕虫病毒令伊朗的核设施瘫痪——该病毒之所以具备如此威力，是因为伊朗几乎每台电脑都安装了微软的 Windows 系统。

还有一组触目惊心的数据，来自中国国家互联网应急中心抽样监测最新数据显示：

2011 年有近 5 万个境外 IP 地址作为木马或僵尸网络控制服务器，参与控制了我国近 890 万台主机，其中有超过 99.4% 的被控主机，源头在美国。而仿冒我国国内银行网站站点的 IP 也有将近四分之三来自美国。中国遭受境外网络攻击的情况日趋严重，仅 2013 年前两个月，就有境外 5324 台主机通过植入后门对中国国内 11421 个网站实施远程控制。其中，位于美国的 1959 台主机控制着中国国内 3579 个网站，位于日本的 132 台主机控制着国内 473 个网站。按照所控制的国内网站数量统计，美国位居第一。另有数据显示，全球有超过九成的网络战发端于美国，而网络设备正是网络战必备的武器。

一位不愿具名的行业人士，从技术角度剖析了思科产品的危险系数。在思科网络产品中，其镜像功能（仅仅需要管理员就可以操作，没有任何政府管控）、合法监听（仅仅是用 SNMPv3 协议进行管理，而这个协议本身并不安全，政府机构无法了解这些功能是否被滥用）、DPI 内容安全审计（无法区分流量统计分析和内容审计功能，SCE 产品可以对包括电子邮件、语音 RTP 流、网页、文件等数据进行还原操作，在机要部门网络中一旦部署，能够非常方便地实现对机密信息的“窃取”）等功能，都是在没有政府授权的情况下就能够开启、配置、生效。因此，在关系到国计民生的关键部门，一旦选择思科的产品，几乎等于选择了安全隐患。并且该人士还透露，目前国内相关领域技术人才缺乏，一些工作人员并不十分精通思科的设备以及软件，即使思科对中国的信息安全造成了损害，相关工作人员也只能像一个未带测速仪的交警一样，对这种超速行为浑然不觉。

断网、后门、明文密码，未来一旦出现不确定情形，使用了思科设备的中国几大核心领域的信息安全，将如纸糊一般脆弱。因而，专家建议我国核心领域应当加强网络信息安全的防范和审查力度，不应过度依赖国外产品，并且应当快速提升自身对突发事件的应对能力，做到有备而无患。据了解，目前已陆续有电信运营商着手更替思科网络设备。

钱伯斯：“讲政治”的商人

有外媒评价，钱伯斯是一个非常“讲政治”的商人。

1997 年，《电子商务》杂志在对全球高层管理人士进行的一次民意调查，钱伯斯被选为“年度最佳首席执行官”。

1998 年，《福布斯》杂志将思科系统公司评为“美国发展势头最强劲的公司”，《财富》杂志则将思科系统公司列为“美国 25 家最佳任职公司”之一。在美国硅谷的《Upside》杂志评出的年度“巨头”中，钱伯斯脱颖而出，超越比尔·盖茨名列第一。该杂志还将钱伯斯评为“数字世界之王”；美国《商业周刊》在短短 3 年间 2 次将他评为全球前 25 位高级企业总裁之一。

2000 年，在《财富》杂志公布的“最值得尊敬的企业”排名中，思科名列第四位；“美国最佳企业”排名中，思科名列第三位；钱伯斯被读者评为最伟大的 CEO 之一。

2003 年，钱伯斯被英国著名商业杂志《Total Telecom》评为通信业最具影响力人士，被《机构投资者》杂志评为全美最佳 CEO。

2007 年，钱伯斯被评为 IT 界十大最具影响力人物。

可以说，自钱伯斯掌管思科以来，获得的赞美之声从未停止过，钱伯斯不但算得上是 IT 界的传奇 CEO，还是硅谷与政界打交道的头面人物，同时兼任美国总统贸易政策委员会委员。

1998 年，在白宫的一次会议上，克林顿总统与戈尔副总统在谈到思科系统公司时说，思科系统公司“不但在互联网工业领域，在任何领域都是最出色的公司”。他们还认为，钱伯斯是互联网工业界、美国经济乃至全球经济的真正领导者。作为当时信息产业界成长最快的公司，思科也曾是美国总统的骄傲。

极具“政治头脑”的钱伯斯，善于借此为思科公司带来幸运。思科作为占据美国 70% 网络设备市场的公司，从未受到政府对其垄断的指控，相比之下，微软就没那么幸运。这一出色战绩，不能不归功于 CEO 钱伯斯过人的外交才能，钱伯斯总是寻找一切机会与乔·克莱因（原美国司法部反垄断部门微软案负责官员）“沟通”。

思科公司与美国政府有着极为密切的关系。据公开资料，美国国会议员中有 73 位在思科公司中拥有比例不同的股份，他们中间的一些人会参与到思科公司的决策。此外，思科公司成立了全球政策和政府事务部门，专门负责影响技术领域的政策和监管措施。该部门由前政府高官、立法者、议员、监管机构官员等组成，与政府部门关系密切，通过影响政策制定来促进思科的商业利益。

在中国工程院院士倪光南看来，“思科绝不是唯一一个和政府密切合作的美国企业，美国大量企业高管都是由美国西点军校培养出来的。有数据显示，仅仅是二战以后的美国金融界，西点军校就大概培养了1000个董事长，5000多个企业高管。”中国科学院企业创新研究中心副主任吕本富则表示：“思科和美国政府走到一起，不仅有利于拓展自己的盈利空间，更能为政府获取网络用户信息提供诸多便利。”

而事实上，近几年美国“网络战”兴起，思科在其中就扮演了重要角色。

2006年2月10日，美国进行了一场历史上规模最大的“网络风暴”网络战演习。美国国土安全部指挥，美国国家安全委员会、国务院、国防部、司法部、财政部、国家安全局、联邦调查局、中央情报局等115家政府部门参与，思科是演习的重要设计者之一。

思科发言人约翰·恩哈特此前曾公开表示将采用“更具竞争力的措施”来反击惠普、华为以及Juniper等竞争对手，再结合本年思科的游说费用的走势来看，思科和美国政府的关系不言而喻。

钱伯斯，一个讲“政治”的商人，正是在他的领导下，思科才得以在美国“大本营”如此坚守。在备忘录中，钱伯斯曾号召全体员工一同来为思科定义一次新的转变并努力获取成功。但对于钱伯斯来说，新的轮回总有尽头，未来2~3年将决定钱伯斯以何种方式结束自己几近完美的职业生涯，是在鲜花与掌声中光荣离去，还是在指责或谩骂声中黯然退场，值得关注。

附 录

思科：修正式转型（《经济观察报》）

沈建缘

2011 年 08 月 19 日

在经历了一个月前的大裁员、关闭产品线和出售工厂之后，投资者眼里的思科正在复苏。

8 月 11 日，思科发布截止到 2011 年 7 月 30 日的 2011 财年第四季度及全年业绩报告。当天，思科股价上扬 15%，这是自 2006 年 8 月以来的最大涨幅。

报告显示，第四季度净销售额为 112 亿美元，比去年同期增长 3.3%。净营收为 112 亿美元，比去年同期的 108 亿美元增长 3.3%。

瘦身

8 月 13 日，思科中国区副总裁兼首席技术官梁永健在微博上透露，自己已于近日从思科离职。梁永健只是思科“面临调整”的 15% 的副总裁级以上管理人员中的一个。这一比例十分惊人。

在思科一个月前发布的公告中显示，思科裁员规模将达到史无前例的 1.15 万人，占公司全部员工的 16%。其中包括将出售给富士康的机顶盒制造工厂的 5000 名员工。

通常情况下，裁员对股东有利，因为这降低了劳动力成本并提高了效率。但裁员可能会引发了一个劳动力—资本的死亡螺旋：银行股价下跌给员工造成了更大压力，并可能导致更多的裁员。

另一个重要因素是，在云计算和移动互联网时代，网络硬件设备重要性的不断下降，是裁员数量上升的原因。

对比另两家同样专注于创新和服务的企业——谷歌和 Facebook，我们就会发现不同——谷歌仅仅凭借不到 3 万员工，就创造了这一市值；而 Facebook 的股本估值超过了大多数 IT 设备提供商，但它只有 2000 名员工。

从这种意义上看，思科的周期性震荡是必然的。

聚焦企业

思科董事会主席兼首席执行官约翰·钱伯斯（John Chambers）希望思科带给投资者的不仅是遐想。

钱伯斯在业绩发布电话会议上称："我希望我们没有经历过这些，但很明显，现在是思科进行根本性改变的时刻了，我对本财季充满信心。"

作为削减 10 亿美元成本计划的一部分，思科 7 月 18 日宣布，将通过解聘和提前退休的方式裁员。为集中力量于主营的路由器和交换机业务，思科关闭 Flip 摄像机部门，并将墨西哥的一座工厂出售。

在思科的历史上，这样的情况只出现过一次，那是 2001 年遭遇互联网泡沫时的一次大裁员。一位不久前从思科离职的老员工说："好像 2001 年又回来了。"

回忆当年的情形，那年 3 月钱伯斯做出裁员 8500 人的决定。那次裁员也是钱伯斯职业生涯中一个光荣的节点，自那之后思科成为美国乃至全球高科技企业复苏的象征。

这一次，钱伯斯面对的是作为思科 CEO 职业生涯中的第二次劫数——思科两大核心业务，路由器和交换机市场份额均在下滑，惠普和 Juniper Networks 赢得了这两个市场的份额。

钱伯斯在旧金山举行的一个投资者大会上承认："曾被视为不可动摇的思科，现在正受到越来越多装备精良的竞争对手的挑战。"

在惠普和 Juniper 们蚕食思科市场份额的同时，思科管理层的精力和创造力放在了 30 多个类似机顶盒、会议软件和摄像机公司。

近十年来，思科连续收购了 100 多家公司。产品线从有线到无线网络，从数据到视频，从电信级到消费级，几乎覆盖了整个 IP 通信领域。

陆续关闭收购来的数码相机公司 Pure Digital Technology、视频社交平台 Eos、消费级无线路由器 Linksys 以及网络视频会议产品 WebEx 等产品线也说明，思科作为网络世界软硬整合的绝对领导者的初衷并没有因为庞杂的产品线得以实现。

目前，思科将当前业务主要集中在五大领域：路由器和交换机、办公协同、数据中心、视频和网络基础架构。为夺回市场份额，思科在第四财季推出了新产品，包括升级后的旗舰交换机产品。此外，思科还推出了一些新技术，提高云计算网络的效率和安全性。

修正梦想

作为思科的梦想和理念的散播者，钱伯斯每一次都能实现自己的计划。虽然这次的任务是修正自己的战略——讲求实际而非梦想。

思科必须接受这样一个现状，业内既有苹果这样以产品体验见长的公司，也有像惠普这样的从上到下产业链打通的对手。而消费者比以往任何时候都需要更为丰富和创新的产品和应用。在危机爆发之前，思科也正是靠这起家的。

危机过后，新的增长仍需要依靠创新来拉动，但不断并购导致思科和惠普、IBM 等一些原有合作伙伴变成竞争对手，给思科的合作版图蒙上了阴影。

2009 年思科推出 UCS 染指计算领域后，昔日的合作伙伴惠普十分不满。2009 年 11 月 12 日，惠普用 27 亿美元吞下已有 30 年历史的网络设备服务提供商 3Com，直接进入了思科的领域。

思科与 EMC、VMware 合作成立“虚拟计算环境联盟”及合资公司的举动，也让其和 IBM、惠普或 DELL 之间的关系日趋紧张化。Juniper、戴尔等企业表示“强力反击、绝不手软”。

一连串坏消息中蕴含的好消息是，企业和个人消费者仍愿意大量投资于能在互联网时代带来全新应用的设备。数据显示，预计到 2013 年，全球互联网用户中将有约 91% 的内容基于视频，每个人平均使用的终端数量将达到 7 个，意味着 2013 年全球用户设备将达到约 500 亿台。

新篇章

为夺回市场份额，思科在第四财季推出了新产品，包括升级后的旗舰交换机产品和一些与云计算相关的新技术。

在 2011 财年第四季度及全年业绩沟通会上，钱伯斯表示：“在我们进入下一财年的时候，你将会看到一个非常专注、灵活、精益并积极进取的公司，它将全心全意地致力于帮助我们的客户利用智能网络变革其业务。”

5月5日，思科宣布其业务架构和运营的重要调整，将精简其销售、服务和技术事业部门，专注于推动网络和互联网发展的五大领域。具体包括，将全球销售运营划分为三个地理大区，分别是美洲（包括美国、加拿大和拉丁美洲）；欧洲、中东和非洲；亚太、日本、大中华区。思科技术事业部将按职能进行划分，针对五大重点领域推进技术创新。这是思科从硬件提供商向系统集成服务商转型的开端。

思科的新面貌正在逐步展现，梁永健已经没有机会参与这样的转变。“思科的确是非常优秀的公司，我为有机会在思科工作六年而庆幸，也为下一站新平台而兴奋，期待更精彩的未来，三年见分晓。”他在博客里这样说。

第七章 华为思科之战的警示与启示

行业发展在延续，企业间的竞争也将继续下去。华为与思科的成长及竞争带给我们很多警示与启示。

美国以安全为由拒绝中国通信企业进入美国市场，凸显了中国企业在美发展的困境。对比思科在中国市场的长驱直入，并在政府、金融、医疗等核心领域占有绝对优势份额，已然对我国信息安全造成了潜在的安全威胁。提高和完善审查制度、加强信息安全顶层建设已势在必行。

华为的国际化之路所遇到的难题，同样是中国自加入 WTO 接轨世界以来，多数中国企业国际化进程中已面临或将面临的问题。市场竞争、技术创新、政治壁垒、知识产权保护等，通过前行者发展和创新经验的总结和分析，希望给后来者一些借鉴和启示。

第一节　搭建信息城堡

8 年前，联想在收购 IBM 的个人电脑业务时，曾遭到美国国会的反对，理由是“可能会触犯美国安全利益”。

2007 年，美国国会同样以安全威胁为名要求华为撤回对 3Com 的收购。在随后的几年里，美国多次以安全为名拒绝华为在美的收购及合作。

2011 年 11 月 7 日，美国众议院情报委员会正式启动了对华为、中兴的全面调查，最终认为华为、中兴对美国存在安全威胁。

2012 年 9 月 28 日，美国总统奥巴马以“威胁美国国家安全”为由，签发行政命令禁止三一集团在美国的关联公司罗尔斯（Ralls）在俄勒冈州一军事基地附近兴建四个风电场，并要求罗尔斯在 90 天之内从该项目中撤出全部投资。

长期以来，美国对任何一个试图进入本国市场的高新技术企业都进行严格的控制，这里面既有“贸易保护主义”的原因，也有美国对保护国家信息安全的忧虑。在美国看来，信息技术、信息产品是与信息安全密切相关。

在信息时代，信息网络安全作为国家安全的重要内容，正在成为国家安全的新领域、新边疆和新战场，其重要性不言而喻。没有信息安全，国家的政治、经济、军事、科技、文化、社会等方面的安全保障就无从谈起。

目前，美国已经拥有相当健全的国家信息安全政策决策体制，这是保障美国国家信息安全最为有效的手段。复旦大学国际关系与公共事务学院沈逸博士认为：自 20 世纪 70 年代至今，在实践过程中美国已经逐渐形成了“有限开放、积极管制、谨慎合作”的国家信息安全政策。

尤其自 2001 年“911 事件”后，美国政府着力国家信息安全保障，加强国家控制信息流动的能力。这一变化，改变了美国国家信息安全政策制定过程中“开放”与“控制”之间的对比。奥巴马上台后，更是将网络空间安全威胁定位为“我们举国面临的最严重的国家经济和国家安全挑战之一”，并宣布“从现在起，我们的数字基础设施将被视为国家战略资产。保护这一基础设施将成为国家安全的优先事项”。奥巴马政府在削减了包括 F22 战机在内的传统武器的同时，却大幅增加网络攻击武器的投入，并筹建网军司令部，其网络安全战略已显现出“攻击为主，网络威慑”的特点。

2011 年 6 月，美国五角大楼更是引入一项“新网络战略”。依照这项战略，美国将网络入侵行为分门别类，其中最严重一类是由一个国家对美国发起的网络攻击行为，这一类网络攻击将被视作“战争行为”，美国可对对方发起传统方式的军事回击。

2012 财年，美国国土安全部更是得到了 8. 88 亿美元（比 2011 财年多 4950 万美元）用于基础设施和信息安全的保护。其中网络安全方面为 4. 43 亿美元，相比 2011 财年增加了 8000 万美元，其中 2280 万美元用于网络安全教育，提高网络安全意识。与此同时，美国政府继续减少政府计算机网络的接入点、提高“爱因斯坦电脑入侵探测系统”的入侵探测功能，通过教育和培训，建设网络安全队伍，打击网络威胁。

就美国而言，在以控制优先的美国国家信息安全政策的引导下，包括政府机构及各个企业在内的安全市场，采用的信息安全产品大多是“本土货”。包括华为、中兴在内的所有外国企业，只要是和信息网络安全沾边，要想进入美国市场，比登天还难。就像美国众议院特别情报委员会在报告中写到的那样，网络给美国国家安全以及经济利益所带来的威胁是一个不可规避的具有优先级的威胁问题，基于这样的考虑，建议相关公司避免选用华为、中兴的设备。

然而，与华为、中兴、三一重工等企业在美国遭遇“以安全为名”的阻挠形成鲜明对比的是，在中国美国信息网络公司却占据了大半江山。目前，美国企业的技术和产品已经广泛用于我国多个领域，尤其是关系到国计民生的关键信息技术基础设施，多半应用的是美国企业的技术和产品。随着我国信息化进程不断加快，信息基础设施的进一步扩展，信息系统、通信网络应用日益普及，关系国计民生的行业、部门、机构将越来越依赖于信息网络系统，它作为一个平台已成为了整个国家商业、教育、政府和家庭通信不可或缺的一部分。相比美国，我国网络安全现状相当脆弱，而以思科为代表的美国“八大金刚”在中国多数核心领域占据了很大的市场份额。这些潜在的安全隐患，一旦变成事实，将给中国国家安全带来不可想象的损害。

以思科为例，思科承载着我国通信、金融、政府、铁路、民航、医疗、军警等诸多要害部门的网络，但其核心安全算法却完全由自己掌握，这无疑会对我国的信息安全构成巨大威胁。

数据显示微软在中国市场占有率达95%。2008年的“黑屏”事件想必部分用户仍记忆犹新，微软用黑屏来维护知识产权的同时，也让人们清醒地认识到，只要需要微软会轻而易举地让中国的电脑“死机”。

再看看谷歌，作为全球最大的搜索引擎，用户每次输入的内容、时间，以及IP地址和CookieID（能够识别用户身份）都将被记录。国家安全信息、企业商业活动、社会思想动态等，都可以被获取分析，这对我国国家安全、社会稳定和个人隐私构成潜在威胁。

而苹果公司，有专家称具有“云服务”功能的iPhone智能手机，其操作系统由国外企业垄断，且操作平台服务器也设在国外。这就意味着使用者大量信息可能被上传到这些平台并处于其监控之下。即使把定位功能关掉，系统依然会追踪并记录用户的踪迹。

不仅是思科，那些在中国“攻城略地”的美国计算机和互联网行业巨头们往往都有很强的“政治倾向”。他们每年都投入巨额资金游说国会，从而影响政策制定，谋求利益。资料显示，近年来它们关注的主要议题是网络安全、知识产权、网络中立和网络监管等问题。

信息安全专家潘柱廷曾谈到，“思科是目前全球网络设备主要厂商之一，掌握着核心技术。中国的骨干网的接入设备大部分采用的是思科的设备，一旦发生安全问题，中国的信息网络会全面瘫痪，后果不可小视。”他表示，“思科的交换机曾经发生过漏洞，造成了很大的信息完全问题。不管是后门也好，漏洞也好，都会对网络和信息安全产生巨大威胁。”

一位名叫麦克尔－莱恩（Michael Lynn）的ISS公司分析师公布思科路由器存在安全漏洞。莱恩公布了思科路由器互联网网络操作系统（IOS）中的一处漏洞，并详细描述了通过该漏洞控制路由器的步骤。他指出，思科的IOS和微软的WindowsXP一样，都存在着各种各样的漏洞。莱恩发现了一种关闭思科路由器的方法，可以使路由器无法重新启动。“因为只要有人攻击了路由器，他就可以控制整个网络。”他说。

在全球一体化和信息全球化的二十一世纪，最大的安全问题就是信息安全，以及建立在信息安全基础上的经济安全、政治安全、军事安全、社会安全、科技安全、文化安全等。谁掌握了信息安全，谁就占领了信息时代的制高点，谁就拥有了“制信息权”。信息安全已上升到直接影响国家政治稳定、社会安定、经济有序发展的全局性战略地位，是国家总体安全的基石。

有专家分析称，技术上受制于人可能是中国曾面临的最大信息安全威胁。但随着我国通信技术水平的发展，有些技术甚至实现了领先，本土企业已经有能力承载网络的全面运维。

从长远角度看，加强信息安全只能靠我们自己。从企业来讲，一方面要加快信息安全产品的自主研发；另一方面要逐步更替现有网络设备，抑制对外企设备的过度依赖。为此，倪光南院士建议，“为了解决网络安全问题，唯一途径就要用自主可控的软件硬件来取代国外的产品，因为这些关键性的软件硬件很难通过外加的措施来控制，防范很难。”

从国家层面来讲，政府应当对现有网络进行安全审查，并进一步发展信息安全政策，加快信息基础设施建设，完善监管体制机制，为网络安全立法等，这是确保我国信息安全长治久安的根本保证和必然选择。

的确，在全球化的今天，全面杜绝外国的信息安全产品，不可能也没必要，重要的是增强信息安全意识。美国对中国网络企业层层设防，我们对美国网络企业不能毫无戒心。

一直以开放包容姿态向外国企业敞开大门的中国市场，也许是时候重新考虑衡量尺度了。这并不是说要进行政治上的“报复”和“贸易战”。但也不能为了追求经济利益而牺牲安全利益、为了眼前利益而忽视长远利益。信息安全与自由贸易无关，与国家和企业的安危休戚相关。加大对在华国外网络企业的安全审查和监管力度，应该成为当前加强我国信息安全的一项紧迫任务。

第二节　远洋之帆

目前捍卫国家信息安全的意识虽然存在不足，但庆幸的是，我们已经拥有了很多已经发展成熟可以依赖的高科技企业。不过，随着中国高科技公司的崛起，高科技版本的“中国威胁论”也随之而来。从 2004 年起，就不断有美国主流媒体大篇幅报道中国科技企业是新势力的崛起，由此担忧会对美国高科技产业和硅谷造成威胁。

中国高科技公司的崛起引起了西方社会的普遍关注和恐慌，2012 年美国政府针对华为、中兴两家企业的审查就是个典型的例子。

针对华为公司与美国政府之间的纠葛，时事评论员薛海培认为，美国调查华为、中兴从逻辑上是讲不通的。将华为和中兴列为国会情报委员会的调查对象是不妥当的，因为它给美中关系发出一个十分错误的信号。即使需要对它们调查，那也应该是国会的商业委员会或者是负责外国投资的小组委员会的事，把它放到情报委员会，导致整个事件的本身性质就发生了变化，变得极具攻击性。这个报告把两个世界级的大公司华为和中兴列为对美国国家安全的直接威胁，这在美国的国家历史上很可能是第一次的。

事实上，随着以华为为代表的中国企业逐渐站到世界通信行业的“潮头”，国际市场已无法拒绝来自中国的通讯产品和技术。在这个全球一体化的时代，世界离不开中国，中国也离不开世界。

品牌与技术创新助力联想完成“飞跃”

中国高科技崛起之路从来不是一帆风顺的。在“中国威胁论”的阴影之下，尽管有越来越多的中国高科技企业发展壮大，走上全球化的发展道路。但无论是并购还是竞标，投资还是上市，众多中国企业不得不面临着与华为、中兴类似的不公平待遇。

2006 年的“联想门”事件，美国以安全为由，不许涉密部门采购联想的个人电脑。不过当时美国的反应没有像这次对待华为中兴事件那么大，还没有把联想告到国会，也没有让联邦调查局进行调查。有国内专家指出，联想电脑的软件和芯片等核心技术都是美国的，没有任何理由说联想电脑会威胁美国安全。

如今，联想经过28年的努力，终于站在了PC行业的顶峰。对于靠代理国外PC起家的联想来说，品牌影响力其实一直都是其短板。但这种状况在联想收购了IBM PC业务之后，发生了巨大的改变。联想凭借这次收购，一跃成为全球第四大PC厂商，完成品牌创新的同时，正式迈出了国际化的步伐。“这是在高科技领域，在一个完全开放的市场上，中国企业通过竞争，通过多年艰苦卓绝的努力达到的一个高峰。”杨元庆对此评价道。

在哈佛大学商学院的案例库里，中国企业有两家，其中之一就是联想。在这个名为《中国科技的奇迹——联想在中国》的案例中，哈佛经济学家认为，在全球所有的发展中国家里，还没有哪个国家拥有一家全球知名信息技术企业，除了中国，除了联想。自成立以来，联想就一直以创新作为企业发展的源动力，并通过不断创新来增强企业的竞争力。联想董事局主席兼CEO杨元庆曾说，联想一直孜孜不倦地追求创新，不像很多PC厂商把这个行业看成是一个商品化的行业，生产制造外包不说，还把产品开发都外包了。联想不但自己进行生产制造，而且强调自主研发。ThinkPadTwist这一类平板笔记本电脑就是联想的创新成果，此外在智能手机、智能电视、平板电脑等新领域，联想的创新层出不穷。

正是在“追求高品质和性价比，在有限领域成为领先的功能应用创新者”的技术创新宗旨指导下，联想逐渐从一家十几个人，20万元投入的小公司，成长成为全球第一大PC厂商，全球PC市场份额高达15.6%。在全球PC市场同比下滑8%的情况下，联想仍然取得了10.3%的增长，并连续14个季度超过行业平均速度，成为增长速度最快的PC厂商。正是这些早已深入企业基因的自主创新意识，为联想带来了不断超越的巨大动力，使联想取得了今天的成绩。

然而，在中国企业苦练内功，坚持自主创新的同时，中国也需要建立一个对等的安全审查制度，从战略上重视中国高科技企业，保护我国的自有品牌和核心技术。

为此，国家应该切实下大力气真正从政策法律上保驾护航，鼓励、扶持高科技创新企业，对于掌握核心技术，能够拉动整个行业或者说引领世界的高科技项目倍加重视。

我们知道，无论是现在还是未来，中国企业发展所面临的内外部环境都十分复杂。中国企业与国际一流企业相比，在很多方面还存在着很大差距。在这种情况下，中国企业更需要发挥主动性、创造性，坚持开放创新，努力突破制约企业发展的瓶颈，解决自身存在的突出矛盾和问题，提升企业财富质量，在“做大”“做强”的同时，“做优”“做久”。

第三节 “硬骨头”还靠“硬功夫”

如果对中国企业的国际化之路做一个总结的话，那么“坚持开放与创新”再好不过。无论是态度、合作、平台的开放，还是技术、品牌、市场的创新，无疑都使企业的国际化发展产生了质的突破。

开放需要时间磨炼 需要经验积累

曾几何时，华为如同沙漠里的一只鸵鸟，面对外界的质问与窥探时，总选择将头埋在沙子里，不愿回应任何问题。然而随着华为的国际化发展，这一切正在悄然发生转变。

近年来，华为每年发布的年报页码都在增加，这意味着华为每年对外公布的信息量在不断增多。从 2011 年初开始，华为高管们陆续开通微博，直面媒体与公众。华为终端 CEO 余承东，更是一个“微博控”，常通过微博发布自己对于终端产品及终端行业的看法，吸引了不少媒体人的眼球。华为近年来坚持的“轮值 CEO”制度，多位高管在媒体前亮相。

华为在公众面前的大幅度曝光，显示了华为近年来不仅积极响应技术、平台的开放外，更反映了其态度上开放，从领导到员工，自上而下开始以开放的态度面对公众的“检阅”。有媒体评价这与华为着力做手机等终端产品的关联很大。以前华为做企业级产品，只需要与运营商和企业打好交道就可以了，但现在华为做消费类电子产品，目标受众是普通的消费者，因此华为有必要让更多消费者了解华为在做手机，了解华为品牌。其实华为如今的开放姿态与其国际化发展的“遭遇”不无关系。越是国际化的，越需要透明，因为一旦国际化你就需要让更多的人去了解、认同，这也是企业国际化的目的之一。

但“开放”是有时间过程的，是需要通过不断学习来积累经验的。华为自确立国际化发展方向时就开始学习如何开放了。1997年，华为创始人任正非就带领华为的高管先后拜访了IBM、贝尔实验室、惠普等一批美国“王牌”公司，向这些西方科技巨擘请教创新机制与开放文化。华为在国际化之初就以开放的态度与众多国际科技巨头展开合作，如德州仪器、摩托罗拉、IBM、英特尔等。华为在瑞典、印度、俄罗斯等国家建立多个科技研究所，为满足客户需求、提供优质服务，华为与全球各地运营商建立了数十个联合创新中心。在行业内，华为与西门子、3Com、赛门铁克等公司成立了合资公司，以弥补双方在技术或者市场方面的不足。

对业界开放让华为解决了“活下去”的难题，对运营商开放让华为的服务更具竞争力，而对公众的开放让华为的产品及品牌被更多人所认知。凭借着开放态度，华为20年间从一家不知名的“小作坊”一跃成为了全球第二大通信设备商。

但是华为在媒体和公众开放的问题上曾饱受“诟病”，吃过不少的苦头。很多业内人士都曾把华为的“低调”误解为“不懈”，而忽略了一个民营企业从中国走向世界其间的艰难旅程。

1998年，华为以89亿元的销售额位居国内通信行业之首，成为“巨大中华”的领头羊。可能对于大部分企业创始人而言，这样的成绩是值得大书特书的，他们可能会欣然接受专访、讲座、沙龙的邀请，欣然接受公众的敬意与媒体的吹捧。然而，任正非却感到一种高处不胜寒的孤独与恐惧，华为需要谋求新的未来，国际化是必经之路，企业架构与文化都需要升级。此时的华为躲开媒体的视野，一心专注于企业自身的变革与发展。2008年，当华为再度拥抱媒体之时，华为已告别“野蛮生长”时期，成为世界通信设备商的佼佼者。

创新需要认清形势　认准需求

华为的创新有别于苹果、谷歌，华为的创新更关注客户的需求，丰富人们的沟通与生活是华为一直以来的企业愿景。

任正非曾表示，华为不是为了创新而创新，而是为了创造价值而创新。在创新上需要更多的宽容接受失败，科技创新不是一个急功近利的问题，需要可能长达二三十年的积累，才能看到成效。当下，很多企业为创新而刻意创新导致企业入不敷出，“创新”的产品因成本过高或没有市场，最终沦为“鸡肋”。而华为的创新，无一不是为了创造价值而创新，各种新产品上市并不是为了“惊世骇俗”，目的唯有令客户更加满意，为客户创造价值，为公司创造效益。

企业需要共享式创新。华为每年需要支付 3 亿美元左右的专利许可费，以获得业界其他公司专利技术的合法使用权。这种方式被业内成为“交叉授权”合作，可以使企业减少创新的成本，也可以与其他企业保持融洽的合作关系。

此外，创新也需要企业领导者具有战略意识，必须清楚认识到短期投资和长期利益的关系。研发与创新需要投入大量的人力物力，华为 2012 年的研发费用为 300.9 亿元，占销售收入的 13.7%；目前，在华为进行产品与解决方案的研究开发人员超过 7 万名，占公司总人数为 45%。如此大规模的投入让华为的技术始终保持在业内领先水平，但这并不适用于每个企业，领导者必须对投资和收益有足够清楚的认知。

创新还需要持之以恒的动力。在当下，无论是国有企业还是民营企业，不论是东方企业还是西方企业，要想取得可持续发展，至关重要的命脉就是其创新模式的持久运行，不能坚持创新下去的企业早晚会倒下。像昔日影像巨头柯达，在胶卷时代曾占据全球 2/3 的市场份额，1975 年柯达发明了第一台数码相机，从此数码时代开启。但这位创新者缺乏持之以恒的再创新，由于担心发明数码相机会冲击其固有胶片市场所带来的丰厚利益，柯达更愿意选择维持现状而拒绝改变，因而停滞了新业务的发展，这为后来者的彻底赶超埋下了种子。类似的例子，俯拾皆是。IBM 在制造方面的强势，忽视操作系统，崛起了微软；微软轻视搜索，崛起了谷歌……

创新，这个话题至少可以谈论三天三夜，但最关键的是，创新需要一个非常好的生态环境，同时需要企业自身核心战略的持之以恒。

附　录

“摸着石头过河”与“顶层设计”

田　涛

2013 年 3 月

“邓小平的学生”

我最近在读《邓小平时代》，希望各位去看看。

“文革”结束，中国与世界的距离拉得越来越大，更重要的是，贫困的中国将会出现动荡乃至分裂。所以改革开放是被逼出来的。

那么，什么样的路径合适呢？邓小平当时也尝试进行“顶层设计”，比如说组建农村改革研究所、组建体制改革研究所，最后成立正部级的体改委等，但最重要的还是“摸着石头过河”。正是因为“摸着石头过河”，才有了农村的包产到户试验，有了深圳经济特区。“摸着石头过河”，是要激发底层人民群众的创造性——他们为了活下来而被激发出的创造性、社会活力。但多年之后，“摸着石头过河”遭到了理论界的某些质疑乃至于否定。不少学者都在强调中国要结束这样一种思维方式，要更多强调“顶层设计”。

令人欣慰的是，在 2012 年的中央经济工作会议上明确讲到“摸着石头过河”和“顶层设计”是我们要长期坚持的方法论。习近平总书记在前一段也强调了“摸着石头过河”、“顶层设计”对国家未来发展的重要性。

这意味着对我们的社会和国家发展路径，既要进行由精英阶层——理论家、学者、政治家进行的宏观设计，又要充分肯定、充分释放广大社会阶层尤其是底层人民的创新活力——制度创新、社会创新以及各方面创新的活力。

中国第一代的企业，像华为、联想、万科、海尔等，创始人大都在方法论上受到了邓小平思想哲学的深刻影响，他们都自称为“邓小平的学生”，所创立的企业多年的发展都是遵行了一个基本的路径，就是“摸着石头过河”。另外在发展到一定阶段的时候，也都开始重视企业的“顶层设计”。

改革开放后，中国企业、商业发展环境最好的时期也是邓小平南巡讲话的前后十年。今天在中国具备相当规模和实力，甚至可以称为“卓越”的企业，像联想、海尔、华为等，创业时间大多是在1990年前后。华为创立于1988年，联想是1984年，海尔是1985年。

过去十年，实业型企业成长得比较好的不多，成长起来的更多是地产和IT企业。中央高层再一次强调“摸着石头过河”理论的重要性，对中国的社会和商业发展来说，是一个重要信号。

饥饿感与“摸着石头过河”

“摸着石头过河”的核心意义就是要激发、肯定、倡导社会基层、社会大众的活力、创造性和创新性。硅谷创新层出不穷，说到底就是企业家在一个宽松的制度、文化背景下，几乎没有约束地、最大限度地发挥想象力、创造性，这实际上就是“摸着石头过河”。

但是仅有“摸着石头过河”也有问题，“摸着石头过河”是一种精神——是对原有结构的冲击、破坏、颠覆。一个社会如果没有颠覆精神，没有创造性破坏，将会走向僵化和停滞。同时，一个社会、企业如果没有领导者和思想者的“顶层设计”，也会走向无序。

过分的秩序化、规范化会带来组织的僵化，离死亡也就不远了。但是过度地强调颠覆性，强调创新，也会带来无序和动荡。

什么时候“摸着石头过河”多一点？什么时候“顶层设计”多一点？多一点还是少一点制度的管控？这实际上是组织领袖时刻要面对的问题。

但追求完美是企业家之大忌。一切企业在创立之初都带着饥饿感，没有经验可循，没有多少严密的、科学的“顶层设计”——即使有，也会随着企业的不断发展，不断被饥饿逼着走，被“能不能活下来”这个命题逼着走，最终发现后面所做的与早期的规定动作、“顶层设计”出现巨大差异。

今天的任正非在很多场合的讲话充满了哲理性、形象性，不管外国人、中国人听了都是满堂喝彩。早年的他并不是这样。华为20多年来成长最快的是谁？是任正非。任正非不是什么天才、大师，他的成功是被逼出来的，他是一个慢慢摸着了石头的任正非。

对华为前十年所谓的“狼性文化”，社会有误解。华为向狼学习的三个品德：敏锐嗅觉，早一些感知客户需求、技术进步；不屈不挠，正是硅谷精神；以群为组，实际就是团队合作。华为从没提倡过狼性的凶残。

西方各国是怎么崛起的？根本上在于他们倡导清教徒精神，其实就是奋斗精神。海盗精神、贸易利益驱动使西班牙、葡萄牙曾经统治了大半个世界。贸易精神归根结底就是冒险精神，这个精神消失了，西、葡的霸主地位又被更具冒险精神的法国、英国所取代。

华为是怎么崛起的？国家背景？我们的国有企业在全球开疆拓土，有几个获得了成功？窃取美国技术？偷来的技术能带来持续的辉煌？

华为25年，是危机纷至沓来的25年。一部华为发展史，是一部危机管理史。任正非就是“摸着石头过河”过程中那个走在最前面的人，充满了活力，克服了一个又一个困难。说到底，这是一种精神力量的比拼。

所以，一个企业在早期发展中不要怕混乱，只要混乱程度不会导致企业垮台。企业还是要更多地强调活力、进攻精神、“狼性文化”。

“战士”也有自由的灵魂

世界三大洋中有300多万艘沉船，绝大多数沉船的主人和船员都是商人，而不是艺术家、政治家。商人与“冒险”这个词的联系最紧密。

军人也是一个冒险的职业。华为20多年的组织变革向军队学到了很多东西。

尽管我们今天处于一个高度透明、信息多元且分散的互联网时代，但只要你追求的是一个明确的目标——而且是数字化目标，军队中强调的效率、层级、权威性等就都是必不可少的。

研究Google、Facebook你会发现它们核心的灵魂依然是执行。执行就要有权威，就要有层级，只是用不同的方式表现而已。

华为的成功是把秀才改造成战士，把15万名知识分子改造成拥有统一意志和同一价值观的奋斗者，这是它和军队相似的地方。

但华为员工又有很强的思想和个性。华为的高层研讨会，上百个人讨论组织变革，辩论异常激烈。任正非提出一个观点，其他人可以说不对，可以直接提出反对。

统一的意志、自由的灵魂，这是一个好的组织要追求的目标。但要有自由的灵魂，就得允许和鼓励、甚至要培育整个企业“摸着石头过河”的文化与精神。

一旦形成这样的组织文化，对于提出的想法不管是对的、错的，都会得到尊重。

到了这个阶段，管理越来越规范化，组织链条越来越完备。这个时候的华为，“顶层设计”越来越多，但“摸着石头过河”也应该越来越多。

一位西方的管理学家说：一个企业衰亡的标志，就是控制性越来越多，灵活性越来越弱。今天的华为强调在主干流程上要严密、严格，在接入流程中，要给基层管理更多的权力与灵活度。

那场华为高层关于组织变革的辩论所达成的共识就是强调建立一种文化氛围：变革首先要从基层开始——要推动不同的基层组织，包括个人，敢想、敢试、敢干。

华为轮值 CEO 之一胡厚崑说，既然允许大家试验，那么对试验的结果可以评论，但不能讲输赢。失败要包容，要敢于试错。

最高目标是活下去

今天的华为依然面临活下来的问题。

华为事实上已是全球通信制造业的领导者，但却面临更大的挑战。

挑战之一：老大历来最难当，随时面临被颠覆的可能性。华为已经是行业的领导者，如何使这个地位持续下去？而且老实讲，当你从领导者的地位被掀翻的时候，可能老二、甚至老三都做不了。

挑战之二：做领导者就要给追随者指出方向，与追随者一起制定行业的游戏规则、技术标准、市场竞争规则等。中国企业在这一方面没有太多经验。华为在过去 5 到 10 年参与到了这个行业的国际俱乐部，参与了许多规则、技术标准的制定，与同行共同竞技世界市场，也形成了很多合作。但那时毕竟还不是老大，毕竟还没有在肩上扛起老大的责任。

华为的最低目标是活下去，最高目标也是活下去，就是这个道理。

过去华为的成功，很大程度上是由行业特质决定的。第一，过去 30 年，在传统的制造业、工业领域里，没有哪家中国企业真正超越了西方企业；第二，过去 30 年，没有哪个行业像信息产业一样，在世界级企业纷纷垮台的同时层出不穷地出现爆炸式明星。颠覆与被颠覆，是这个行业的普遍现象。

阿尔卡特的总裁一生投资了两个行业——核电和电信，前者他根本就不用担心——技术变化不快，资源的约束性很强、政策管制也很强。但是阿尔卡特每天都在担忧后者，不知道明天会发生什么。

资源的无约束性带来了这个行业的创新不断，变化不断。任正非说是"河沙"与数学逻辑的组合，我说是资源的无约束性与人脑无边想象力的组合。

这个行业五年之后会是什么样？任说我不知道。但做企业就是时刻面对看不见的未来，过去如此，今天更如此，这个行业更加如此。

华为一定会倒，只是什么时候倒的问题；新企业一定要坚持，坚持了就会起来，以后可能就会成为小华为、大华为。所以才要充分地强调企业内部"摸着石头过河"，不要怕乱——只要乱还不至于带来崩溃。

围绕企业灵魂的顶层设计

企业发展到了一定阶段就要搞"顶层设计"。

华为的顶层设计——无论中式还是西式——都是在发展到十年左右的时候进行的。

华为的核心价值观是三句话：以客户为中心，以奋斗者为本，长期坚持艰苦奋斗。但早期的口号不是这样。为了活下来，就得成天跟客户交流，所以慢慢地摸到了第一块"石头"，那就是10年前华为的价值观：产品好、价格低、服务好，以客户需求为导向。

到了第十年，企业内部一片混乱，遍地狼烟，继续过度无序可能导致崩溃，于是出现了《华为基本法》。这是华为由原始积累期向基础性制度变革的一个里程碑，带来了华为的秩序与初级的规范化。今天读来依然震撼。那是一种东方、中国式的商业组织顶层设计。

中国当代企业史产生了两部重要文献：一个是20世纪60年代的《鞍钢宪法》，一个是《华为基本法》。柳传志、任正非一代人，身上有专属于他们那个时代特殊的浓重的政治文化烙印，管理思想自然也无法摆脱传统"道""术"的熏染。

任正非的管理哲学说到底就是实用主义、拿来主义，并无创新。

20年来始终在一个行业里走，华为绝对是中国企业里的异类。这固然跟华为领导集团强大的使命感、理想追求有关，还有相当重要的一点是《华为基本法》的约束。《华为基本法》开篇就讲，华为永远只在通讯制造行业发展，而不涉足之外其他任何产业，不搞资本运作。

一帮秀才和任正非一起把华为逼上了华山一条道，25 年来只干一件事。

只干一件事就能干出个卓越的公司？有可能，但只走一条道也很有可能会从华山上摔下去。可见顶层设计很伟大，也很可怕。

为了国际化，华为聘请洋顾问进行了第二次"顶层设计"。没有《华为基本法》，华为可能在原始积累成功之后陷入分裂和崩溃。但是如果没有 IBM 咨询顾问和其他咨询顾问们对华为所进行的西式的、以流程变革为核心的"顶层设计"，也不会有华为今天的全球地位。

华为成功靠的是精神比拼，但华为的全球化则是彻底向西方学习的结果。第二次顶层设计实际上是从道到术的全面西化的过程。

做企业的，尤其是做信息产业的创业者，在"摸着石头过河"的过程中，一定不可避免地要逼出你的顶层设计。中式还是西式，要看原始积累之后病根在哪里。

企业创业成功后，往往有一个通病，就是分票子、排位子、论功名导致大量内耗。这时候，企业的领导者要做一个道德选择，那就是要不要卸磨杀驴？

制度设计一个重要出发点就是要给战马套上笼头，让土匪变成战士。这其实是很不容易的人性挑战。面对着合伙人、副手、部下、功臣们——怎么分利、怎么排座、怎么论功这是血与泪的交战。

赎买政策可能是一个比较常用的方法，柳传志如此，任正非也如此。当年的万通六君子，最后分手其实就是四个字：赎买政策。在利益上做一个好的切割，通过赎买换来互相的妥协、让步，然后使企业步入秩序化、规范化的框架，是一种比较重要的选择。

当然还有很多选择，包括所谓人性魅力、情感交流等，但这些东西如果没有实实在在的利益交换、合法合理的利益输送，都很难有效果。

这也是中国式的顶层设计更适合于企业从原始积累向规范化过渡的阶段的原因。中国企业早期制度性变革，面临最大的问题其实是文化和人性的问题。

这个问题解决了，之后要进行国际化，引入规范化管理，或者引入西方式的顶层设计不是不可以，但在国内，一些国际咨询公司对国有企业和民营企业的设计在实施后普遍失败。

我认为原因有几个：

首先，中国企业的文化基因是中国式的，西方管理理论、体系更多是在西方文化背景上形成的。中间有个嫁接与打通的问题。

第二，被咨询对象的决心、意志力相当重要。顶层设计带来的是组织变革，是规范化取代人情化，是权力的剥夺与反剥夺过程，必然有反对者，所以领袖的决心、意志力以及上上下下的执行力显得至关重要。

最后，无论是顶层设计还是“摸着石头过河”都必须围绕着企业的魂，就是核心价值观。华为的价值观最核心的，就是要通过有效的可持续的激励政策，让整个组织保持持久的活力。

任正非说，“我们开始组织变革时是一塌糊涂，但当年销售额跟利润双增长，跑赢了整个低迷的大势。为什么？说明我们这个组织还是有一帮蒙古将军在领导着。”

华为20多年靠的就是一帮蒙古将军——那些能打猛仗、打狠仗，能够冲锋陷阵指挥大小战役的人，所以发展到今天，在顶层设计不稳定的情况下也实现了好的增长。

后记：思科华为十年之战，中美高科技竞争晴雨表

利益之争：从力量对比透视思科华为之战的内在本质

十年来，华为与思科之间的此消彼长，本质上反映了中国与美国高科技竞争力的此消彼长，这是最重要的背景。10 年前，思科以知识产权之名发动第一场战争，狙击不成，反而助力华为加快国际化进程，自此开启长达十年的崛起之路。这一战也可能成为里程碑的转折点：预告了下一个十年高科技领导者之争，以及未来的格局。

2000 年，思科年销售额高达 180 亿美元，雇员 31000 人。而到 2010 年思科收入 432.18 亿美元，10 年只增长了一倍，员工 71825 人，也仅增长一倍多。而 2011 年底，思科的市值已经跌破 1000 亿美元，不及高峰期的 1/5。

对比华为，2000 年任正非写下《华为的冬天》的时候，华为的销售收入不过 220 亿，海外销售额只有可怜的 1 亿美元。而 2010 年，华为的销售收入增长了 7 倍，高达 1852 亿元（合 280.6 亿美元）。拥有来自 150 个国家和地区的超过 11 万名员工（今天将近 15 万），10 年增长 10 倍以上。截至 2012 年，华为研发人员约 6.8 万人，华为的研发人员数量已超越思科公司员工总数。

此外，华为每年会将销售收入的 10% 用于科研、标准及专利工作。2006 年华为提交 PCT（专利合作条约）国际专利申请 575 件，超过思科 2.4 倍。截至 2011 年底，华为累计在全球申请专利达 47322 件，授权 23522 件，其中国外专利 10978 件，在美国、欧洲等国家和地区授权专利 5415 件，PCT（专利合作条约）申请 10650 件。

如今，美国市场占思科总收入的 60%，美国之外的市场只占 40%。反观华为，中国市场只占其总收入的 30% 左右，而中国以外的市场收入占到近 70%。

思科为什么必须不惜一切手段死守美国市场？因为美国市场是思科维持高额垄断利润的最后堡垒。截至 2012 年 7 月底的 2012 年财年，思科年

收入460.6亿美元，毛利287.1亿美元（毛利率高达62.33%），纯利80.4亿美元（利润率17.46%）。而华为的利润率为9.1%。思科一旦失守美国市场的垄断性地位，首先将冲击其一贯的高额利润，利润将大幅度下滑，随后收入也将下滑，如进一步形成负循环，可能面临灾难性的后果。

可以说，过去十年时间，华为已后来者居上。根据业界人士估计，在技术和性能不输思科的前提下，华为核心产品的性价比要比思科高1/3。如同中美之间的经济发展与整体实力一样：思科势能还在，但动能已失。

价值观失守：美国高科技的失势与企业精神的失守

单纯从手段和效果看，思科的策略非常成功。以罗杰斯为代表的美国政客们的工作也卓有成效。但是，背离了开放、公平、公正的市场竞争原则，这种胜利注定是短暂的。一时的得失，难以抗拒长远更深层次的胜负。

与十年前完全不同，为什么这次华为中兴事件中，《华盛顿邮报》和《华尔街日报》等主流美国媒体没有一边倒？反而站出来说公道话。主要因为本次事件难掩美国和思科在价值观的失守。创新、开放、公平竞争，是美国企业家精神、硅谷精神和互联网精神最核心内涵。而这一次以国家安全名义的政治“表演”，做得过于简单、粗暴、直露。

毫无疑问，思科是硅谷的最大奇迹之一。开放和创新曾经是思科崛起的关键，但是，很遗憾，这种让全世界最为推崇的美国创新精神，在这一次思科华为之战中仿佛已成历史。随着时间的推移，我们可以预测，华为中兴事件很可能是美国高科技真正开始走向衰弱的标志性事件，也是思科逐渐跌下产业领导者地位的转折点。

当美国在自己最强大、最具全球性竞争优势的高科技领域，也不得不依靠冷战思维的政治手段来硬生生保护自己打击竞争，正说明了美国的趋势衰弱已经进入最深层次。因为，美国高科技公司今天能够引领全球，创新进取、全球开放、公平竞争、平等互惠，这些最基本的价值观是根本保障。而今天，美国舍弃这个立身之本，那将如何继续赢得未来？

华为遭遇的种种不公平待遇，只是告诉我们一个直白的真实：中国高科技的全球崛起注定不可能一帆风顺。华为在美国的遭遇，绝不是华为一家公司本身能够应对的。更重要的是，在国家层面的战略上，我们必须拥有更智慧的和更有力的对策。要赶上西方公司，任正非说：“我们一定要穿一双美国鞋。”华为的崛起就是不断向美国企业学习的过程，当然也看到一个个巨头轰然倒塌。“开放是公司生存下去的基础。如果我们公司不开放，最终就要走向死亡…开放是我们的出路”。

力量转移：下一个十年，中国力量崛起将造福全球

截至2012年底，全球网民数量达到25亿，普及率超过1/3。欧美发达国家互联网普及率达到70%到80%之高。但是，更多的发展中国家普及率不到30%。要让下一个25亿更低收入、更低教育水平的大众上网，享受数字时代的各种利益，乃至全球最后一个25亿人口的上网。最大的门槛就是美国高科技企业的价格门槛。这个使命自然是华为、联想、阿里、腾讯等诸多中国企业来完成。

1969年，互联网诞生的那一年，全世界通用计算机数量为72000，其中美国有46000台，比例依然超过60%。直到1974年，全世界通用计算机达到111840台，美国比例还高于50%，有65040台。当时，德国计算机有7100台，英国有4500台，法国有4400台，只是美国的1/10左右。当年，德国有软件公司47家，英国有80家，法国有40家，荷兰有30家。而美国在1968年，软件公司就有2800家之多。70年代后期开始的PC革命美国更是独领风骚。

但是，在半个世纪之后，最大的力量转移开始成为现实：2008年3月，中国网民数量和宽带网民数同时超过美国；2009年1月，中国汽车销量首次超美；2011年第二季度，中国个人电脑（PC）销量首次超过美国；2011年第三季度中国智能手机销量首次超过美国。到2012年6月，中国网民数量（5.38亿）超过美国（2.45亿）两倍以上，超过美国（245 203 319）、日本（101 228 736）、德国（67 483 860）、英国（52 731 209）和法国（52 228 905）五个发达国家总和！

互联网领域的力量转移与中美两强竞争的格局比现实世界更加清晰。美国是互联网的发源地，也是互联网核心基础设施的独家掌控者。过去几十年，是美国互联网新技术、新模式和新应用的发展推动了全球互联网的发展，也是美国主流消费者塑造和决定了过去和现在的互联网产业格局！但是，随着中国成为全球互联网应用中心，以中国主流消费者为领军的全球发展中国家的主流消费者开始成为新网民的主力军，开始影响并决定未来产业格局。中国互联网的全球崛起，以及美国在互联网上绝对垄断权的丧失，将构成未来十年互联网发展的主旋律。

随着全球进入真正的网络社会，到2020年，中国将进入10亿人同时在线的新阶段，全球也将进入50亿人上网的新时代。这个时代的到来不仅仅只有美好。

棱镜门事件：冲击波形成6大深层影响

2013年6月，震惊全球的“棱镜门”事件爆发，昭示着全球网络空间安全冲突时代的全面到来。尤其是一直标榜民主、开放、创新、自由、平等价值观的美国，一直占据网络空间安全的道义高地，一夜之间轰然倒塌。彭博社援引消息人士说法称，数千家科技、金融和制造业公司正与美国国家安全部门紧密合作，向其提供敏感信息，同时获得机密情报。这些项目的参与者被称作“可信合作伙伴”，范围远超“棱镜”计划。

我们简单分析一下“棱镜门”事件的6个层面影响。

1. 对美国形象的冲击。作为互联网的发源地和互联网发展的主要驱动力，美国几十年来一直掌控互联网绝对主导权，一直占据互联网精神的道义高地，把控互联网问题的话语权，也一直标榜是最安全可靠的守卫者和互联网精神的守护者，担当网络空间事实上的世界警察。而此次事件的爆发不得不使美国走下神坛。事实证明，任何垄断力量如果缺乏有效的制衡与监督，都可能被滥用。美国以安全名义构建全球360度监控体系，无限制地延伸自己的监控边界，棱镜项目耗资20亿美元，可存全球资料，大大超越了合理的范畴，无疑是极大的滥用。

2. 对美国互联网控制权的实质冲击。美国是全球互联网事实上的独家管理者。由于历史原因、制度因素以及创新能力和国家实力等因素，全球互联网的管理权一直以NGO名义，游离在联合国、国际电联等国际组织之外，实际上依然掌控在美国政府一家手中，形成美国独一无二的互联网控制权。“棱镜门”事件之后，各国对网络安全重视程度必将急剧加大，一向力挺美国的欧洲盟友也将不再放心，这种情况下，美国将不得不让渡更多的权力给更具代表性的国际组织。全球互联网的制度与规则制定将逐渐走向更加全球化，虽然步伐不可能很快。

3. 对全球网民的影响。相继披露的信息显示，美国不但严密监视本国人民，也同时监视美国之外的全球网民。“棱镜门”事件，可谓一次网民隐私意识的全球大启蒙。网络世界再也不是纯粹美好的童话世界，而是充满了风险和危机，网络隐私边界问题的重要性将进一步凸显。

4. 对全球网络空间安全问题的影响。“棱镜门”事件不但是网民安全意识的一次启蒙，更是全球网络空间安全意识的启蒙与警醒。随着网络时代全面到来，各国社会、经济、文化、生活等各层面都越来越依赖互联网，网络安全已逐渐成为国家安全最突出的挑战。

5. 对美国高科技产业和企业的影响。从 Facebook 和微软披露的信息看，2012 年下半年政府就向两家公司分别提出 1 万多次和 7000 次用户资料索取要求，相当于每天 50 次之多。频度之高令人咂舌，也令人不寒而栗。美国高科技企业是美国掌控全球互联网的重要渠道，一直以纯粹市场形象昭示自己的美国企业，在美国国家安全的进攻型战略思想下，难逃干系。据斯诺登披露，美国国安局全球范围内的网络攻击行动超过 6.1 万项，针对中国内地及香港的此类行动数以百。攻击对象主要是网络中枢，这样可以接触数以十万计电脑的通信数据，而不用入侵每一台电脑，这些措施主要通过思科路由器完成。骨干网思科路由器、数亿台使用 Windows、英特尔 CPU 的电脑，数亿台使用 Android 操作系统的手机，以及苹果 iPhone、IBM 大型机等等，覆盖全产业链和整个生态。如果它们不得不受命于美国政府的需要，那么其他国家如何对这些企业放心？今后又怎能不加强戒备和安全措施？

6. 最后，就是对未来网络空间中美博弈的影响。中美围绕网络安全问题的争端已经持续很久，之前一直是中国处于非常被动的局面，而斯诺登事件，使得中国在“第二回合”的较量中，迅速扭转了形势。但是，这“两个回合”仅仅只是序幕而已。双方的博弈将是长期持久的，毕竟这是两种模式、两种价值观、两种道路的竞争与较量。只要未来能够取长补短，形成良性竞争，那就是互联网发展的最大福音。

总之，斯诺登事件将大大改变全球互联网的格局和进程，尤其是互联网规则的制定与博弈。当然，我们也必须清醒地认识到，美国无论技术、产业、文化还是国家实力依然无人可以抗衡，作为全球互联网的中心，10 年之内，美国在互联网领域的绝对主导权，无法真正动摇。

中国现实：中国网络安全红色预警与现实真相

最近围绕黑客攻击问题和斯诺登事件，中美之间关系日趋紧张。网络空间安全已经成为中美外交的核心要素，也将成为未来国家经济、政治、军事的核心，甚至最大的引爆点。

美国充分利用了网络安全问题的复杂性以及规则的模糊性，占据了舆论的主导权和主动权。但是，现实真相又是如何呢？可以简单终结为两句话：互联网上三个世界三大战役，网络空间两种战略两强博弈。

现实世界是以经济发展程度来划分，而网络上略有不同，以网络上的主导权来划分，分为网络殖民国家、网络主权国家和网络霸权国家。从互联网基础设施、互联网产业竞争力和网络战实力三个角度上看，全球只有美国一马当先，是唯一具备网络霸权的国家。而中国，以及俄罗斯、印度、日本、澳大利亚、韩国以及英国、德国等欧洲国家，其实力可以掌握自己网络的主导权，形成了一批网络主权国家。而相当一批国家，受制于经济实力和发展状况，不具备足够的互联网力量和竞争力，只能成为互联网上受制于人的网络殖民国家。

随着网络空间重要性不断上升，社会、经济、生活等活动的重心越来越转移到互联网上，各个国家开始重视网络空间战略。全球网络空间战略可以分为两种：一种是进攻型战略，一种是防御性战略。战略源自于基础和实力，网络空间战略与国家安全战略相匹配。与传统安全战略一样，目前全球唯一有实力和能力实施进攻型战略的，只有美国一家。而中国、俄罗斯等只有能力实施防御性战略，战略重点在于如何有效做好自身防御，保障自身网络安全。

既然美国是唯一实施进攻型战略的国家，为什么在中美黑客事情中，美国反而给人印象是很被动、无辜，而中国往往成为进攻的一方。这完全是一个假象。根本原因在于网络空间安全的战役目前是在三个层面上展开：首先就是舆论战，其次是网络基础设施的市场战，最后是国家之间真正的信息战。

舆论战是利用事件的新闻效应，在舆论上压倒对方，占据最有利位势。美国利用自身软实力，尤其是新闻话语上的主导权，把中国塑造成为网络战的进攻方，自己沦为弱势的防御方。以 IP 属于中国，等同为中国黑客发起攻击，将中国黑客等同政府支持，依靠这种完全不合理的逻辑，一方面是获得舆论得分，谋取在中国其他方面的更多利益，同时在不断压缩经费的趋势下，最大程度为自己获取网络安全的经费投入。其实，美国是黑客文化的发源地，至今超过 50 年的历史。数据显示，美国也是全球黑客的大本营，无论人才和技术都首屈一指。虽然中国网民数量已经是美国两倍以上，但是在黑客攻击方面，依然缺乏对等的实力，差距甚至不低于中美传统军事实力的差距。

让我们再看看基础设施的市场战。全球互联网核心基础设施，比如根服务器、域名服务器等，都放在美国，处于美国政府实际控制之下。全球互联网基础设施的主要供应商，无论是骨干网的路由器，还是服务器和终端的芯片和操作系统，以及应用商店等，基本由思科、英特尔、高通、微软、苹果、Google 等美国公司绝对主导。包括中国在内的任何国家敢于对美国实施进攻性举措，都无异于以卵击石。

最后，再看国家网络空间的战略，美国是最早完成顶层设计，并在战略高度上重视和部署信息战。国家的网络安全战略由总统直接领导，每年推出相关战略研究报告，都是总统直接撰写导语。美国从最高层出发，自上而下的一体化网络空间安全战略，进一步提升了美国在网络时代的霸主地位。而目前包括中国在内的大多数有实力的国家，都还没有真正完成战略上的顶层设计。网络空间安全仅仅局限在不同部门层面。

中国对策：构建有效的防御型网络空间安全战略

从发展趋势和长远的力量转移来看，未来网络空间将逐渐形成中美两强博弈的新格局。可以说，在 5 到 10 年之后，互联网世界的产业竞争力，中国将与美国形成分庭抗礼的基本格局。而中国网民将是美国的 3 倍以上，进一步推动中国成为全球互联网应用中心和创新中心。时间的天平在向中国倾斜，这将直接威胁美国在网络空间一家独大的霸权地位。这也是当下中美网络安全问题不断升温的深层次原因。

但是，在近期的 5 到 10 年，中国的主要任务是确立并完善自己有效的网络空间安全防御型战略。无论是面对美国进攻型的舆论战，还是强化自身基础设施安全建设，急需补课，提升基本的应对能力，摆脱今天的被动局面。

当然，最紧迫的还是，中国要在越来越重要和越来越激烈的网络空间安全博弈中迫切需要明晰处境，在国家战略上完成符合中国实力和发展趋势的顶层设计，并在产业竞争力和舆论战的应对方面，表现更加积极主动和更多的应对策略和智慧。